CYKLOS

Schottland per Rad

Ein CYKLOS-Fahrrad-Reiseführer

Verlag Wolfgang Kettler

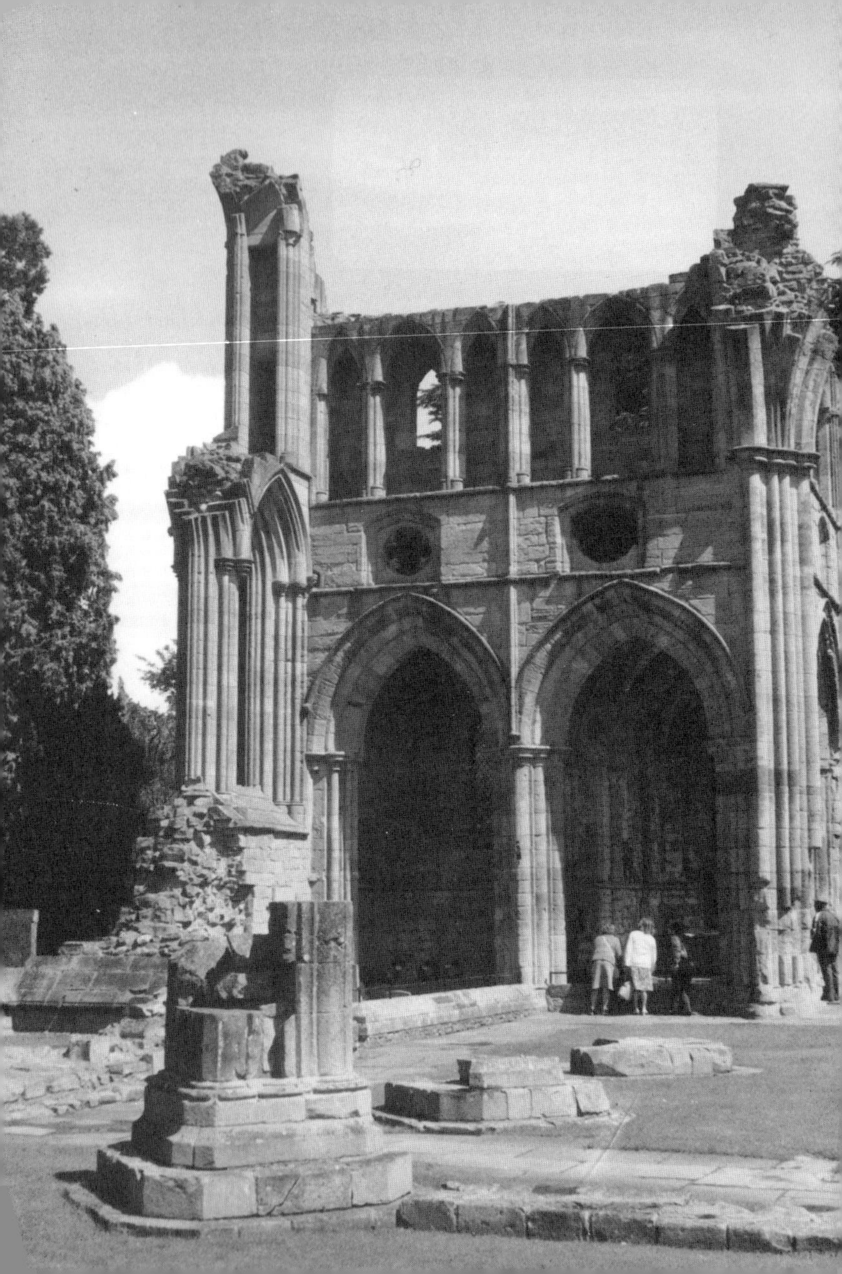

Wolfgang Kettler

Schottland per Rad

Ein CYKLOS-Fahrrad-Reiseführer

Verlag Wolfgang Kettler

Die Deutsche Bibliothek – CIP-Einheitsaufnahme

Kettler, Wolfgang:
Schottland per Rad / Wolfgang Kettler. – 4. Aufl. (bearb. und erw.). – Neuenhagen b. Berlin : Kettler, 1999
(Ein Cyklos-Fahrrad-Reiseführer)
ISBN 3-921939-68-2

Das Frontispiz zeigt Dryburgh Abbey.

4. Aufl. Juni 1999 (bearb. & erw.)

ISBN 3-921939-68-2

Druck: Gallus Druckerei KG, Berlin

Inhalt

Ein Etappen-Übersichtskarte (ausklappbar) befindet sich am Schluß des Buches.

Aktualisierungen zu diesem Reiseführer sind voraussichtlich ab Sommer/ Herbst 1999 über die Internetadresse des Verlags abrufbar:
❑ http://www.kettler-verlag.de

Mit dem Fahrrad auf Reisen: Schottland

Unter den Schotten hat sich teils schon herumgesprochen, daß das Fahrrad bei den Besuchern aus den deutschsprachigen Ländern eine beträchtliche Beliebtheit genießt: der Anteil am gesamten Radtourismus in Schottland dürfte bei 50 % liegen. Für die Landesbewohner stellt das eine Obskurität dar – etwas spleenig und also besonders liebenswert –, die scheinbar so gar nicht der Topografie und dem Klima ihrer Heimat entspricht. Und doch ist die Popularität des Landes bei dem Fahrradreisenden vollkommen begründet.

Der Nordteil des britischen Königreiches verfügt nämlich über einige fahrradfreundliche Eigenschaften: weitgehend dünne Besiedlung und entsprechend wenig Autoverkehr, landschaftliche Attraktionen erster Güte, eine für Individualreisende günstige touristische Infrastruktur und ein gemäßigtes Klima. Die milden Temperaturen liegen im Sommer in einem idealen Bereich und können daher mit dem Umstand versöhnen, daß Schottland auch mit Regenfällen etwas überdurchschnittlich versorgt ist. Wobei das Wetter in Schottland selbstverständlich genauso unzuverlässig ist wie überall auf der Welt: sonnige und warme Sommer sind in Großbritannien weit häufiger, als gemeinhin angenommen wird.

Ein Blick auf eine Landkarte zeigt bald, daß auch andere Vorurteile über Schottland ein schiefes Bild bieten: Zwar gibt es eine ganze Reihe beachtlicher Gebirgszüge, diese sind aber zum einen nicht etwa im Norden am höchsten, sondern quasi in der Mitte, zum andern führen die meisten Straßen durch die Täler zwischen den Höhenzügen hindurch. Eine Schottlandreise per Rad ist daher eine weniger 'sportliche' Angelegenheit, als man vermuten sollte, obwohl eine gewisse Bereitschaft zu physischer Betätigung erforderlich ist.

Das Straßennetz des Landes, das kaum Radwege, aber auch nur wenig Autobahnen aufweist, ist in den dichter besiedelten Regionen feinmaschig genug, um ausreichend viele Nebenstraßen für den Radfahrer bereitzustellen. Und in den abgelegenen Gebieten des nordschottischen Hochlandes oder auf den Inseln, deren Besiedlungsgrad noch unter dem der inneren Mongolei liegt, sind die wenigen Straßen ohnehin leer. Nicht wenige Strecken dürfen zu den „Traumstraßen der Welt“ gezählt werden, die der Radfahrer mit seinem Frischluftverkehrsmittel viel intensiver genießen kann als motorisierte Touristen.

Anleitung zur Benutzung

Informationen über Benzinpreise fehlen in diesem Reiseführer: er ist voll und ganz auf Fahrradreisen ausgerichtet und verzichtet daher auf alle Details, die für Radler unwichtig sind. Statt dessen legt dieses Buch Wert auf Fahrrad-Werkstätten und Bahntransport, Landkarten mit Höhenlinien und ruhige Nebenstraßen.

Der Nordteil des britischen Königreiches weist eine Fülle von Eigenheiten auf, deren Kenntnis für den Touristen durchaus nützlich ist, will er nicht stetig mit staunend geöffnetem Mund als lebender Fliegenfänger durch die Gegend radeln. Etwas Hintergrundwissen über Schottland und die dort lebenden Menschen steht deshalb am Anfang des Buches. Im Anschluß an die Hintergrundinformationen sind jene kleinen Dinge zusammengestellt, die der Besucher Schottlands wissen sollte und möchte, wie z.B. Einreisebedingungen, geeignete Landkarten, Kulinarisches oder Übersichten zur Infrastruktur.

Der eigentliche Fahrrad-Reiseführer beginnt erst danach. Nach einer Vorstellung der schottischen Regionen wird das Land 'etappenweise' behandelt. Dazu ist das Land in 80 (auf der am Schluß des Buches befindlichen Übersichtskarte ersichtliche) Teilstrecken aufgeteilt, so daß ein weitgehend individueller Reiseverlauf ermöglicht wird. Die durchnumerierten Teilstrecken sind mit Kartenskizzen und Streckenverlauf ausführlich beschrieben, Städte und Sehenswürdigkeiten, teilweise durch Rasterstreifen hervorgehoben, behandelt. Detailinformationen zu einem Ort stehen im allgemeinen nur in jeweils einer Etappenbeschreibung; sie sind über das Register am Ende des Buches schnell zu finden.

Die Streckenführung der Etappen ist speziell auf die Belange des Fahrrad-Touristen abgestimmt: so weit wie möglich werden Nebenstraßen benutzt, starke Steigungen vermieden, landschaftlich und touristisch interessante Stätten ausgesucht. Die Routenempfehlung beinhaltet keine Vorschriften über die zu vollbringende 'Tagesleistung' – die Länge der Tagesstrecken bestimmen Sie ausschließlich selbst.

Details über Ortschaften sollen sowohl der Vorauswahl der jeweils zu Aufenthalt und/oder Übernachtung angepeilten Dörfer und Städte dienen als auch touristische Tips „vor Ort“ geben. Sie nehmen Ihnen jedoch nicht das Selbstentdecken der Orte ab; Näheres dazu in den Kapiteln über Übernachtung und Kulinarisches.

Anhand dieses Fahrrad-Reiseführers allein werden Sie keine eigenverantwortliche Schottlandreise unternehmen können: als Ergänzung sind gute Straßenkarten unbedingt erforderlich. Die nötige Präzision kann nur mit einer vielfarbigen Karte und nicht mit den in diesem Buch enthaltenen Skizzen erreicht werden.

Land und Leute

Volkstanzgruppe in Stirling

Fläche und Topografie

Schottland ist ein recht schmales, langgezogenes Land; obwohl seine 78.762 km² nur etwa ein Drittel der Fläche Großbritanniens ausmachen, ist es fast genauso lang wie England. Die stark zerklüftete Form bewirkt aber, daß die Daten für die längste Nord-Süd-Verbindung (360 km) und die größte Ost-West-Breite (225 km) einen unzureichenden Eindruck von den Ausmaßen geben, in denen sich die Schotten bewegen. Über 700 Inseln, die meisten davon unbewohnt, erhöhen die Landmasse Schottlands vor allem im Westen und Norden.

Das Land ist geografisch klar in drei Teile gegliedert: die *Uplands* im Süden, ein Hügelland an der Grenze zu England; die *Lowlands*, das zentrale Tiefland zwischen den Mündungen der Flüsse Tay, Forth und Clyde; die *Highlands* im Norden, die etwa die Hälfte der Fläche Schottlands einnehmen.

Die Lowlands beherbergen zwei Drittel der Landesbevölkerung und die meisten Industriebetriebe. Der recht schmale Streifen zwischen den Bergregionen im Süden und Norden ist dementsprechend die für (Rad-)Touristen unattraktivste Gegend.

Die Uplands werden zu Unrecht von vielen Touristen stiefmütterlich behandelt. Wegen des von vielen kleinen Straßen durchzogenen Abwechslungsreichtums der Landschaft wäre es sträflich, die Region mit der Eisenbahn zu durcheilen oder über die unattraktive Ostküstenstrecke links liegen zu lassen. Viele Hügel des südlichen Berglandes, deren höchste Gipfel bei etwa 800 m liegen, sind bewaldet, und die Straßen führen häufig weiter bergauf als in den nördlichen Highlands.

Die höchsten Gipfel des Hochlands befinden sich in den Bergmassiven, die sich unmittelbar nördlich der Lowlands erheben. Der Ben Nevis ist mit seinen 1345 m nicht nur der höchste Berg Schottlands, sondern auch Großbritanniens; da er von Meereshöhe aufsteigt, ist er eine ausgesprochen imposante Erscheinung. Östlich davon erstrecken sich die Grampian Mountains mit etlichen weiteren hohen Gipfeln und schweißtreibenden Paßstraßen. Diagonal durch die Hochlandregion zieht sich ein langgestreckter, fast gradliniger Graben, das Great Glen, gebildet aus den Tälern des Loch Ness und Loch Lochy, der die Grampians deutlich vom nordwestlichen Hochland trennt. Für die nördlichsten Teile Schottlands gilt die Regel, daß der Westen deutlich zerklüfteter und hügeliger als der Osten ist; die Nordostspitze wird von einer weitgehend flachen Weideregion gebildet, die sich auf den vorgelagerten Orkney-Inseln fortsetzt. Diese Landschaftsform findet sich im südlichen Hochland – in der Nordostecke nördlich von Aberdeen – wieder.

Schon auf halbem Weg nach Island liegen im Nordmeer schließlich die Shetland Inseln, gleichfalls weitgehend eben und am günstigsten von den Orkneys aus zu erreichen.

Vor der schottischen Westküste befinden sich zahlreiche Inseln sehr unterschiedlicher Größe und Topografie, teils sehr bergig wie Arran und Skye, teils fast vollständig flach wie der Großteil der Äußeren Hebriden (Lewis, Harris, Uist, Barra).

Während der Westen Schottlands im Einflußbereich des Golfstroms liegt, spielt im Osten das Nordmeer eine vorherrschende Rolle. Theoretisch ist deshalb das Wetter im Westen milder als im kühlen Osten, da aber die Westküste von den Regenfällen atlantischer Tiefs weit häufiger heimgesucht wird, sorgt im trokkeneren Osten die Sonne oft für höhere Temperaturen. Im Sommer darf man deshalb fast überall mit Werten zwischen 15 ° und 20 °C rechnen, aber bei längeren Regenperioden sind auch Temperaturen bei nur 10 °C möglich – der Pullover ist deshalb unverzichtbarer Bestandteil des Reisegepäcks. Die trockensten Monate sind üblicherweise März bis Juni, die wärmsten Juni-August. Die günstigste Reisezeit ist daher für den Radtouristen Mitte Juni bis Mitte Juli, da danach die Hauptreisezeit der Briten einsetzt.

Das milde Klima der vom Golfstrom beeinflußten Landesteile hat immer wieder Freunde exotischer Pflanzen dazu bewogen, an den ungewöhnlichsten Stellen tropische Gewächse zu halten oder gar ganze Parks davon anzulegen. Es ist keineswegs ungewöhnlich, in den nordwestlichsten Teilen des Hochlandes Palmen in Vorgärten zu entdecken.

Fast alle größeren Flüsse Schottlands münden in die Nordsee, nur der River Clyde fließt bei Glasgow in den Atlantik. Die Flußmündungen werden von den Schotten *Firth* (Förde) genannt, während die zahlreichen Meereseinschnitte ebenso wie die Binnenseen die Bezeichnung *Loch* erhalten. Und da es sehr viele Seen und noch mehr Meeresbuchten gibt, kommen dabei rund 1700 Lochs zusammen. Die bekanntesten Binnenseen sind zweifellos Loch Ness und Loch Lomond, ersterer wegen des angeblich vorhandenen Monsters, der zweite als größter (und angeblich schönster, aber wer will das ernstlich beurteilen) See Schottlands.

Die Wälder, die vor ein paar hundert Jahren fast alle Berge des Landes bedeckten, sind wie überall auf den Britischen Inseln Rodungen, größtenteils für Schiffbau und Industrie, zum Opfer gefallen. Die folgende Erosion des Bodens hat verhindert, daß neue Bäume nachwuchsen; die heutigen Waldbestände sind durchweg planmäßig durch Aufforstung entstanden. Während in den südlichen Uplands die Hügel mit Weiden bedeckt sind, ist im nördlichen Hochland Heidekraut Hauptbestandteil der Vegetation, stark durchsetzt mit allen Arten von Wildblumen, Ginster und Rhododendron. Wie sich die riesigen Rotwildbestände Schottlands in dieser Landschaft dem menschlichen Auge entziehen, ist kaum auszumachen. Immerhin schaffen britische Jäger es, in jedem Jahr über 6000 davon zu erlegen; es gibt sogar Spezialunternehmen, die Gehörn und Geweihe einsammeln und zur Schmuckherstellung nach Ostasien exportieren!

Die zahlreichen Inseln sind ein einziges Vogelparadies; einige sind zu Reservaten ernannt worden. Recht selten trifft man hingegen auf das zottelige Hochlandrind, das zwar sehr dekorativ und robust ist, den modernen Anforderungen in Hinblick auf schnelle Schlachtreife hingegen nicht entspricht. Im ganzen Hochland verbreitet sind hingegen Schafe, frei umherlaufend und den Menschen zahlenmäßig um ein Vielfaches überlegen (s. Kapitel *Zeugen der Geschichte*).

In einem Hochtal bei Oban

Bevölkerung

Weniger als 10 % der Briten, nämlich nur etwa 5,1 Millionen, leben in Schottland, was dem Land eine statistische Bevölkerungsdichte von nur 65 Einwohnern/km² beschert. Über zwei Drittel der Schotten entfallen auf die städtischen Ballungsräume vor allem der Lowlands, davon allein etwa 1,7 Millionen im Großraum Glasgow. Entsprechend dünn besiedelt ist das schottische Hochland, in dessen Nordwestecke die Bevölkerungsquote nur geringfügig über Null liegt. Alle Welt weiß aus den über die Schotten kursierenden Witzen, daß der Nordteil Großbritanniens von geizigen Rockträgern bewohnt wird, deren größte Leidenschaft der Whisky und die Jagd nach dem Monster von Loch Ness ist. Daß die den Schotten angedichteten Hobbys ausgesprochen kostspielig sind, tut der Hartnäckigkeit, mit der sich diese Gerüchte halten, keinen Abbruch; der Geiz ist ohnehin lediglich eine boshafte Auslegung der Sparsamkeit, zu der die Schotten von der Kargheit ihrer Existenz gezwungen waren. Das Tragen des Kilts, des Schottenrocks, ist nicht nur wegen des stolzen Preises einer solchen Traditionsausrüstung eine Seltenheit. Das schottische „Lebenswasser", der Whisky, verdankt der Geldgier englischer Regierungen ein Preisniveau, das so hoch ist, daß viele Schotten geneigt sind, in der Besteuerung (über 70 %) des edlen Nasses eine Schikane erster Güte zu sehen. Diese Ansicht hat eine gewisse Berechtigung, da Schottland seit jeher von den britischen Administrationen vernachlässigt worden ist – das Steueraufkommen floß vorrangig in Richtung Süden, seltener auch wieder zurück. Dieser Umstand trägt dazu bei, eine sozial bedingte Abneigung gegenüber den Engländern (man hüte sich davor, einen Schotten als Engländer zu bezeichnen; selbst das Wort „Brite" kann manchmal fehl am Platz sein) aufrecht zu erhalten. Dennoch ist der schottische Nationalismus nicht militant und ohnehin eine Neuerung der letzten hundert Jahre. Historisch ist er kaum zu begründen.

Zu den Eigenständigkeiten, die sich die Schotten seit Jahrhunderten bewahrt haben, gehört das Recht zur Herausgabe eigener Banknoten ebenso wie ein schottische Staatskirche, die im Gegensatz zur anglikanischen Kirche Englands presbyterianisch geprägt ist. Über 80 % der Bevölkerung gehören den protestantischen Religionsgemeinschaften an, etwa 15 % sind römisch-katholisch. Vor allem in den abgelegenen Gebieten des Hochlandes und der Inseln wird die Sonntagsruhe strikt beachtet, was von Touristen berücksichtigt werden muß: Fähren sind dort dann ebenso selten in Betrieb wie Restaurants und andere Einrichtungen der Infrastruktur.

Ansonsten sind die Schotten nicht weniger gesellig als ihre englischen Landsleute.

Zeugen der Geschichte

Obwohl die schottische Geschichte seit vielen hundert Jahren eng mit der Englands verknüpft ist, ist auch für Touristen leicht festzustellen, daß die spezifisch schottische Historie ihre Spuren hinterlassen hat – in der Landschaft in Formen von Bauwerken aller Art (meistens Ruinen), im Bewußtsein der Schotten und daher auch in ihrer Lebensart, in Erscheinungen wie der „romantischen" Einsamkeit des Hochlandes, die höchst unromantische Ursachen hat.

Prähistorische Stätten sind die ältesten Zeugen der Geschichte, die u.a. von steinzeitlichen Siedlungen und Grabstätten belegt wird. Die 4500 Jahre unter einer Düne verschüttete Siedlung von Skara Brae (Orkneys) berichtet ebenso von vorgeschichtlichen Lebensformen wie Steinkreise (z.B. Callanish auf Lewis), Kammergräber (z.B. Maes Howe, Orkneys) und Befestigungsanlagen (z.B. auf Mousa, Shetlands). Wie man an dieser Auflistung schon erkennt, haben sich auf den diversen Inseln prähistorische Monumente am besten erhalten.

Als die Römer zu Beginn unserer Zeitrechnung nach Britannien kamen, stießen sie im Süden des heutigen Schottland auf recht kriegerische Stämme keltischer Herkunft, die sie als Pikten bezeichneten. Zum Schutz vor deren Überfällen bauten die Römer vom Jahr 122 ab den Hadrianswall als Befestigung; Reste davon sind noch heute etwas südlich der schottisch-englischen Grenze zu sehen, teils sogar noch als Straße zu nutzen. Diese Linie markierte die römische Einflußsphäre, obwohl die römischen Heere weit bis nach Norden vordrangen und auch die Flußmündungen von Forth und Clyde mit einer Befestigung (der Antoninischen Mauer) verbanden.

Die keltischen Stämme waren wie überall in Westeuropa maßgeblich an der kulturellen Entwicklung des Landes beteiligt; außer den Pikten, deren Siedlungsraum der Nordosten Schottlands war, sind die Britonen (Südschottland) und Skoten (Nordwesten) zu nennen. Diese Völker waren recht eng verwandt, hatten ähnliche, keltische Sprachen und Sozialsysteme. Vor allem die letzteren sind noch für Jahrhunderte prägend geblieben, denn das keltische Clan-System, ein auf einer Art Großfamilie begründeter Stammesverbund, war noch über tausend Jahre in Funktion und schließlich den zentralistisch gesonnenen Oberherrschern (nicht nur den englischen, sondern auch den schottischen!) ein Quell dauernden Ärgers. Ein Clan bestand ursprünglich aus einer recht überschaubaren Gruppe von Familien, die von einem Chief (auch Laird genannt) angeführt wurde. Der Häuptling bestimmte über die Vergabe von Ländereien und sprach Recht, hatte aber zudem eine Fürsorgepflicht gegenüber seinen Clanangehörigen. Dieses Rechtssystem blieb auch dann erhalten, als sich die verschiedenen keltischen Stämme zuerst zu kleineren, schließlich zu einem gesamtschottischen Königreich zusammenschlossen. Im Lauf der Zeit wurden einige Clans aber immer größer, ihre Chiefs immer mehr zu ihren Untertanen entfremdeten Adeligen. Dennoch hielt sich die Clan-Gesellschaft bis weit ins zweite Jahrtausend.

Da der größte Teil Europas vom 5. Jh. an von Irland, der nächstgelegenen Hochburg des Keltentums, aus christianisiert wurde, waren die Schotten die ersten, die in den Genuß einer Bekehrung kamen. In der Anfangszeit der keltischen Mönchskirche waren die beiden Länder ohnehin eng miteinander verknüpft: der irische Nationalheilige St. Patrick stammt angeblich aus Südschottland, und die Klostergründung von St. Columba auf der Hebrideninsel Iona, damals Hauptstützpunkt für die Missionsarbeit in Schottland, war Entstehungsort berühmter keltisch-christlicher Kostbarkeiten wie des *Book of Kells*, das heute im Trinity College in Dublin zu sehen ist. Die Bedeutung der Klostergründungen für die schottische Gesellschaft läßt sich leicht daran erkennen, daß bis ins 11. Jh. nahezu alle schottischen Könige (einschließlich der berüchtigten Herren Macbeth und Duncan) auf Iona begraben wurden; etliche irische und norwegische Herrscher gesellten sich zu ihnen. Die Reste des Klosters von Iona können noch besichtigt werden; dort finden sich auch einige der ansonsten in Schottland seltenen keltischen Steinkreuze.

Im Gegensatz zur benachbarten Grünen Insel war in Schottland der Einfluß der angelsächsischen Nachbarn im Süden schon vom 7. Jh. an so stark, daß die Ausbildung der keltischen Kultur vergleichsweise gering blieb. Vom Königreich Northumbria der Angeln aus wurde der größte Teil Südschottlands erobert und besetzt.

In der Mitte des 9. Jh. unterwarfen die Skoten unter ihrem Herrscher Kenneth MacAlpin die benachbarten Pikten; das Resultat war ein gesamtschottisches Königreich mit Machtzentrum im Osten, was durch die Verlagerung des skotischen Krönungssteins nach Scone (bei Perth) quasi 'amtlich' gemacht wurde.

Etwa gleichzeitig begannen die schon vorher durch ihre Raubzüge unangenehm aufgefallenen Wikinger (meist aus Norwegen), den Norden Schottlands einschließlich der Orkneys und Shetlands zu erobern. Sie unterwarfen oder verdrängten die Bewohner und errichteten ihre eigenen Herrschaftsgebiete, die oft recht autark waren. Bis weit ins Mittelalter blieb ihre Sprache erhalten und wurde erst nach der Eingliederung der diversen Gebiete (Nordschottland, Hebriden 1266, Shetlands und Orkneys 1468) in das schottische Königreich allmählich von englischen Einflüssen verdrängt. Ortsnamen und Regionalbezeichnungen skandinavischen Ursprungs wie Sutherland (Südland – vom Standpunkt der Wikinger aus gesehen) belegen noch heute, wer hier jahrhundertelang das Sagen hatte.

Wie überall im mittelalterlichen Europa wechselten Gebiete ihre Herrscher und umgekehrt ohnehin sehr häufig, teils mit umfangreichen Personalunionen wie die unter dem Dänenkönig Knut im 11. Jh., der zeitweise gleichzeitig König von England und Norwegen einschließlich der dazugehörigen Teile von Nordschottland, der diversen Inseln und von Grönland war. Solche Besitzveränderungen erfolgten in der Regel nicht etwa über kriegerische Eroberungen, sondern teils über Wahlen (wie im Fall Knuts), meist aber schlicht durch Heirat (z.B. war die Übergabe der Orkneys und Shetlands ein – nie eingelöstes – Pfand für eine Mitgift), manchmal auch durch Kauf (wie im Fall der Hebriden 1266). Das Netz der

Verflechtungen von Adelshäusern wurde noch dichter, als im 11. Jh. die Normannen England eroberten und ihren Einfluß in kultureller, politischer und militärischer Hinsicht immer weiter nach Norden ausdehnten. Im Lauf der Zeit kam es dazu, daß etliche Adelige sowohl dem englischen als auch dem schottischen König in irgendeiner Hinsicht unterstellt waren, ja sogar Teilabhängigkeiten des schottischen Herrschers vom englischen Kollegen bestanden. In der Folge wurden nicht nur Wirtschaft, Justiz, Verwaltung und die Kirche dem englischen System angepaßt – mit einigen beachtlichen Blütezeiten, z.B. entstanden die meisten schottischen Klöster im 12. Jh., ohne allerdings die Reformation heil zu überstehen (Ausnahmen: die Kathedralen in Glasgow und Kirkwall) –, sondern zu Ende des 13. Jh. sollte der englische König Edward I. sogar über die Thronfolge der Schotten entscheiden. Er tat aber zu viel des Schlechten, fiel 1296 mit seinem Heer in Schottland ein und entführte den Krönungsstein von Scone nach London. Das einigte die schottischen Adeligen und führte zu einer schottisch-französischen Allianz, die 300 Jahre lang Bestand hatte. Nach einigen Schlachten unterschiedlichen Ausgangs errang das schottische Heer 1314 unter Robert Bruce bei Bannockburn einen grundlegenden Sieg, der die Unabhängigkeit des Landes für einige hundert Jahre prinzipiell sicherte – wobei die Engländer selbstverständlich bei jeder sich bietenden Gelegenheit erneut zugegriffen hätten.

Über eine Heirat gelangte die schottische Krone 1371 an die Familie Fitzalan, die nach ihrem (erblichen) Amt als Reichskämmerer „Stewart" (oder auch „Stuart" geschrieben) genannt wurde. Mit kurzen Unterbrechungen blieb es dabei bis 1714. Die mächtigen Adelsfamilien des Landes behandelten hingegen die Stuarts ebenso unfreundlich wie umgekehrt, was oft zu verfrühtem Ableben des jeweiligen Königs führte. Der Nachschub der Dynastie war meistens gerade erst gesichert, so daß fast alle Stuartkönige als Kinder auf den Thron gehoben wurden. Für die Bevölkerung des Landes waren diese Streitigkeiten vielleicht nicht immer erfreulich, aber prinzipiell ohne tiefere Bedeutung. Noch heute ist an den erhaltenen Bauten des Mittelalters erkennbar, daß im Interesse der Bewohner vor allem der Schutz vor ungebetenen Gästen lag: sie sind durchweg nicht auf Repräsentation, sondern auf Befestigung hin errichtet.

In die 'Regierungszeit' der als Säugling zur Königin gesalbten Maria Stuart (1542-67) fällt eine für jeden Schotten markante Entwicklung: die schottische Reformation unter John Knox. Die Schotten spalteten sich in eine calvinistisch-presbyterianische und eine katholische Fraktion; das katholische Königshaus, nicht nur durch den Beistandspakt von 1296, sondern auch familiär mit den Franzosen verbunden, holte ein französisches Expeditionskorps ins Land, das aber wenig erfolgreich und die letzte Aktion der damit endenden schottisch-französischen Allianz war. Maria Stuart durfte den folgenden bürgerkriegsähnlichen Auseinandersetzungen aus der Ferne zusehen; 1547-1560 lebte sie in Frankreich, davon die letzten zwei Jahre als Frau des französischen Thronfolgers. Als

Foto rechts: Kelso Abbey

sie nach Schottland zurückkehrte, hatte John Knox gerade die presbyterianische Church of Scotland gegründet. Maria selbst hielt zwar an ihrem katholischen Bekenntnis fest, konnte aber den Siegeszug der Protestanten bei der Bevölkerung nicht verhindern. In bester Stuarttradition führte sie ein derart bewegtes Leben, daß sie trotz ihrer nur siebenjährigen Regentschaft im Bewußtsein der Schotten verankert blieb wie kaum ein anderer Herrscher. Ihre mutmaßliche Beteiligung an einigen Todesfällen, darunter dem ihres zweiten Mannes, des Vaters ihres Sohnes James, führte zu einer Rebellion des Adels. Die Königin dankte ab und floh nach England, wo ihre Kollegin Elizabeth I. sie in der hinreichend bekannten Art „willkommen hieß" und schließlich hinrichten ließ.

Marias gerade erst geborener Sohn wurde – ebenfalls in bester Stuarttradition – ein Jahr später als James VI. zum König gesalbt. Da die Verwandtschaft in England zumindest theoretisch 'jungfräulich', also ohne Nachkommen, 1603 das Zeitliche segnete, wurde er als James I. in Personalunion englischer Herrscher. Damit begründete er einen Zusammenschluß der Königreiche, dessen endgültige Besiegelung danach nur noch eine Frage der Zeit war. Der Umstand, daß James und sein Nachfolger Charles I. protestantisch erzogen waren, brachte dem Land hingegen keinen Frieden, im Gegenteil: der Hang des Herrscherhauses zur anglikanisch-episkopalen, zum Absolutismus tendierenden Kirche sorgte in Schottland für stetige Unruhe. In den britischen Bürgerkriegen kämpften daher schottische Verbände auf der Seite des englischen Parlaments gegen den anglikanisch gesinnten König. Daß die Engländer den König 1649 kurzerhand enthaupteten, war den Schotten hingegen zu viel: sie ernannten den Sohn des Hingerichteten, Charles II., zum König und schufen damit die Voraussetzung für die Restauration der Stuart-Herrschaft 1660. Das war ein Fehler, denn Charles vergaß seinen Schwur zur Beibehaltung des schottischen Kirchensystems und führte die anglikanische Bischofskirche wieder ein. Erst als sein Sohn James II. (bzw. VII.) von den Engländern 1688 abgesetzt und durch Wilhelm von Oranien ersetzt wurde, bekamen die Schotten ihre presbyterianische Kirche zurück.

Merkwürdigerweise kam es trotz der negativen Erfahrungen mit den letzten Herrschern zur Sammlung von Stuart-Getreuen im schottischen Hochland und zu einem Aufstand. Wilhelm von Oranien zwang daraufhin die opponierenden Clans zu einem Treueeid, der bis Ende 1691 zu leisten war. Der Chef des Macdonald-Clans, damals noch kein Fleischklopsbrater, kam ein paar Tage zu spät, was ihm einen Besuch der Familie Campbell bescherte. Diese Abordnung eines scheinbar freundlich gesonnenen Schottenclans war in Wirklichkeit vom englischen König geschickt worden, um die Macdonalds für ihr Widerstreben zu bestrafen. Die Gäste entledigten sich dieser Aufgabe mit einem höchst unfreundlichen Massaker an ihren Gastgebern am 13. Besuchstag, was den Engländern nicht gerade heftige Sympathien einbrachte.

Dennoch wurde 1706/07 die Personalunion der Länder – wohl vor allem aus handfesten wirtschaftlichen Erwägungen – zu einer vertraglich abgesicherten Union der Parlamente erweitert, womit der Zusammenschluß zum „Vereinigten

Königreich“ endgültig war. Als Gegenleistung für die Anerkennung des englischen (Hannoveraner) Königshauses erhielt Schottland außer finanziellen Zuwendungen die Garantie auf den Erhalt von Rechtstraditionen und einer eigenen Kirche.

Bei den Hochlandclans hielten sich hartnäckig Bestrebungen, die Stuarts wieder an die Macht zu bringen. Die *Jacobites*, wie sich die Anhänger nannten, zettelten 1715 einen Aufstand an, der mangels Unterstützung aus den Lowlands oder dem Ausland schnell scheiterte. Dreißig Jahre später gab es eine Neuauflage, als der Stuartprinz Charles Edward, wegen seines ansprechenden Äußeren „Bonnie Prince Charlie“ genannt, aus dem französischen Exil kam und anfangs recht erfolgreich Anhänger um sich scharte. Im April 1746 war der Traum vom schottischen Thron ausgeträumt, da die Jacobitenarmee bei Culloden (Nähe Inverness) in einer blutigen Schlacht geschlagen wurde. Der Prinz sorgte mit einer abenteuerlichen Flucht, an der eine junge Frau namens Flora MacDonald hilfreich beteiligt war, für Stoff zu unzähligen romantisch ausgeschmückten Geschichten.

Nach dem ersten Jacobitenaufstand von 1715 hatte die Regierung das schottische Hochland durch Militärstraßen erschließen lassen, um das Land besser unter Kontrolle zu bekommen. Dieser Straßenbau bewirkte militärisch wenig, war aber eine wichtige Voraussetzung für die wirtschaftliche Erschließung des Landes. Von nun an war schottische Geschichte Wirtschafts- und Sozialgeschichte, allerdings anfangs kaum weniger dramatisch.

Nach der Schlacht von Culloden hatten die Engländer eine Art Kulturkampf gegen die Clan-Gesellschaft geführt, in der sie zu Recht eine Brutstätte der Rebellion witterten. Aufmüpfige Chiefs waren enteignet worden, alle Zeichen der Clanzugehörigkeit wie Tartans, die gälische Sprache, ja sogar Dudelsäcke, wurden verboten. Diese Veränderungen der Herrschaftsverhältnisse bewirkten in Kombination mit der infrastrukturell begünstigten Kontaktaufnahme zum Süden rigorose Einschnitte in das Hochlandleben. Bisher hatten die Bauern der Clans auf dem Land ihres Laird als Pächter gelebt und vor allem Rinderzucht betrieben; auch der Wehrdienst gehörte zu ihren Pachtverpflichtungen. Zur Finanzierung neuer Interessen der Grundherren, sei es für Reisen, repräsentative Bauten oder andere teure Hobbys, suchten die Clanchiefs bald nach zusätzlichen Geldquellen. Die aufkommende Industrialisierung war am Hochland weitgehend vorübergegangen, so daß es nahelag, einen Grundstoff für Industrieprodukte auf landwirtschaftlicher Basis herzustellen: Wolle. Zur Einführung von Schafzucht im großen Stil wurden ab 1760 weite Teile des Hochlandes systematisch entvölkert, „bereinigt“. Die *Highland Clearances* schufen den nötigen Platz für riesige Schafherden, die den Grundherren fette Gewinne einbrachten. Eine der bewährten Methoden der Lairds war, ganze Dorfgemeinschaften auf Auswandererschiffe in die Neue Welt zu verfrachten; manche Landstriche in Nordamerika sind auf diese Art zu neuen Bewohnern gekommen.

In den Lowlands gab es schon seit Beginn des 18. Jh. industrielle Bestrebungen. Vor allem im Bereich von Glasgow entstanden Webereien, Kohleförderung, Eisenverhüttung, nach der Erfindung der Dampfmaschine durch den Schotten James Watt auch Schiffswerften. Die Landflucht sorgte rasch für die Entstehung eines Proletariats, das in ungeheurer Armut unter kümmerlichsten Bedingungen lebte, während auf der anderen Seite der Lowlands, in Edinburgh, eine kulturelle Blütezeit eingeleitet wurde, die vor allem in vorbildlicher Stadtplanung noch heute zu erkennen ist. Die Industrialisierung wirkte aber auch als Gleichmacher, die Lebensbedingungen eines Arbeiters waren seitdem in Schottland nicht anders als in den Ballungsgebieten Englands.

Die Schotten hatten ihren festen Platz in allen Wirtschaftsbereichen, und seitdem Sir Walter Scott mit seinen romantischen Romanen eine Schottland-Mode ausgelöst hatte, die einige der merkwürdigsten Herrenhaus-Bauten des Landes hervorbrachte, gehörten auch Dudelsackpfeifer im Kilt zur britischen Armee.

Schottische Geschichte in nationaler Eigenart endet im Grund mit den Clearances. Selbst die Erdölfunde vor der schottischen Küste, von Nationalisten gern zum Eigentum Schottlands erklärt, bringen weniger den Schotten, als vor allem den ausbeutenden Konzernen und dem Staatssäckel in London Gewinne.

Traquair House

Sprache und Literatur

Kaum jemand wird verwundert sein zu erfahren, daß in Schottland Englisch nicht nur offizielle Landessprache ist, sondern auch tatsächlich gesprochen wird. Andererseits wird jeder Reisende die Erfahrung machen, daß manche Gespräche von Schotten untereinander in einem schier unverständlichen Kauderwelsch erfolgen. *Broad Scotch* oder auch *Lowland Scots* ist der Name für dieses Idiom, das – wie die zweite Bezeichnung schon sagt – vor allem in den Lowlands, aber auch in den südlichen Uplands gesprochen wird. Es handelt sich dabei um ein mit skandinavischen und gälischen Wörtern durchsetztes, umgangssprachlich abgewandeltes Englisch, das von Nicht-Schotten ohne nähere Beschäftigung damit genauso wenig zu verstehen ist wie ein bayerischer Dorfdialekt von einem Nordfriesen. Berüchtigt ist vor allem *Glaswegian*, der Dialekt der Bewohner Glasgows. Grundsätzlich läßt sich sagen, daß die Unterschiede zwischen Osten und Westen deutlicher sind als die zwischen Süden und Norden. Im allgemeinen spricht aber jeder Schotte, von normalem Akzent einmal abgesehen, genauso gut Englisch, wie jeder Deutsche Deutsch beherrscht. Am reinsten ist die Aussprache in den abgelegenen Gegenden des Hochlandes und der Inseln, in denen Englisch erst im Lauf der letzten 200 Jahre Einzug genommen hat – ein Phänomen, das man überall dort beobachten kann, wo jüngere Sprachveränderungen stattgefunden haben.

Die zweite Sprache – oder dritte, wenn man Scots als eigenständiges Idiom ansieht – Schottlands ist *Gälisch*, eine der wenigen noch überlebenden keltischen Sprachen. Das schottische Gälisch gehört ebenso wie Irisch und Manx (auf der Isle of Man) zu den „inselkeltischen" Sprachen; eine entfernte Verwandtschaft besteht mit dem Kymrischen in Wales und dem Bretonischen in der Bretagne (das Kornische gilt in Cornwall seit 100 Jahren als ausgestorben). Gälisch ist eine extrem nuancenreiche Sprache, deren Schriftfassung von irischen Mönchen geschaffen wurde. Im Gegensatz zu Irland, wo das Gälische seit der nationalen Unabhängigkeit staatlich gefördert wird (allerdings mit mäßigem Erfolg), wird diese alte Kultursprache in Schottland nach Jahrhunderten der Unterdrückung und Diskriminierung lediglich geduldet. Etwa 80.000 Schotten beherrschen sie angeblich noch (oder wieder) neben dem Englischen. Während es vor einigen Jahrzehnten auf den äußeren Hebriden noch etliche Bewohner gab, die nur Gälisch sprachen, dürfte es heute schwer sein, solche Relikte aufzufinden. Allerdings hat sich auf einigen Hebrideninseln bis heute die gälische Umgangssprache erhalten, und dort wird man auch auf zweisprachige Schilder treffen.

So ausdrucksstark die keltischen Sprachen sind, so kompliziert sind sie auch. Dementsprechend darf man die Sprachkurse (an denen übrigens viele vergangenheitsselige Amerikaner schottischer Herkunft teilnehmen) ebenso als kulturpolitische Spielerei ansehen wie die Radio- und Fernsehsender, die nur wenige Stunden je Woche das Banner des sprachlichen Minderheitenschutzes hochzuhalten versuchen. Die Vielfalt von fast 60 Phonemen (Lauteinheiten), von den mittelalterlichen Mönchen in nur 18 Schriftzeichen gepreßt, entspricht zu wenig dem Drang zur sprachlichen Vereinfachung, als daß man dem Gälischen mehr als eine Galgenfrist zubilligen könnte. Nur in Ortsnamen und umgangssprachlichen Bezeichnungen wird es zweifellos überleben, wird allerdings bereits heute in oft sinnloser Art mit englischen Wörtern kombiniert, z.B. bei Namen von Tälern, die außer dem gälischen vorangestellten *Glen* (= Tal) noch ein englisches *Valley* angehängt bekommen.

Die alte Umgangssprache der norwegisch beherrschten Inseln, Old Norse, ist seit etwa 200 Jahren ausgestorben und findet sich heute nur noch in Ortsnamen (z.B. auf „ay" = Insel endende Bezeichnungen) wieder. Eine für die Verständigung wichtige Regel ist hingegen, daß sehr viele schottische Ortsnamen auf der letzten Silbe betont werden, z.B. Aber*deen*, Inver*ness*.

Die schottische Literatur ist seit Jahrhunderten durchweg in englischer Sprache abgefaßt und schon wegen des gemeinsamen Kulturraums kaum aus der britischen Gesamtliteratur herauszulösen. Ausnahmen machen lediglich Autoren und Bücher, die durch sprachliche und thematische Eigenheiten hervorstechen. Der schottische Nationaldichter ist Robert Burns, der im 18. Jh. Verserzählungen in Lowland Scots verfaßte; seine Geburts- und Wirkungsstätten im Südwesten des Landes sind beliebte Touristenziele. In seiner Wirkung nach außenhin war zweifellos Sir Walter Scott am bedeutendsten, der mit seinen historischen Romanen aus der „guten alten Zeit" eine romantische Schottland-Mode auslöste, der u.a. die damalige Königsfamilie erlag, gefolgt von Tausenden anderer Besucher. Die wirtschaftliche Bedeutung dieser besonderen Art des Tourismus, die bis heute anhält, läßt sich gar nicht ermessen; u.a. beruht die Tartanindustrie, die für jeden Familiennamen ein eigenes Schottenkaro-Muster entwickelt hat, fast ausschließlich auf der Sucht amerikanischer Ex-Schotten nach handfesten historischen Wurzeln. Und wo keine Wurzeln sind, da bastelt man sich eben welche. Sir Walter Scott hinterließ der Nachwelt außer seinen Romanen ein Herrenhaus im sogenannten „Baronialstil", einem mit Türmchen und Zinnen *verzierten* Baustil: Abbotsford. Er fand Nachahmer und versorgte dadurch Schottland mit einigen Bauwerken, die so pittoresk-obskur sind, daß man sie schon fast als schön bezeichnen kann; sehenswert sind sie allemal.

Die meisten anderen berühmten Autoren Schottlands sind sprachlich und thematisch nicht als Schotten zu identifizieren; so leisteten u.a. Robert Louis Stevenson und Arthur Conan Doyle ihren Beitrag zur britischen Literatur.

Heute finden sich explizit schottische Schriftsteller z.B. in Sammlungen mit Kurzgeschichten, die inhaltlich deutlich im Norden des britischen Königreiches angesiedelt sind.

Schottisches

Die zahlreichen Klischees, die über die Schotten und ihre Sitten kursieren, sind nicht unwesentlich an der Entstehung, der Entwicklung und Ausprägung des Fremdenverkehrs in Schottland beteiligt. Der Ausgangspunkt liegt dabei in der Mitte des 19. Jh., der Zeit von Sir Walter Scott und seinen historischen Romanen. Seine vielgelesenen Werke bewirkten eine regelrechte Mode, zu der das damalige Königspaar beitrug, indem es sich den Sommersitz Balmoral Castle im Tal des River Dee, westlich von Aberdeen, errichten ließ. So verspielt-romantisch wie der Baustil des Schlosses war die gesamte Sichtweise der britischen Oberschicht: Schottland als Schauplatz für Ritterspiele, mit starken Männern in Schottenröcken mit Karomustern, ein paar dekorative Schafe oder Hochlandkühe im Hintergrund. Die Erfahrung der Armut, in der die Crofter des Hochlandes und der Inseln lebten, hatte in dieser Welt keinen Platz, ja hat ihn im Grund bis heute nicht: die wenigen zu Museen umgewandelten *Black Houses*, fensterlose Krankheitsherde, die Tierschützer nicht einmal als Hundehütte akzeptieren würden, sind im allgemeinen lokaler Privatinitiative zu verdanken und nach wie vor nur auf den Hebriden anzutreffen.

In der Folge der Schottland-Mode wurden echte wie vermeintliche Sitten aus der Versenkung hervorgeholt, seien es die Tartan-Karomuster der Clans, die Dudelsäcke oder architektonische Details von Herrenhäusern. Die Traditionsmuster der Tartans reichten längst nicht aus, um für jede sich auf schottische Abkunft berufende Familie ein eigenes bereitzustellen, so daß kurzerhand neue Muster erfunden wurden. Ahnenforscher machen bis heute gutes Geld damit, Stammbäume für Amerikaner schottischer Herkunft zusammenzustellen. Der Ruf des Dudelsacks, zum Erschrecken militärischer Gegner gedient zu haben, machte dieses Soloinstrument zu einem beliebten Bestandteil britischer Militärkapellen – Krieg als Folklore, mit Trommelwirbeln, schön ordentlich und publikumswirksam, heute alljährlich in Edinburgh beim Tattoo (Zapfenstreich) aufgeführt. Die Wehrhaftigkeit der Schotten sollte auch in der Architektur ausgedrückt werden; die Schlösser des Baronialstils im 19. Jh. erhielten deshalb Türmchen und Zinnen in einer Menge, die zur Ausstattung ganzer Landstriche ausgereicht hätte. Daß dies dem tatsächlichen Baustil der befestigten Hochlandhäuser früherer Zeiten nicht im geringsten entsprach, spielte zu Recht keine Rolle – nicht Authentizität, sondern Optik war gefragt.

Die Schottland-Mode schwappte bald auf den europäischen Kontinent über und zog vor allem Intellektuelle an; aus jener Zeit stammen die Hebridenouvertüren von Mendelssohn-Bartholdy und – später – Theodor Fontanes Schottland-Reportagen. In Königin Victorias Gefolge entdeckte außerdem die englische Oberschicht Schottland als Sommerresidenz und Jagdrevier; das „romantisch-unberührte", weil von den Clearances entvölkerte Hochland wurde mit Hirschen für den Modesport der Zeit reichlich bestückt. Die ersten Hochlandspiele, von den Lords des Deetales zur Unterhaltung der Königsfamilie organisiert und von ihren Bediensteten aufgeführt, waren ein Publikumserfolg großen Ausmaßes und fanden Nachahmer in ganz Schottland. Noch heute sind diese Veranstaltungen mit ihrer Mischung aus martialischen Sportwettkämpfen, Musikauftritten und Kostümstück sehr beliebt. Wo sonst kann man eine solche bunte Mixtur antreffen, ganz zu schweigen vom eindrucksvollen Baumstammwerfen, bei dem gut fünf Meter lange Fichtenstämme senkrecht in die Luft geschleudert werden und nach dem Auftreffen eine bestimmte Position einnehmen müssen – also sowohl eine Geschicklichkeitsübung als auch ein Kraftsport. Von allen Folgen der Schottland-Euphorie des 19. Jh. haben sich die Hochlandspiele am lebendigsten erhalten, was zweifellos ihrem echten Unterhaltungswert für alle Beteiligten zuzuschreiben ist.

Es ist den Schotten kaum zu verübeln, daß sie die neuerwachte, wenn auch etwas eingeschränkte Liebe ihrer Nachbarn für ihr Land nutzten und mit publikumswirksamen Attraktionen würzten. In diesem Zusammenhang ist Nessie zu sehen, das angebliche Monster von Loch Ness, für das es Dutzende mehr oder weniger plausibler Erklärungen gibt, die von der Ausstellung in Drumnadrochit am Loch Ness vorgestellt werden. Solche Monstergeschichten gibt es von vielen schottischen Seen, aber die unergründliche, weil beträchtliche Tiefe des Sees im Great Glen machte Nessie glaubwürdiger, da unüberprüfbar. Und bislang ist nichts davon bekannt geworden, daß Nessie den Fremdenverkehrswerbern eine Rechnung für geleistete Dienste zugestellt hätte. Was wieder einmal bestätigt, daß der den Schotten angedichtete Geiz viel eher pfiffige Sparsamkeit ist.

Nicht nur zur Belustigung von Touristen, sondern auch zur Freude der Beteiligten finden überall in Schottland Aufführungen traditioneller schottischer Tänze statt, bei denen der Dudelsack noch als Soloinstrument zum Einsatz kommt. Die Tänzer sind größtenteils sehr jugendlichen Alters und finden vor allem sportlichen Spaß in Tänzen über kreuzweise gelegte Schwerter und ähnlichen nostalgischen Motiven. Mangels männlichen Nachwuchses werden dabei traditionelle Männerrollen immer häufiger von Mädchen dargestellt.

Wer Bestandteile der schottischen Tracht, Hochlandmützen (symmetrisch, zusammenfaltbar und aus robustem Harris Tweed) oder andere original schottische Souvenirs erwerben möchte, findet dazu eine Unmenge von Craft Shops (Kunsthandwerksgeschäfte) noch in den abgelegensten Gegenden. Speziell die in einzelnen Gehöften oder kleinen Dörfern vorhandenen Läden sind dabei immer für eine positive Überraschung gut. Am einförmigsten und teuersten ist das Angebot in Edinburgh; dort werden in Kaufhäusern Artikel als Sonderangebot angepriesen, die es drei Städtchen weiter in ganz normalen Textilgeschäften deutlich günstiger gibt. Töpferwaren und ähnliche Dinge kauft man ohnehin am besten direkt bei den Künstlern, die in beträchtlicher Zahl im nördlichen Hochland und auf den Inseln anzutreffen sind.

Übersichtskarte: Regionen Schottlands

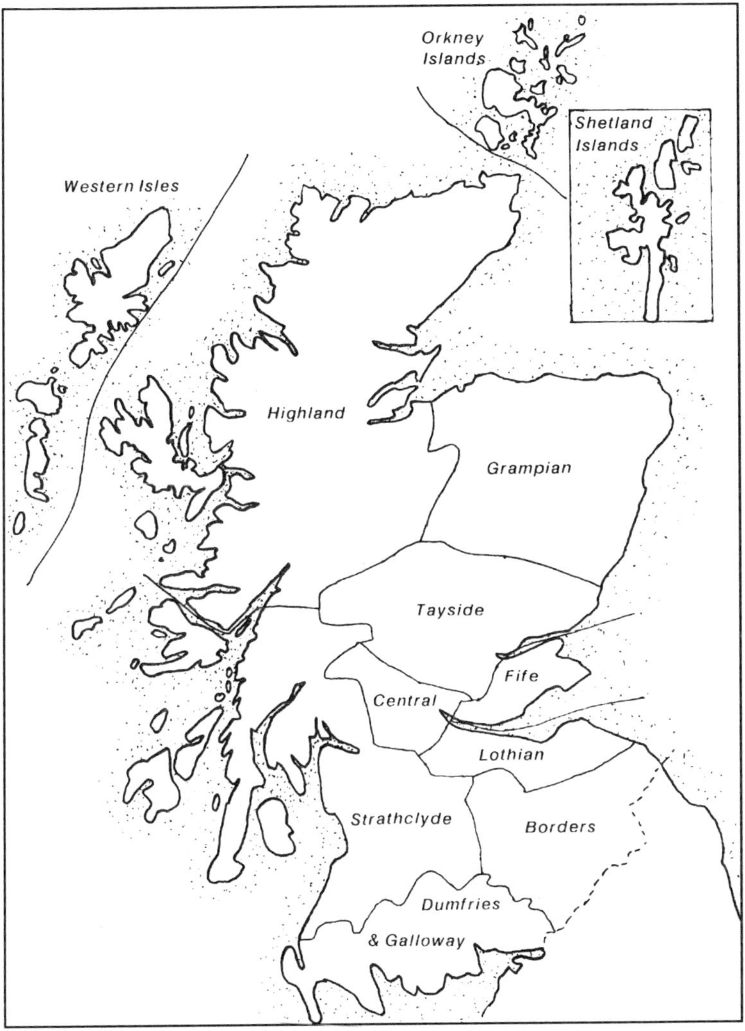

Staat, Verwaltung, Wirtschaft

Schottland bildet zusammen mit England, Wales und Nord-Irland das Vereinigte Königreich von Großbritannien und Nordirland, meist kurz als *United Kingdom* (UK) bezeichnet. Dementsprechend ist Schottland mit 71 (von 635) Abgeordneten im britischen Unterhaus (House of Commons) vertreten. Der Anteil am Oberhaus (ca. 1200 Mitglieder) richtet sich danach, wieviel Schotten die 'Auswahlkriterien' erfüllen, d.h. zumindest auf Lebenszeit geadelt sind oder der oberen Geistlichkeit bzw. Jurisdiktion angehören.

Im Mai 1999 wurde erstmals seit rund 300 Jahren wieder ein schottisches Parlament gewählt (129 Abgeordnete), und zudem noch mit einem für britische Verhältnisse geradezu revolutionären Teil-Verhältnis-Wahlrecht – die Labour Party verfehlte knapp die absolute Mehrheit, so daß möglicherweise erstmals in Großbritannien eine Koalitionsregierung gebildet werden muß. Das neue Regionalparlament, das auf einer Dezentralisierungspolitik der Labour-Regierung beruht, ist in Schottland für nahezu alle Belange außer der Außen- und Sicherheitspolitik zuständig, also kein Scheinparlament; sogar an der Einkommenssteuer darf „gedreht" werden. Die Regionalparlamente in Wales und Nordirland haben jedoch andere (meist: geringere) Kompetenzen.

Großbritanniens Politik wird ansonsten fast ausschließlich vom Unterhaus und der Londoner Regierung, der ein Prime Minister vorsteht, bestimmt; für Schottland ist nach wie vor im Kabinett ein gesonderter Ministerposten enthalten.

Staatsoberhaupt Schottlands (wie des ganzen Königreichs) ist der vom Haus Windsor erblich gestellt Monarch, derzeit Königin Elizabeth II. Seit den Zeiten Königin Victorias hält sich die Königsfamilie im Sommer stets in ihrem Schloß Balmoral (Grampian Region) auf und nimmt zur Freude der Regenbogenpresse und der Touristen regelmäßig an örtlichen Gottesdiensten und den Hochlandspielen von Braemar teil.

Traditionell war Schottland wie ganz Großbritannien in Grafschaften (*Counties*) unterteilt, eine von den Normannen vorgenommene Aufteilung. In einer Verwaltungsreform wurden 1975 die 33 schottischen Grafschaften in nunmehr 12 Regionen zusammengefaßt, wobei einige Grafschaften auf mehrere Regionen verteilt wurden; unverändert blieben lediglich die Counties Fife, Orkney und Shetland, die jeweils in gleichnamige Regionen umgewandelt wurden. Im täglichen Leben spielen die alten Grafschaften aber noch eine nicht unbedeutende Rolle, da sie zum einen von der Post in Anschriften erwartet und verwendet werden, zum anderen traditionelle Interessenverbände, z.B. der Tourismuswerbung, den alten Grenzen folgen. Ohnehin sind die Regionseinteilungen nicht für jeden Zweck sinnvoll, da sie etwas undurchsichtigen Prinzipien folgen. Die Zusammenfassung von mehreren Grafschaften zur Hochlandregion mag angesichts der geringen Bevölkerungszahl und annähernd gleichartiger Entwicklungsprobleme sinnvoll sein, aber warum der gesamte industrialisierte Osten in einer auch flächenmäßig beachtlichen Region mit fast 50 % der Bevölkerung aufgehen mußte, ist etwas schwer einzusehen.

Der industrielle Bereich ernährt etwa zwei Drittel der Schotten, wobei alle Arten von Produktionszweigen vertreten sind. Traditionell sind Schwerindustrie und Schiffbau im Raum Glasgow stark vertreten; die gesamten Lowlands verzeichnen Zuwächse bei Leichtindustrien, speziell auf dem Elektroniksektor (die Halbleiterindustrie ist Schottlands wichtigster Exportzweig).

Ebenfalls traditionell sind verarbeitende Industrien in der Nähe der Rohstofferzeugung angesiedelt, so Lebensmittelwerke im Südwesten, Textilproduktion im schafegesegneten Hochland und auf den Hebriden, Fischereiindustrie an den Küsten des Hochlandes. Die Abhängigkeit der Whiskydestillerien von klarem Wasser bewirkte, daß sich ein Großteil der renommierten Betriebe in nur wenigen Tälern zwischen Aberdeen und Inverness anfindet und von der Touristikwerbung zum Teil zu einem *Whisky-Trail* kombiniert worden ist. Ein neuer Industriezweig der letzten Jahre ist die Förderung und Verarbeitung von Nordseeöl; Zentrum der Verwaltung ist Aberdeen geworden, während die Verschiffung vor allem über die Orkneys und Shetlands erfolgt. Abgesehen von kurzzeitiger Nachfrage nach Hilfskräften beim Aufbau der benötigten Einrichtungen hat das Öl aber wenig positive Folgen für die Hochlandbewohner gehabt, im Gegenteil: die Ölfachleute sind meist Zugezogene von außerhalb, die mit ihrer Nachfrage nach Wohnraum und Vergnügungen die Preise in die Höhe getrieben und unerwünschtes Publikum angezogen haben. Nur Wartungs- und Versorgungsfirmen sind auf ihre Kosten gekommen, obwohl auch hier teures Lehrgeld gezahlt werden mußte: an der Westküste sind riesige Werftanlagen zum Bau von Ölförder-Platformen, größtenteils aus Steuermitteln errichtet, meist schnell als untauglich und Fehlinvestitionen erkannt worden. Die hochgestellten Erwartungen über die wirtschaftlichen Segnungen des Nordseeöls haben sich nur bei wenigen erfüllt – vor allem beim britischen Fiskus.

Etwa gleichzeitig mit der Ölförderung traten wichtige Änderungen in einem anderen traditionellen Wirtschaftsbereich, dem Fischfang, auf. Für das frühere Zentrum der Fischerei, Aberdeen, kam das Ölgeschäft gerade rechtzeitig, um neue Arbeitsgebiete für diejenigen zu suchen, die bis dahin auf größeren Fangschiffen tätig waren. Aufgrund neuer Fangquoten im Nordmeer waren die früheren großen Schiffe unrentabel geworden, kleinere, besser ausgestattete Boote aus anderen Häfen stießen in die Lücke. Eines der neuen Zentren der Fischereiwirtschaft ist heute Peterhead, nicht weit nördlich von Aberdeen gelegen. Aber auch an der Westküste und auf den Inseln profitieren einige kleinere Häfen von dieser Entwicklung.

Weite Teile des nördlichen Hochlandes und der Inseln sind hingegen von den wirtschaftlichen Veränderungen der letzten Jahre unberührt geblieben. Dort sind immer noch überdurchschnittlich viele Personen in der Landwirtschaft beschäftigt, wobei es durchaus die Regel ist, daß eine Farm als Teilerwerb betrieben wird, als *Croft*. Crofters, also Kleinbauern, sind seit Jahrhunderten auf Nebenerwerb in anderen Zweigen angewiesen, früher meist bei den Pachtherren, heute in allen möglichen Bereichen einschließlich des Tourismus. Spezielle Entwicklungsbehörden bemühen sich mit meist mäßigem Erfolg um die Verbesserung der Wirtschaftsstrukturen. Nur für riskante Experimente ist Schottland auswärtigen Investoren einschließlich der eigenen Regierung stets gut. Das hat schon Tradition, sei es die Verseuchung der Insel Gruinard vor der Westküste im zweiten Weltkrieg mit Milzbranderregern (der 'Geheimwaffe' Churchills gegen die Nazis) zu Testzwecken, sei es die geplante (und gottlob nie erfolgte) Erprobung einer Atombombe im Hochland, sei es die Errichtung des ersten Schnellen Brüters Europas, der seit 1955 die Nordküste bei Thurso 'verschönert', oder die noch nicht abgewehrte Errichtung von Atommülldeponien und Aufbereitungsanlagen bei den Orkneys.

Schwerpunkt der Landwirtschaft im nördlichen Hochland ist die Schafzucht, je nach Lage in mehr oder weniger witterungsempfindlichen Rassen. In den fruchtbaren Niederungen des Ostens, speziell im Bereich um Aberdeen und nördlich von Dundee, ist die Rinderzucht wegen ihrer besonders guten Fleischqualität weltweit berühmt (*Angus Beef*). Auch der Getreide- und Obstanbau bringt beachtliche Erträge. Im Süden ermöglichen die saftigen Weiden der Hügel Viehzucht aller Art.

Speziell auf den abgelegenen Inseln der Äußeren Hebriden und in manch anderen Teilen des Hochlandes ist der Tourismus ein äußerst wichtiger Wirtschaftszweig, ohne den mancher Crofter längst das Weite hätte suchen müssen. Da dort vorrangig Individualreisende unterwegs sind, deren Versorgung nicht zentral organisiert wird, fließt das Geld der wirtschaftsfördernden Touristen tatsächlich in die Taschen der Landesbewohner und nicht auf die Konten großer Reiseveranstalter. Das mag denjenigen ein Trost sein, die sich vor unerfreulichen Folgen des Fremdenverkehrs fürchten.

Die Einnahmen, die schottische Familien aus dem Tourismus erzielen, können etwas dazu beitragen, für sie einen auch für Touristen unangenehmen Umstand teilweise auszugleichen: das recht hohe Preisniveau. Für mitteleuropäische Gäste ist das Angebot an frischem Obst und Gemüse kärglich und teuer, die meisten anderen Lebensmittel haben in etwa vergleichbare Preise. In den oberen Preisregionen angesiedelt sind alle Luxusgüter einschließlich des schottischen Whiskys (den man zu Hause oder im Duty-Free-Shop deutlich günstiger kauft) sowie nahezu alle gastronomischen Dienstleistungen, vom Schnellimbiß angefangen über Restaurants aller Stufen bis zu den meisten kommerziellen Unterkünften. Günstiger als in deutschsprachigen Regionen sind landestypische Produkte wie Lamm- und Rindfleisch, Fische (soweit erhältlich und nicht gleich exportiert) sowie im gastromischen Bereich Bier und Hochprozentiges bei Ausschank im Pub, Tee und Gebäck überall, wo es diese Grundnahrungsmittel jedes Briten gibt.

Das Reisen

House of the Binns

Informationen

Zuständig für allgemeine Informationen und touristisches Werbematerial über Schottland ist das Scottish Tourist Board, das außerhalb Großbritanniens von der British Tourist Authority (BTA) vertreten wird.

- für Deutschland:
  Westendstr. 16-22, 60325 Frankfurt, ✆ (069) 971123, 🖷 97112444.
- für die Schweiz:
  Limmatquai 78, 8001 Zürich, ✆ (01) 2614277, 🖷 2514456.
- für Österreich:
  c/o British Council, Schenkenstr. 4, 1010 Wien,
  ✆ (01) 533261681, 🖷 533261685.
- für die Niederlande:
  Stadhouderskade 2, 1054 ES Amsterdam, ✆ (020) 6890002, 🖷 6186868.

Im Internet ist Großbritannien vertreten durch: http://www.visitbritain.de – mit vielen Links zu Regionen, Unterkünften und allgemeinen Informationen.

Falls Sie Anfragen zu einzelnen Punkten haben, die Ihnen die BTA-Repräsentanten nicht zufriedenstellend beantworten, so ist es am günstigsten, direkt zu schreiben an:

- Scottish Tourist Board, P.O.Box 705, Edinburgh EH4 3EU, Scotland, Großbritannien, ✆ (031) 3322433, 🖷 3154545.
  http://www.holiday.scotland.net/os

Die britischen Fremdenverkehrsämter werden mit allgemeinen Anfragen sehr stark eingedeckt, was dazu geführt hat, daß Wünsche, die sich nicht präzise auf Detailinformationen beziehen, meist nur mit reichlich allgemein gehaltenen Broschüren oder einem Verweis auf den Buchvertrieb *British Bookshop* bzw. die Firma *Britain Direct* (in der Schweiz: *Business Contact*, Winterthur) beantwortet werden. Man sollte sich daher darauf beschränken, nur das wirklich Benötigte und das möglichst genau bezeichnet anzufordern.

Radfahrer sollten natürlich grundsätzlich die Faltkarte *Radurlaub in Großbritannien* und die Broschüre *Cycling in Scotland* in der neuesten Fassung bestellen, denn diese enthalten eine Fülle von Tips zum Reisen mit dem Rad und z.B. auch zur Mitnahme in der Eisenbahn.

Die meisten Publikationen der BTA, die über allgemeine Informationen hinausgehen, werden fast ausschließlich gegen bare Münze abgegeben. Der Vertrieb geht entweder direkt über die Internetadresse (Kreditkarte erforderlich) oder wird zu teils gepfefferten Preisen (Porto zusätzlich) von den Buchversendern durchgeführt; Listen der Publikationen und Preise sind dort zu beziehen.

Die Anschriften:

- ❑ Britain Direct, Ruhbergstr. 8, 69242 Mühlhausen, ✆ (06222) 62389, 🖷 62396.
- ❑ The British Bookshop, Börsenstr. 17, 60313 Frankfurt, ✆ (069) 280492, 🖷 287701.
- ❑ Business Contact, Neumühle Töss, Neumühlestr. 42, 8406 Winterthur, ✆ (052) 2026363, 🖷 2026908.
- ❑ The British Bookshop, Weihburggasse 8, 1010 Wien, ✆ (01) 5121945, 🖷 5121026.

Publikationen, die man nicht unbedingt vor der Abreise benötigt, kann man selbstverständlich erst nach der Ankunft in Schottland erwerben.

In Schottland gibt es außerdem 14 regionale Touristeninformationsbüros, die mit ihren Adressen in der Schottland-Broschüre enthalten sind. Die dort erhältlichen Publikationen sind sehr unterschiedlich in ihrem Informationsgehalt. Nützlich sind sie vor allem für den längeren Aufenthalt in einer bestimmten Region, da die Details über Unterkünfte im allgemeinen sehr umfangreich sind.

Es gibt etwa 170 Informationsbüros in Schottland; die Adressen stehen außer in einer Broschüre der Fremdenverkehrsämter auch bei den jeweiligen Ortsbeschreibungen dieses Buches.

Die Tourist Information Centres sind zu erkennen an einem Schild mit nebenstehendem Symbol. Sie sind zuständig für Auskünfte, Prospekte, Karten und Unterkunftsvermittlung, meist auch für Vorausbuchungen im nächsten Zielort, die gegen eine Gebühr durchgeführt werden („book-a-bed-ahead“).

Speziell für Fahrradbelange interessante Informationen gibt es beim britischen Radfahrerverband Cyclist's Touring Club (ctc) oder der Organisation Sustrans, die die Umsetzung des Projektes National Cycle Network betreibt, die Erweiterung des Radwegenetzes um 8000 Meilen bis zum Jahr 2005. Beide Organisationen versenden einen Katalog über ihre Broschüren und Karten, die nur für Mitglieder kostenfrei sind:

- ❑ ctc, Cotterell House, 69 Meadrow, Godalming, Surrey GU7 3HS, ✆ (01483) 417217, 🖷 426994, eMail: cycling@ctc.org.uk.
- ❑ Sustrans, 35 King Street, Bristol BS1 4DZ, ✆ (0117) 9268893, 🖷 9294173.

Im Internet finden sich die beiden Organisationen unter:
http://www.ctc.org.uk
http://www.sustrans.org.uk
Weitere interessante Informationen und Links zum Thema Radreisen in England finden sich unter:
http://www.cycling.uk.com

Anreise

Schottland ist verkehrstechnisch gesehen für den Fahrradreisenden recht abgelegen. Wer nicht die Dienste einer Luftverkehrsgesellschaft in Anspruch nimmt, muß mit einer zeitlich und finanziell aufwendigen Anreise rechnen. Zu den allgemeinen Problemen des Fahrradtransports sei hier auf das Kapitel *Anreise* in „Der Wind kommt immer von vorn“ von Jürgen Rieck (s. Literaturliste) verwiesen.

Flug

Die schnellste Möglichkeit und je nach Saison, Personenkreis und Abflugort auch die preisgünstigste. Im allgemeinen kann ein Fahrrad im Rahmen des Reisegepäcks mitgenommen werden (s.u.).

Linienverbindungen gibt es prinzipiell von allen größeren Flughäfen nach Edinburgh und Glasgow, teils auch nach Aberdeen. Außer einigen Charterflügen landen eigentlich alle Maschinen irgendwo in England zwischen, die meisten in London, einige aber auch in Manchester oder Birmingham. Dabei ist nach den britischen Einreisebestimmungen stets die Paß- und Zollprozedur schon bei der ersten Landung fällig; konkret bedeutet das, daß Sie mit allen Passagieren aussteigen, Ihr gesamtes Gepäck (ggf. einschl. des Fahrrades) entgegennehmen und damit durch die Kontrollen wandern müssen, bis Sie schließlich wieder einchecken und einsteigen dürfen. Diese Prozedur macht es eigentlich überflüssig, einen theoretischen Non-Stop-Flug zu buchen, falls dieser nicht ohnehin der vorteilhafteste ist, da die Anschlüsse ab London und Birmingham nach Schottland im Stundentakt (mindestens!) erfolgen. Günstig ist im allgemeinen die Kombination eines Sondertarifs bis London (APEX oder ähnliches) und der Weiterflug auf einen britischen Sondertarif; aber auch Direktflüge ab Deutschland werden teils sehr preiswert offeriert.

Die Liniengesellschaften haben alle diverse Spartarife eingeführt, die an die unterschiedlichsten Bedingungen geknüpft sind: manchmal nur feste Vorausbuchung (14 Tage vor Abflug) der Flugtermine mit Vorschriften über die Mindestaufenthaltsdauer (in der Regel mindestens über ein Wochenende, also kein Problem), in anderen Fällen nur für bestimmte Alters- oder Personengruppen, manchmal nur für kurzfristige Buchungen in letzter Minute. In jedem Fall lohnt es sich, die Tarife zu vergleichen und mehr als nur ein Reisebüro aufzusuchen – der Tarifdschungel ist so undurchschaubar, daß kaum ein Reisebüro wirklich den völligen Durchblick hat.

Vereinzelt werden bei den einschlägigen Billig-Flugreisebüros noch weitere günstige Flüge angeboten. Sofern die ausführende Gesellschaft damit nur Linienflüge mit zusätzlichen Charterpassagieren füllen will, ist in der Regel (nach Voranmeldung!) die Mitnahme eines Fahrrades möglich. Bei reinen Charterflügen ist die Lage unsicherer; da meist kein Übergepäck zugelassen wird, sollte man zumindest in der Hauptsaison nur nach ausdrücklicher Zustimmung der ausführenden Fluggesellschaft (nicht nur des Reiseveranstalters) buchen. In der Nebensaison gibt es aber auch bei Charterflügen in der Regel keine Probleme.

Bei Linienflügen können Fahrräder normalerweise problemlos mitgenommen werden. Vorbedingung ist in jedem Fall die Anmeldung dieses „Sondergepäcks“, da die Transportkapazität in der Regel beschränkt ist. Theoretisch wird das normalerweise anfallende Übergepäck mit 1 % des Erste-Klasse-Flugpreises berechnet; in der Praxis entfällt das jedoch meist aus Bequemlichkeit, „Kulanz“ genannt. Viele Gesellschaften (u.a. Lufthansa) berechnen mittlerweile den Fahrradtransport je Streckenabschnitt mit ca. 50 DM; dafür steht aber dann das volle Freigepäck zur Verfügung.

Die bedeutendsten Charterflieger transportieren Fahrräder wie anderes Sportgepäck meist zu ähnlichen Bedingungen, und zwar *zusätzlich* zum normalen 20 kg-Freigepäck. Natürlich passen nicht beliebig viele Fahrräder in den Laderaum, so daß eine rechtzeitige Anmeldung auch hier wichtig ist.

Theoretisch muß man für den Fahrradtransport im Rahmen des Übergepäcks ansonsten mit Zusatzkosten rechnen, die ca. 10 DM je Kilogramm Übergepäck (je Strecke) ausmachen. Da zum einen das Freigepäck bei Liniengesellschaften 20-25 kg beträgt, zum anderen das Auswiegen und Berechnen eine für die Angestellten lästige Angelegenheit ist, entfällt die Berechnung in der Regel – ein Anspruch darauf besteht aber selbstverständlich nicht!

In jedem Fall sind Flüge mit Fahrradtransport konkurrenzfähig im Vergleich mit Eisenbahn-/Fährtarifen, meist sogar billiger.

Sinnvoll ist im Fall der Beförderung im Rahmen des Freigepäcks die Beschränkung auf nicht zu viele Gepäckstücke. Wer mit vier Packtaschen, Zelt, Isomatte und Schlafsack fliegt, darf sich nicht wundern, wenn das Abfertigungspersonal die Übergepäcktoleranz als etwas zu weit ausgereizt ansieht. Vorsichtshalber sollte man kleine, aber schwere Dinge (z.B. Werkzeug, Fotoapparat etc.) ins Handgepäck nehmen, das meist nicht gewogen wird, obwohl es eigentlich zur Freigepäckmenge zählt. Falls Sie vor der Ankunft in Großbritannien umsteigen müssen, sollten Sie Ihr Gepäck zumindest bei der Hinreise nur bis zum ersten Flughafen durchchecken: Fehlleitungen von Gepäckstücken sind recht häufig und passieren fast immer beim Umsteigen. In ungünstigen Fällen können Sie dadurch Ihren Urlaub in England erst um einige Tage verzögert beginnen; scheuen Sie also nicht die Arbeit des erneuten Eincheckens.

Die meisten Fluggesellschaften verlangen gewisse Veränderungen am Fahrrad für den Transport: meist Lenker in Längsrichtung verdrehen, Pedale abschrauben (Achtung: nicht nach innen schrauben, da sonst die Gefahr besteht, daß unvorsichtiges Schieben die Kette blockieren läßt und das Schaltwerk verbiegt!), Luft aus den Reifen lassen. Es empfiehlt sich somit, frühzeitig am Flughafen zu sein – was auch schon deshalb sinnvoll ist, um das Rad sicher mitzubekommen – und das ggf. notwendige Werkzeug bereitzuhalten. Üben Sie die nötigen Handgriffe vorher zu Hause (das Linksgewinde des linken Pedals beachten!) – und sei es nur, um sicher zu gehen, daß die Schrauben nicht festsitzen; lassen Sie die Luft nicht vollständig ab, damit der Reifen sich beim evtl. Schieben zum Flugzeug nicht von der Felge lösen kann. Falls gleichzeitig Tiere im Frachtraum transportiert werden (nach Großbritannien eher unwahrscheinlich!), herrscht dort Druckausgleich, so daß ein Luftablassen aus den Reifen unnötig ist.

Obwohl innerschottische Flugverbindungen streng genommen nicht in dieses Kapitel gehören, sei dennoch an dieser Stelle auf sie hingewiesen; wegen der geringen Entfernungen sind Flüge ohnehin allenfalls als Anschluß bei An- oder Abreise interessant. Evtl. kann die Durchbuchung vergleichsweise preiswert ausfallen, während die innerschottischen Strecken und die zu den Inseln ansonsten vor allem auf Geschäftsreisende ausgerichtet und entsprechend teuer sind. Als potentielle Ziele bieten sich Aberdeen, Inverness (beides auch ab London direkt anzufliegen), die Hebriden, Orkneys und Shetlands an.

Land-/Seeweg

Eine Vielzahl von Kombinationen ist denkbar. Die Fähre ist durch den Eurotunnel inzwischen nicht mehr unvermeidlich, ist die Wahl zwischen Fähre und Eurotunnel getroffen, kann man für den Weg dorthin aufs Auto, die Eisenbahn, den Bus oder die eigene Muskelkraft (sprich radeln) zurückgreifen.

Fähren

Einen aktuellen Fährenplan gibt es bei der Britischen Fremdenverkehrszentrale. Alle per Fähre erreichbaren Häfen liegen in England, der weitaus größte Teil davon an der englischen Südostküste. Für die Anreise nach Schottland kommen naturgemäß nur solche Häfen in Frage, die einen günstigen Anschluß in den Norden gewährleisten, also entweder zu Bus bzw. Bahn nach London oder einem nördlich gelegenen Anknüpfungspunkt oder direkt auf geeignete Straßen führen.

Sheerness, Ramsgate, Dover bzw. Folkestone werden von Vlissingen, Oostende, Dunkerque, Calais bzw. Boulogne aus angefahren. Nach Harwich und Felixstowe gehen die Fähren von Zeebrugge, Hoek-van-Holland und Hamburg. Alle diese Strecken eignen sich für die Weiterfahrt über London. Die weiter nördlich landenden Verbindungen setzen zumindest über Teilstrecken Straßenbenutzung in England voraus.

Nach Hull in Nordengland kommt man von Rotterdam und Zeebrugge aus; Newcastle ist von Hamburg und von IJmuiden/Amsterdam aus zu erreichen –

zwar mit Abstand die teuersten Strecken, aber mit schon fast an der schottischen Grenze gelegenem Zielort und daher mit direktem Anschluß an die Etappenbeschreibungen dieses Buches. Zumindest für Reisende aus dem nördlichsten Bundesgebiet eine interessante Variante.

Die Fähren nach Hull und Newcastle haben gemeinsam, daß sie für Fahrradreisende keinen brauchbaren Anschluß an das britische Eisenbahnnetz haben: die Schnellzüge der Ostküste gehören zum Expreßzug-Netz (s. *Verkehrsverbindungen*), deren Fahrradtransportkapazität de facto nur ab London problemlos genutzt werden kann; die wenigen anderen geeigneten Züge haben so ungünstige Zeiten, Ziele und Anschlüsse, daß die Anreise mit ihnen zu einer tagelangen Bahnhofsodyssee würde. Sie sind daher nur für Anreisen per Auto oder zum Weiterfahren mit dem Rad ab Fährhafen zu empfehlen. Ebenfalls nur für eine Autoanreise unter Umgehung von London anzuraten sind die Fährstrecken, die von der französischen Atlantikküste nach Newhaven, Southampton, Portsmouth oder Poole führen.

Je nachdem, mit wieviel Personen und auf welche Art man reist, kann jede Fährroute finanziell und/oder zeitlich attraktiv sein. Konkrete Empfehlungen lassen sich daher nur bedingt geben; der Preisvergleich ist für den jeweiligen Fall unverzichtbar, zumal sich die Tarife ständig ändern.

Einige Fährverbindungen befördern Fahrräder gratis, andere nutzen diese Regelung zu einem Mogeltarif: Passagiere in Autos werden billiger befördert als Fußgänger und Radfahrer. Für Studenten und manchmal auch anderes Jungvolk bieten einige Gesellschaften Rabatte, z.B. auf Jugendherbergsausweis bis 26 Jahre. Wenn Sie in einer Gruppe mit vielen Fahrrädern reisen, lohnt sich eine Voranfrage bei den Fährgesellschaften, die unliebsame Überraschungen vermeiden hilft.

Auto

Die Anreise per Auto kann vergleichsweise preiswert werden, wenn die rollende Blechdose mit Passagieren und Rädern vollgestopft wird. U.a. lassen sich dabei die Fährpreise für die Fahrräder sparen. Im Zug der immer mehr sich auf Normalverbraucher ausdehnenden Mitfahrgelegenheiten kann man auch als Radler evtl. preisgünstig nach Schottland gelangen. In der Regel sinnvoll ist die Anreise per Auto bis zum Fährhafen und Weiterfahrt mit Schiff und Bahn.

Die Autoreise durch England ist nahezu in jedem Fall entweder zeit- oder finanzaufwendig, da der Weg entweder über London führt, eine sehr weite Strecke durch England erfordert oder eine der teuren Fähren nach Hull oder Newcastle gewählt werden muß.

Im folgenden wird davon ausgegangen, daß für den Aufenthalt in Schottland das Auto nicht benutzt wird. Wer Benzinpreise u.ä. wissen möchte, sollte die Britische Fremdenverkehrszentrale oder Automobilklubs konsultieren.

Eurotunnel

Durch den Eurotunnel fährt „Le Shuttle“ in 35 Minuten von Calais nach Folkstone. Es gibt einen viermal täglich verkehrenden „Cycle Service“, bei dem die Autoverladung genutzt wird: Fahrräder in einen Anhänger, Passagiere in Minibusse; Auskunft in Deutschland unter der Eurotunnel-Servicenummer ✆ 0180 5000248. In der Schweiz und in Österreich wird der Eurotunnel durch Reisebüros vermarktet.

Eine weitere Möglichkeit, den 50 km langen Tunnel zu nutzen, besteht in der Fahrt mit der Eisenbahn: der „Eurostar“ ab Brüssel oder Paris nutzt den Tunnel ebenso wie Schlafwagenzüge ab Frankfurt a.M. und Dortmund nach London. Nähere Informationen bekommen Sie im Reisebüro, bei der Deutschen Bahn oder über die im Abschnitt Eisenbahn genannten Adressen.

Eisenbahn

Die Eisenbahn ist für Nicht-Autoreisende das einzige Transportmittel, das täglich verkehrt und – zumindest teils – keine Reservierung erforderlich macht. Theoretisch kann man über Frankreich, Belgien und Holland per Bahn bis zum jeweiligen Fährhafen anreisen oder den Eurotunnel nutzen. Durchgehende Züge mit Fahrradtransport ermöglichen dies inzwischen recht einfach. Leider ist der internationale Versand aufgrund verschärfter Bestimmungen unmöglich geworden, so daß die Selbstverladung der einfachste Weg ist, das eigene Fahrrad an das Urlaubsziel zu befördern. Je nach Anreiseland stellen sich jedoch trotzdem verschiedene Schwierigkeiten, eine Reservierung ist gerade in der Hauptsaison wegen der begrenzten Stellplatzzahl unbedingt zu empfehlen:

⇨ Nur in sehr wenigen französischen Fernzügen ist die Selbstverladung möglich, dagegen werden in fast allen Regionalzügen Fahrräder kostenlos mitgenommen.
⇨ Die belgischen Eisenbahnen bieten in fast allen Binnenverkehrszügen eine beschränkte Anzahl an Fahrradstellplätzen, ausgenommen TGV- und Thalyszüge. Im Sommer gibt es spezielle Fahrradzüge zur belgischen Nordseeküste.
⇨ In Holland ist die Fahrradmitnahme in fast allen Zügen möglich, ausgenommen sind einige Intercitys.

Wer sich der Probleme dadurch entledigen will, daß er das Fahrrad als Reisegepäck vorausschicken möchte, wird bitter enttäuscht sein, wenn er den entsprechenden Wunsch am Bahnschalter oder im Reisebüro äußert, denn seit 1992 ist dies nach Großbritannien nicht mehr möglich – angeblich aus Sicherheitsgründen. Da nach Frankreich und Belgien der internationale Versand auch nicht mehr möglich ist und das Rad in Deutschland nur von Adresse zu Adresse als Kuriergepäck versandt wird, bleibt im Grund nur die Selbstverladung.

Durchgehende grenzüberschreitende Züge mit Fahrradselbstverladung finden sich einige. Nach Holland fahren täglich 16 Züge von verschiedenen Orten, nach Belgien (Ostende) 5 Züge ab Köln oder Aachen, nach Frankreich fährt mehrmals täglich ein Interregio bis Strasbourg. Grenzüberschreitende Fahrradkarten kosten DM 16. Radreisende aus der Schweiz und Österreich haben Anschluß über Züge mit Fahrradmitnahme nach Deutschland oder z.B. direkt über die Verbindung Basel – Amsterdam.

Je nach Verbindung müssen Sie dann in einen französischen, holländischen oder belgischen Zug umsteigen, um den jeweiligen Fährhafen zu erreichen. Weiterhin besteht die Möglichkeit, sich mit Regionalzügen mit Fahrradabteil an die jeweilige Grenze zu begeben und dort umzusteigen.

Sollte das Reisebüro oder die Deutsche Bahn Ihre Fragen auch trotz Radfahrerhotline (0180 3194194) nicht zufriedenstellend beantworten können, hilft die Anfrage bei der jeweiligen Niederlassung der holländischen, französischen oder belgischen Bahnen in Deutschland meist weiter:

- ❏ Niederländische Eisenbahnen: Postfach 1948, 50209 Frechen, ✆ (02234) 273035, 🖹 273050.
- ❏ Französische Eisenbahnen (SNCF): Lindenstr. 5, 60325 Frankfurt a.M., ✆ (069) 97584641, 🖹 97584635.
- ❏ Belgische Eisenbahnen: Goldgasse 2, 50668 Köln, ✆ (0221) 134761, 🖹 132747.

Der normale und vergleichsweise schnelle Weg nach Schottland führt über London. Dort ist ein Bahnhofswechsel erforderlich, und schnelle Intercity-Verbindungen über Birmingham und Carlisle bzw. York und Newcastle bringen Sie direkt nach Schottland. Beide Strecken werden täglich mit vielen Abfahrten bedient, aber fast ausschließlich von *Intercity*-Zügen befahren, was den Fahrradtransport problematisch gestaltet (s. *Verkehrsverbindungen*).

Bus

Die zum „Eurolines“-Konsortium gehörenden Unternehmen Deutsche Touring, Continentbus und Transline bieten Liniendienste nach London (teilweise auch nach anderen Orten) an; in der Hauptsaison täglich. Der Fahrpreis (hin und zurück) beträgt je nach Abfahrtsort und Gesellschaft DM 180-330.

Dennoch hat die Sache einen Haken: grundsätzlich ist bei den „normalen“ Busgesellschaften die Mitnahme eines Fahrrades nicht vorgesehen – also müssen Sie den Drahtesel entweder zerlegen und verpacken (wozu mittlerweile eine ganze Reihe von Koffern, Taschen oder Kartons zur Auswahl steht), anderweitig vorschicken oder vor Ort ein Rad mieten.

Den Anschluß in London nach Schottland bieten einige Busunternehmen; nach Glasgow dauert die Fahrt mindestens 7 Stunden, nach Edinburgh mindestens 9

Stunden; die Preise sind recht günstig und werden durch Rabattkarten noch einmal ermäßigt (s. *Verkehrsverbindungen*).

In der Saison können Sie auch mittels Radelbus, in dem die Fahrräder in einem speziellen Anhänger transportiert werden, von Deutschland nach Großbritannien gelangen. Das Programm „Bike & Bus“ wird gegenwärtig von dem Veranstalter Sausewind angeboten. 1999 war einziger offizieller Zielort in England Hull; Abfahrtsorte sind: Oldenburg, Bremen und Duisburg. Der Veranstalter beschafft ferner günstige Bahntickets zu den Abfahrtsorten. Die Preise (H + R) liegen derzeit bei 550 DM.

❑ Sausewind Reisen GmbH, Lindenstr. 16, 26123 Oldenburg, ✆ (0441) 935650, 🖹 3047109, internet: http://www.sausewind.de

Caledonian MacBrayne-Autofähre zu den Western Isles

Einreise

Personen

Personalausweis oder Reisepaß genügen, Visum entfällt. Nicht-EU-Bürger bekommen bei der Einreise eine „Visitor's Card“ ausgestellt, auf der vermerkt ist, wie lange sie ohne polizeiliche Anmeldung bleiben dürfen (drei oder sechs Monate).

Tiere

Wer seinen Goldhamster unbedingt mit auf die Fahrradreise nehmen möchte, sollte sich auf einen Langzeitaufenthalt einrichten. Alle Tiere müssen auf den gesamten britischen Inseln nämlich 6 Monate Quarantäne absolvieren.

Zoll und Devisen

Die Ein- und Ausfuhr von Zahlungsmitteln ist unbegrenzt. Für die Einfuhr von Waren gibt es, wenn Sie direkt aus einem EU-Land einreisen, seit der Einführung des Binnenmarktes nur die schwammige Beschränkung auf Mengen des privaten Verbrauchs. Inzwischen wurde aber definiert, wie hoch die „üblichen Mengen des privaten Verbrauchs“ zu sein haben, damit sie nicht vom Zoll belangt werden:

- 800 Zigaretten und 400 Zigarillos und 200 Zigarren und 1 kg Tabak; 90 l Wein; 20 l Sherry u.ä. (unter 22 Vol %); 10 l Spirituosen.

Ausnahmen für Duty-Free-Shop-Einkäufe innerhalb der EU entfallen per 1.7.99.

Für Waren, die aus einem Nicht-EU-Land eingeführt werden, gelten die folgenden Beschränkungen:

- 200 Zigaretten oder 100 Zigarillos oder 50 Zigarren oder 250 g Tabak; 2 Liter Wein; 1 Liter Spirituosen oder 2 Liter Sherry o.ä. oder 2 weitere Liter Wein; 50 g Parfüm; ¼ l Eau de Toilette; sonstige Waren bis zum Wert von £ 145.

Bei der Ausreise (bzw. Rückkehr ins Heimatland) gelten die obigen Mengen entsprechend.

Dinge des persönlichen Bedarfs (sprich Reisegepäck) sind immer zollfrei.

Verboten ist die Einfuhr von Waffen, frischem und konserviertem Fleisch, Geflügel und Molkereiprodukten sowie Pflanzen. Mit der Schweinehälfte im Gepäck darf man sich also nicht erwischen lassen.

Hauptreisezeit

Die Briten haben ihre Ferienzeit in den Monaten Juli und August, wobei ab Mitte Juli der stärkste touristische Andrang zu verzeichnen ist. Wer kann, sollte deshalb möglichst vorher nach Schottland aufbrechen; das hat außerdem den Vorteil statistisch relativ trockener Witterung und des noch frischen Elans aller, die mit Tourismus zu tun haben. Vieles spricht für die Zeit von Mitte Juni bis Mitte Juli, so u.a. die geringeren Anreisekosten (Nebensaison), saisonbedingte kulinarische Köstlichkeiten und die geringere Zahl blutrünstiger Insekten.

Wer mehr Wärme und mehr Trubel sucht, kommt im Juli und August eher auf seine Kosten.

River Sligachan, Skye

Verkehrsverbindungen in Großbritannien

Nicht jeder wird die Schottland-Fahrradreise am Fähr- oder Flughafen beginnen wollen – zeitliche und finanzielle Gründe sprechen möglicherweise dafür, gewisse Strecken mit Bahn oder Bus zurückzulegen; auch im Verlauf der eigentlichen Reise mag es sinnvoll sein, einmal auf öffentliche Verkehrsmittel zu wechseln. Besonders gilt dies für die Eisenbahn, die im Hochland einige Gegenden berührt, die man sonst nur zu Fuß erkunden kann. Und schließlich ist die Benutzung von Fähren unvermeidlich für alle, die den Westen und Norden des Landes kennenlernen möchten.

Aber auch für Reisende, die den öffentlichen Personenverkehr nicht extensiv nutzen wollen, wird sich das eine oder andere Mal der Erwerb einer Fahrkarte anbieten.

Bus

Die Fernbusse (wichtigste Gesellschaft: National Express) sind mit Abstand das billigste Verkehrsmittel in Großbritannien. Auf diese günstigen Preise gibt es noch einmal einen Rabatt von einem Drittel für alle Kinder und Jugendliche bis 16 Jahre (ohne Berechtigungskarte), für Rentner, Schüler ab 17 Jahre und Studenten jeden Alters mit sogenannter *Discount Coach Card* (£ 12, ein Jahr gültig), und für die normalsterblichen Inhaber einer *Britexpress Card*, die für ebenfalls £ 12 von jedermann erworben werden kann und 30 Tage lang gültig ist, gerechnet vom Tag der ersten Benutzung an. Zwei Dinge schränken die Nützlichkeit der Busse für Radtouristen jedoch ein: zum einen transportieren sie keine Fahrräder, zum anderen ist eine Reservierung auf den Strecken ab London in der Regel mehrere Tage im voraus erforderlich.

Innerhalb Schottlands wird der Regionalbusverkehr von elf Gesellschaften durchgeführt, die überwiegend zu *Scottish Citylink* zusammengeschlossen sind. Je abgelegener die Region, desto seltener und umständlicher sind die Verbindungen, allerdings ist es dort auch schon einmal möglich, einen Busfahrer zur Mitnahme eines Fahrrades zu überreden; prinzipiell hängt das nur vom verfügbaren Stauraum ab. Wie überhaupt der britische Nah- und Fernverkehr viel weniger bürokratisch abgewickelt wird als in deutschsprachigen Ländern; man sollte sich nicht wundern, wenn ein bereits abgefahrener Zug für hinter ihm herhechelnde Nachzügler noch einmal stoppt. Zwar leidet unter dieser Haltung oft die Pünktlichkeit, Anschlüsse an Fähren etc. funktionieren aber stets gut.

Eisenbahn

Das Angebot der BritRail gestaltet sich für Radreisende leider sehr vielschichtig. Während einerseits die Mitnahme (bei Selbstverladung) auf diversen Zügen umsonst und ohne Reservierung möglich ist, muß andererseits bei vielen (Fern-) Verbindungen nicht nur vorbestellt und bezahlt werden (£ 3 pro Rad), sondern sind auch noch einige Ausschlußzeiten zu berücksichtigen. Glücklicherweise hat die schottische Abteilung der Bahngesellschaft 1999 den Fahrradtransport zum Gratis-Angebot erklärt!

Wenn Sie den Transport per Eisenbahn in Erwägung ziehen, empfiehlt es sich dringend, die Broschüre „Biking by Train" bei der Britischen Eisenbahn zu ordern (Anschriften s.u.). Außerdem sollten Sie bei Ihren Planungen berücksichtigen, daß die Fahrpläne von BritRail als sehr unzuverlässig bekannt sind – Verspätungen von 2 Stunden auf Fernstrecken sind keine Seltenheit. Das gilt insbesondere an Sonntagen, da dann die ohnehin spärlichen Verbindungen wegen Gleisbauarbeiten häufig zu Schienenersatzverkehr werden!

Die Hauptlast des Bahn-Fernverkehrs tragen in Großbritannien die *Express*-Züge, die über sehr kleine Gepäckabteile verfügen (manche nur 1 Rad je Zug!). Fahrräder können deshalb nur nach Vorbuchung transportiert werden, die teils noch unmittelbar vor Abfahrt vorgenommen werden kann, allerdings nur an Bahnhöfen und nicht in Reisebüros; eine Gebühr von £ 3 je Strecke ist fällig.

Leider haben die Schnelltriebwagen auch die meisten schottischen Routen erobert, was trotz des kostenlosen Radtransports zumindest für Gruppen bzw. in der Hauptsaison die Nutzung der Eisenbahn problematisch macht. Das ist besonders bedauerlich, denn schottische Eisenbahnstrecken gehören zu den schönsten der Welt. Das gilt vor allem für die Hochlandstrecken Perth-Inverness, Glasgow-Mallaig (West Highland Line), Inverness-Kyle of Lochalsh und Inverness-Thurso/-Wick (North Highland Lines). Die Linien nach Mallaig und Kyle durchqueren Landschaften, die ansonsten unzugänglich sind und haben dadurch besonderen Erlebnischarakter. Strecken, die günstige Querverbindungen zwischen einzelnen Etappenbeschreibungen dieses Buches darstellen, sind auf der Etappen-Übersichtskarte eingezeichnet.

Wie in allen britischen Zügen ist Selbstverladung des Fahrrades angesagt und angezeigt, um Beschädigungen durch das Bahnpersonal zu vermeiden.

Jugendliche bis 24 Jahre und Studenten ohne Alterbegrenzung können bei Studentenreisebüros und größeren Bahnhöfen eine *Young Persons Railcard* zum Preis von £ 17 erwerben (2 Paßbilder und ggf. Studentenausweis erforderlich), die zu Rabatten zwischen 34 und 50 %, je nach Tarif, berechtigen; die Karte gilt ein Jahr ab Ausstellungsdatum.

Für Vielfahrer bietet BritRail den BritRail *Pass* an, den es in diversen Klassen für Normalverbraucher ebenso gibt wie für Kinder, Jugendliche und Rentner. Die „Normalausführung" gibt es für 4, 8, 15, 22 Tage oder einen Monat Gültigkeit zu Preisen zwischen DM 270 und 865. Die *Flexipass*-Variante gilt innerhalb

Foto rechts: auf Mull

eines Monats entweder für 4, 8 oder 15 Nutzungstage; der Normalpreis beträgt für 4 Tage DM 340, 8 Tage DM 490 und 15 Tage DM 745.

Die Tarife für Kinder betragen die Hälfte, die für Jugendliche (unter 26 Jahre) zwischen 66 und 75 % – für diesen Personenkreis ist die InterRail-Karte, bei der es auch eine in Zonen aufgeteilte Variante gibt (Zone „A" besteht aus Großbritannien und Irland), ggf. bei gleichzeitiger Verwendung für die Anreise, in der Regel die bessere Wahl. Der BritRail Pass kann nur außerhalb Großbritanniens erworben werden, ist aber wegen des recht hohen Preises ohnehin allenfalls für kürzere Reisen und bei Ausnutzung für die Anreise interessant. Er ist zu beziehen bei den Auslandsvertretungen der Britischen Eisenbahnen unter folgenden Anschriften:

- ❑ Lindenstr. 5, 60325 Frankfurt, ✆ (069) 97584646, 🖹 97584625.
- ❑ Centralbahnplatz 9, 4002 Basel, ✆ (061) 231404, Zweigbüro bei BTA in Zürich.
- ❑ Aurora Gebouw, Stadhouderskade 2, 1054 ES Amsterdam, ✆ (020) 35033066.

Das Schweizer Büro ist auch für Österreich zuständig.

Wer nur innerhalb Schottlands fleißiger Eisenbahnbenutzer sein möchte, kann bei Bahnhöfen und Reisebüros den *Freedom of Scotland TravelPass* (= schottischer Regional-Paß von BritRail) erwerben, der auf nahezu allen schottischen Eisenbahnstrecken gültig ist. Es kostet bei einer Gültigkeit von 4 Tagen (frei zu wählen innerhalb von 8 Tagen) DM 195, bei 8 Tagen (innerhalb von 15 Tagen) DM 280 und für 12 Tage (innerhalb von 15 Tagen) DM 365. Er umfaßt außer der Eisenbahn die meisten CalMac-Fährlinien, einige Hochland-Buslinien sowie Rabatte auf Fähren zu den Orkneys und Shetlands.

ScotRail verkauft außerdem Regional-Pässe (*Rover*) für die Highlands und für den Großraum zwischen Edinburgh und Glasgow.

Achtung: Diese Pässe können auch in Großbritannien erstanden werden!

Selbstverständlich offeriert BritRail darüber hinaus die üblichen Sparangebote/Pässe etc. für Jugendliche, Studenten und Rentner, die zu Rabatten zwischen 34 und 50 %, je nach Tarif, berechtigen.

Fähren

Alle Inseln nennenswerter Größe sind mit dem Festland, teils auch untereinander mit Fähren verbunden. Außer Autofähren gibt es eine ganze Reihe von Personenfähren, die meistens Fahrräder mitnehmen. Einige Inseln können nur über solche Kleinfähren, die teils in winzigen Booten bestehen, erreicht werden. Die wichtigsten Verbindungen nennt die Übersichtskarte; Näheres steht in den jeweiligen Routenbeschreibungen. Die meisten Fähren betreibt die Gesellschaft Caledonian MacBrayne, auch kurz „CalMac" genannt, die fast den gesamten

Verkehr mit den inneren und äußeren Hebriden unterhält. Wer dort intensiver umherfahren möchte, sollte sich den Prospekt von folgender Anschrift (ggf. auch von der Fremdenverkehrszentrale) schicken lassen:

❑ Caledonian MacBrayne Ltd., The Ferry Terminal, Gourock PA19 1QP
✆ (0044 1475) 650100, 🖷 637607
EMail: reservations@calmac.co.uk
http://www.calmac.co.uk

Wer eine Art Rundreise über die Inseln machen möchte, kann für die Geltungsdauer von 8 bzw. 15 Tagen ein *Island Rover*-Ticket erwerben, das bei intensiver Nutzung, vor allem bei Besuch der Äußeren Hebriden, billiger sein kann (£ 41 bzw. £ 59) als einzeln erstandene Fahrscheine. Außerdem gibt es 17 Varianten vorkombinierter Routen (aus 2-4 Bestandteilen) unter dem Namen *Island Hopscotch*, die ebenfalls deutlich günstiger als die Einzeltickets sind.

Für den Fahrradtransport hat CalMac einen Preis von £ 1-2 auf mittleren bis längeren Routen; die kurzen Pendelstrecken sind gratis. Bei Benutzung von *Island Rover*- bzw. *Island Hopscotch*-Tickets ist das Fahrrad immer umsonst! Die Linien anderer tätiger Unternehmen, vor allem für die Orkneys und die Shetlands, sind bei den Routenbeschreibungen aufgeführt; dort ist kostenloser Radtransport die Ausnahme.

Preisermäßigungen für Jungvolk, Studenten etc. gibt es auf den Inselfähren in der Regel nicht, sondern lediglich auf Strecken nach Irland und zur Isle of Man.

Flugzeug

Die innerschottischen Flugverbindungen sind durchweg auf Geschäftsreisende ausgerichtet und entsprechend teuer. Angeflogen werden alle Regionen des Festlandes; wichtiger sind die Verbindungen zu den Inseln, bei deren Routenbeschreibungen deshalb auch die entsprechenden Details zu finden sind. Auf innerbritischen Strecken ist aber für den Fahrradtransport mit einer Kostenpauschale zu rechnen!

Übersichtskarte:
Eisenbahn und Fähren in Schottland

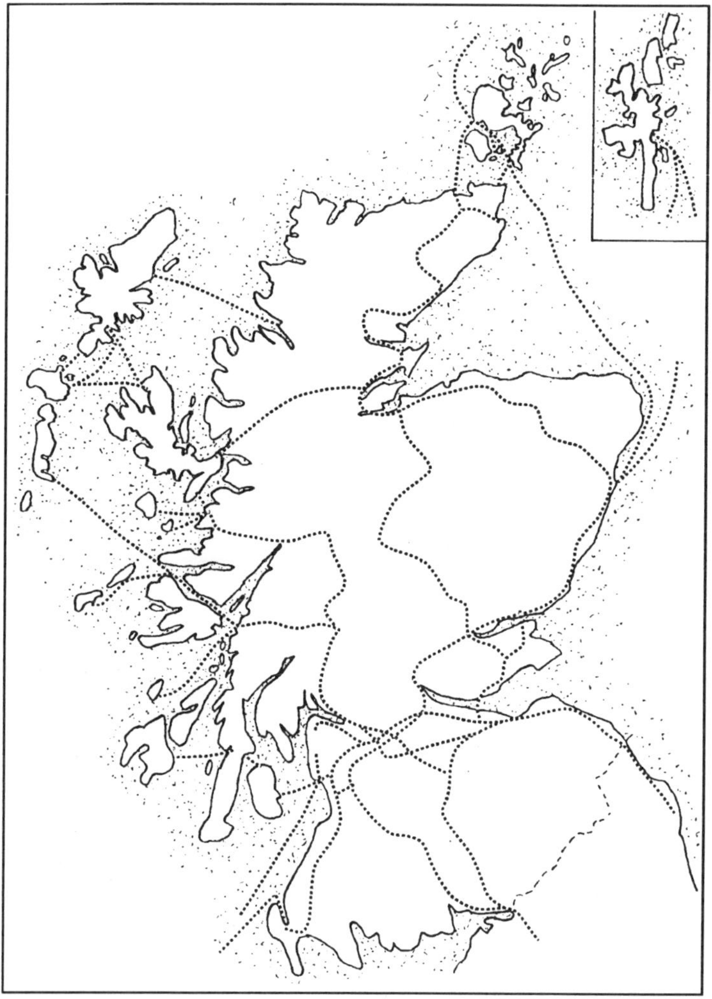

On the road again

Spätestens bei der Ankunft in Großbritannien erinnert man sich dunkel, von den vom europäischen Kontinent abweichenden Verkehrsbestimmungen gehört zu haben. Stichwort: Linksverkehr.

Das ist auch gleich der markanteste Unterschied: in Schottland wird wie überall auf den Britischen Inseln links gefahren. Im Interesse der Gesundheit sollte man das auch beherzigen, denn selbst auf den abgelegensten Straßen herrscht ab und zu Gegenverkehr. Faktisch ist der Linksverkehr jedoch völlig unproblematisch.

Die meisten Verkehrsregeln und Schilder entsprechen internationalem Standard. Wichtig: trotz Linksverkehr gilt bei der Vorfahrt, wie bei uns, rechts vor links, meist wird die Vorfahrt aber durch ein Schild oder eine unterbrochene Linie auf der Straße angezeigt! Etwas Einfühlungsvermögen verlangt die britische Spezialität der *Roundabouts* (Kreisverkehre), die es in großer Zahl gibt, da damit die meisten größeren Kreuzungen entschärft werden. Höchstgeschwindigkeit, Anschnallpflicht etc. interessieren den Fahrradreisenden nicht, eher schon die Beschilderung.

Hinweisschilder stehen überall in Schottland. Sie tragen Ortsnamen in Englisch, in einigen wenigen Gebieten der Hebriden evtl. nur oder zusätzlich in Gälisch, und Entfernungsangaben in Meilen (1 Meile = 1,6 km), teils auch in Kilometern, was aber durch „km“ gekennzeichnet ist.

Entgegen der Beteuerung der Fremdenverkehrszentralen ist die Straßenausschilderung vor allem auf Nebenstraßen unzureichend und unzuverlässig oder irreführend. Nicht selten sind Schilder verdreht oder tragen grundsätzlich den Namen eines nahegelegenen größeren Ortes, egal in welche Richtung der kürzeste Weg verläuft. Ohne detaillierte Straßenkarten sind daher für den Radfahrer in manchen Regionen Irrfahrten vorprogrammiert.

In Schottland erfolgt die Unterteilung von Straßen entsprechend den Regelungen in ganz Großbritannien in A- und B-Straßen. Aufgrund veränderter Verkehrsführungen, z.B. im Zug von Stadtumgehungsstraßen, werden vereinzelt Straßennumerierungen auch geändert, so daß die Angaben auf den Karten nicht immer zuverlässig sind. Soweit bekannt, enthalten die Etappenbeschreibungen entsprechende Hinweise im Text und/oder auf den Kartenskizzen.

Soweit wie möglich werden die Radreisenden die breiten, relativ stark befahrenen A-Straßen meiden; am intensivsten ist der Autoverkehr auf den *Primary Routes*, die in den Karten des Ordnance Survey (Näheres s. unter Karten) grün markiert und damit gut erkennbar sind. Ein weiteres Alarmsignal, das auf starken Verkehr hindeutet, ist die Markierung als *Dual Carriageway*, d.h. als Ausbaustrecke mit getrennten, doppelten Fahrstreifen. Regionalverbindungen und die kleinen, teils unnumerierten Straßen sind dagegen meist die reinste Radleridylle: schmale, oft heckengesäumte und ruhige Straßen, auf denen vielleicht einmal pro Stunde ein Farmerauto vorbeizuckelt. Der Extremfall und gleichzeitig eine schottische Spezialität sind dabei die einspurigen Straßen mit Ausweichstellen, die es vor allem im Hochland recht häufig gibt: die markierten *Passing Places* sind in so kurzen Abständen eingerichtet, daß immer einer in Sichtweite ist. Wer beim Gegenverkehr zuerst eine solche Stelle erreicht, wartet dort, bis die weitere Strecke wieder frei ist. Radtouristen sollten auf solch schmalen Straßen, auf denen kein Auto ohne Gefährdung des Radlers überholen kann, stets recht weit in der Mitte fahren, um die Durchfahrt deutlich auch für jene Autofahrer zu sperren, die den Platzbedarf eines Radfahrers nicht einschätzen können – was auf die meisten zutrifft. Auch der Gegenverkehr kann durch solches Verhalten zur Tempodrosselung gezwungen werden, wodurch dann mit einem Ausweichen im letzten Moment (nach links!) ein ausreichender Sicherheitsabstand bewirkt werden kann.

Alle Straßen sind gewöhnlich asphaltiert, allerdings oft mit einem vergleichsweise rauhen und teils schadhaften Belag. In Schottland werden Straßen nämlich mit einer ziemlich weichen Asphaltschicht überzogen, da die gemäßigten Temperaturen keine Rücksichtnahme auf extreme Witterungseinflüsse erfordern; dementsprechend muß man bei starkem Sonnenschein mit einer aufgeweichten, klebrigen Straßendecke rechnen.

Straßenschäden erleben in den abgelegenen Gebieten des Hochlandes manchmal eine jahrelange Duldung durch die Straßenbaubehörden, insgesamt ist der Zustand der Straßen aber befriedigend bis gut. Lediglich durch die Wahl der Bereifung (s. „Das Fahrrad") sollte man Rücksicht auf die Unzulänglichkeiten der Straßenbeschaffenheit nehmen.

Ein Schrecken für Autofahrer, für Fahrradreisende hingegen unproblematisch sind auf Nebenstraßen die vielen 'anderen Verkehrsteilnehmer': Kühe, Schafe, Esel auf dem Weg zur Weide oder einfach frei umherlaufend. Vor allem im nördlichen Hochland sind Weiden nicht eingezäunt, das liebe Vieh läuft ohne Eingrenzung durcheinander und auch auf Straßen und Wege.

Hingegen kann eine andere Tierspezies durchaus zum Radlerschreck werden: des Menschen angeblich bester Freund, der Hund. In Großbritannien gibt es dank der britischen Tierliebe eine große Zahl bellender Vierbeiner, deren liebstes Vergnügen das Ankläffen von Radlerbeinen ist. Vor allem die Bauern- und Dorfköter pflegen wild japsend aus Einfahrten und Hecken zu schießen und den Fahrradfahrer ein Stück des Wegs zu begleiten, sprich ihn zu jagen. Kann der einzelne Radtourist diesem Schicksal meist noch wegen der verzögerten Reaktion der Hunde entgehen, ist für nachfolgende Teilnehmer einer Gruppe das Schicksal unabwendbar. Da helfen nur gute Nerven und Weiterfahren. Absteigen und Beruhigungs- oder Verscheuchungsversuche sind erfahrungsgemäß sinnlos.

Karten

Für einen ersten Überblick reicht die *Touring Map of Scotland* im Maßstab 1:333.333 aus, die bei den Buchversendern der Touristeninformation (s. „Informationen") bestellt werden kann. Für die eigentliche Reise werden aber großmaßstäbigere Karten benötigt.

Aus der Fülle des Kartenangebots bleibt nach Prüfung der Zuverlässigkeit nur ein einziges Werk übrig: die *Travelmaster Series of Great Britain* vom *Ordnance Survey Office*, das auch die Vermessungsaufgaben in Großbritannien durchführt. Die O.S.-Karte erscheint im Maßstab 1:250.000, wird regelmäßig bearbeitet und bietet eine beachtliche Detailfülle bei hoher Genauigkeit. Zudem genügen wenige (3) Blätter, um das ganze Reisegebiet dieses Buches abzubilden, so daß die Radtouristen nicht eine Packtasche voll Karten mitschleppen müssen: Blatt 4 für Südschottland (etwa bis Oban bzw. Dundee), Blatt 2 für das gesamte nördlich davon liegende Festland, Shetland und Orkney, wobei die Orkneys und Shetland nur im Maßstab 1:400.000 enthalten sind. Blatt 3 deckt die Hebriden ab und überlappt im Westen Schottlands kräftig mit den anderen beiden Blättern.

Die Karte verfügt über eine detaillierte Straßenaufteilung, Höhenlinien mit farblicher Absetzung und zusätzlichen Steigungsmarkierungen, Entfernungsangaben, sehr viele Orts- und Landschaftsangaben und Markierungen der wichtigsten touristischen Einzelheiten wie Campingplätze, Jugendherbergen, freistehende Hotels und Gasthöfe, Sehenswürdigkeiten – kurz über alles, was die Radtouristen benötigen oder wünschen. Wermutstropfen ist allerdings für die Camper, daß die Plätze häufig nicht exakt lagerichtig verzeichnet sind und manch ein Platz vermerkt wird, der schon seit längerem nicht mehr existiert – diesbezüglich ist also Vorsicht angebracht.

Das Netz der asphaltierten Straßen ist zu fast 100 % abgebildet; die wenigen anderen Wege mit regionaler Bedeutung sind ebenfalls enthalten. Alles in allem eine erfreulich gute Karte, die Sie entweder in gut sortierten Buch- oder Kartenhandlungen bekommen oder die jeder Buchhändler für Sie beziehen kann von:

❑ GeoCenter ILH, Postfach 800830, 70565 Stuttgart, ✆ (0711) 7889340, 🖷 7889354.

Sie können die benötigten Blätter natürlich auch erst nach der Ankunft in Großbritannien erwerben, wobei es ratsam ist, nicht nur Buchhandlungen (oft schlecht sortiert), sondern auch Touristeninformationsstellen aufzusuchen, die in der Regel eine Vielzahl von Reiseführern und eben auch Karten anbieten.

Wollen Sie sich gezielt nur in einem eng umgrenzten Gebiet bewegen, genügt eventuell auch eine Karte im größeren Maßstab, die Sie vor Ort erwerben können, z.B. die *Landranger Maps* 1:50.000 des Ordnance Survey.

Falls Sie nur wenige Inseln besuchen wollen, kommen Sie möglicherweise mit den Kartenausschnitten zurecht, die in den jeweiligen Gebietsprospekten abgedruckt sind.

Weniger detalliert, präzise und aktuell ist die *Euro-Regionalkarte (EuroCart)* im Maßstab 1:300.000, die aber in den dünner besiedelten Gebieten Schottlands durchaus ausreicht. Das Doppelblatt 3/4 deckt ganz Schottland ab, stammte z.Z. der Drucklegung dieses Buches aber schon von 1994!

Für radtouristische Zwecke unbrauchbar ist die Karte der Automobile Association im Maßstab 1:300.000, die der Verlag Kümmerly + Frey aus Bern mit seinem Umschlag vertreibt.

Aus den dargestellten Gründen gehen die Etappenbeschreibungen dieses Buches von der Benutzung der O.S.-Karte 1:250.000 aus. Eine Umsetzung auf kleinmaßstäbigere Karten (z.B. 1:333.333 des STB) ist hingegen weitgehend unmöglich und bietet nur im weitmaschigen Straßennetz des nördlichen Hochlandes keine Probleme.

Im nordschottischen Hochland

Reiseführer und -Literatur

Die nachfolgend genannten Titel sind lediglich eine kleine Auswahl aus der großen Zahl verfügbarer Bücher; neuere literarische Schilderungen und Bildbände sowie Bücher über ganz Großbritannien sind nicht aufgeführt.

Zum Thema Fahrradreise

Jürgen Rieck: *Der Wind kommt immer von vorn.* Mit dem Fahrrad auf Reisen. Verlag Wolfgang Kettler, Berlin (6., überarb. und erw. Auflage) 1993.

Reiseführer (allgemein)

APA Guide Schottland, Polyglott Apa Verlag, München 1999. (Großformatiger Wälzer mit opulenten Farbfotos.)

Baedeker Allianz Reiseführer Schottland, Baedeker Verlag, Ostfildern 1995. (Voluminös und im allgemeinen zuverlässig.)

Braun/Cordes/Großwendt: *Schottland Handbuch.* Peter Rump Verlag Bielefeld, 1998 (Reihe „ReiseKnowHow“).

Neumeier, Andreas: *Schottland.* Verlag Michael Müller, Erlangen 1999. (Mit 640 S. wohl der umfangreichste Reiseführer für Schottland.)

Franz Rappel: *Schottland.* Velbinger Verlag, Gräfelfing 1996. (In Sprache und Optik gewöhnungsbedürftiger „Alternativführer“.)

Spezielle Reiseführer und Hintergrundliteratur

MERIAN *Schottland* (Heft 6/46). Hoffmann und Campe, Hamburg Juni 1993.

Heinz Ohft: *Gebrauchsanweisung für Schottland.* Piper Verlag München, 1996.

Peter Sager: *DuMont Kunst-Reiseführer* Schottland. DuMont Buchverlag, Köln, 1997. (Aktuellster der gängigen Kunstführer.)

Ein Dach überm Kopf

Angesichts der gemäßigten Temperaturen und der latenten Gefahr deutlich über 100 % liegender Luftfeuchtigkeit wird wohl kaum jemand auf die Idee kommen, auf einer Schottlandreise nachts im Schlafsack am Straßenrand zu übernachten. Ein schützendes Dach zwischen Kopf und Himmel muß also her.

B & B

Die beiden Buchstaben mit dem kleinen „&" sind auf Schildern an Häusern überall in Schottland zu finden und bedeuten „Bed & Breakfast", also Übernachtung mit Frühstück. Für viele Privathaushalte ist das eine Möglichkeit, von der Reisefreudigkeit der Touristen angenehm zu profitieren und eine Nebeneinnahme von £ 15 aufwärts je Nacht und Person zu erreichen.
Dafür bekommt der Gast außer einem Bett für die Nacht vor allem ein opulentes britisches Frühstück, das eine optimale Grundlage für einen langen Radlertag darstellt. Dusche oder Bad müssen teils extra bezahlt werden. Einige B&B-Häuser bieten außerdem (nach Voranmeldung!) ein Abendessen, das je nach Haus mehr oder weniger teuer ist.

B&B ist nicht nur die „schottischste" Übernachtungsform (auch Vertreter und Handwerker im Außeneinsatz übernachten so), sondern vor allem in jedem Teil des Landes zu bekommen. In den etwas dünner versorgten zentralen Gebieten ist es oft sinnvoll, in einem Laden oder Pub nach B&B zu fragen – manchmal gibt es versteckte Häuser, die evtl. nicht einmal ein Schild draußen hängen haben. Im nördlichen Hochland kann das Netz der B&B-Herbergen aber auch schon einmal etwas grobmaschig werden, so daß dort frühzeitige Unterkunftssuche sinnvoll ist (oder Vorbuchung, s. „Informationsmaterial").

Ein aktuelles Verzeichnis der anerkannten Privatunterkünfte in Schottland ist von den Buchversandfirmen (s. „Informationsmaterial") für DM 24 (Internetbestellung über die englischsprachigen Webseiten £ 5.99 zzgl. internationaler Versand; ab zwei Büchern preiswerter als in Deutschland) zu beziehen; es gibt auch eine teurere Variante für ganz Großbritannien. Wenn Sie aber gezielte Informationen zu B&B wünschen (regional begrenzt und/oder mit Preisobergrenze), ist es sinnvoller und billiger, an die regionalen Touristeninformationen (s. ebenso „Informationsmaterial") zu schreiben. Unter deren Angebot sind die *Bed & Breakfast Touring Maps* hervorzuheben, die alle B&Bs der Region verzeichnen, die unter einem bestimmten festgesetzten Preis liegen und die Mindeststandards erfüllen. Anhand der Verzeichnisse lassen sich auch leicht die regional üblichen Preisgrenzen für Übernachtung und Frühstück feststellen. Die unregistrierte Konkurrenz orientiert sich daran in der Regel.
Außer den in der genannten Broschüre aufgeführten gibt es jedoch eine große Zahl weiterer B&B-Häuser, die in der Regel nicht unkomfortabler und meist etwas billiger sind als die „amtlich" registrierten.

Hotels & Guest Houses

Wer sich's leisten kann, muß auf einer Fahrradreise nicht auf Luxus verzichten. Die schottische Gastronomie setzt diesem Streben zumindest preislich keine Grenze. Allerdings sind Guest Houses (Pensionen) nicht immer teurer als Privatquartiere; selbst kleine Hotels liegen manchmal nur unwesentlich darüber. Vor allem in der Nebensaison muß die Nacht im Hotel nicht zum finanziellen Ruin führen. Den Charm britischer Privathäuser kann das allerdings nicht ersetzen. Ein Hotelverzeichnis kann man ebenfalls bei den Buchversendern (DM 36, Internetbestellung £ 8.99) bestellen; diesem ist auch die Klassifizierung der Hotels zu entnehmen. Allerdings gilt auch hier: der billigere Weg ist es, die regionalen Informationsbüros anzuschreiben.

Jugendherbergen

Aus Deutschland sind Jugendherbergen als oft große, komfortable Übernachtungsstätten mit Mahlzeitenangebot bekannt, die im Sommer womöglich schon vor Sonnenuntergang schließen und in denen Jugendgruppen den Begriff der Nachtruhe ad absurdum führen. All das trifft für Schottland nicht zu.
Schottische Jugendherbergen sind vergleichsweise klein (manchmal nur 20-30 Betten), teils recht spartanisch ausgestattet, werden im wesentlichen von Einzelwanderern besucht und bieten nur selten Mahlzeiten an (und dann meist nur in den Sommerferien).

Dafür haben sie Selbstkocherküchen, den Pubs angepaßte Öffnungszeiten und davon unabhängig eine besser, d.h. früher funktionierende Nachtruhe.
Kurz: die Idee der preiswerten Übernachtungsmöglichkeit verknüpft mit Begegnung wanderfreudiger Leute funktioniert hier noch. Das kann auch den mit dem Jugendherbergsgedanken wieder versöhnen, den der Klassenausflugsmief aus deutschen Herbergen bereits vertrieben hat. Es gibt keine Altersbegrenzung, hingegen eine nach Alter, Komfortklasse und Saison gestufte Übernachtungsgebühr (zwischen £ 3.85 und £ 9.60 – in Edinburgh, Glasgow Carbisdale Castle und Stirling bis zu £ 12.50, aber inkl. *continental breakfast*). Einzige Voraussetzung ist – natürlich – ein gültiger Jugendherbergsausweis des jeweiligen Heimatlandes (bzw. ein vor Ort erworbener internationaler SYHA-Ausweis). Gruppen sollten stets im voraus buchen.

Im Gegensatz zu deutschen Herbergen sind in Schottland außer Leinenschlafsäcken auch (saubere) Mumienschlafsäcke (Daune oder Kunststoff) erlaubt, allerdings nur in einigen wenigen Herbergen der untersten Komfortklasse. Der Grund für diese Regelung liegt darin, daß bei Herbergen der anderen Klassen die traditionellen Wolldecken meist durch normales Bettzeug ersetzt worden sind, das nur mit JH-Schlafsäcken oder Bettwäsche vor Verschmutzung geschützt werden kann; JH-Schlafsäcke können in jeder Herberge gemietet werden!.
Achtung: Die JH-Regeln in Schottland unterscheiden sich von denen in England

& Wales; in Großbritannien gibt es – jeweils selbständige – JH-Verbände für England/Wales, Schottland und Nordirland, mit unterschiedlichen Öffnungszeiten, Preisen und Benutzungsregeln. So sind z.B. Mumienschlafsäcke in England nicht zugelassen, was ggf. für die Anreise oder erste Radfahr-Etappen auf englischem Boden (z.B. ab Newcastle) zu berücksichtigen ist.

Die Scottish Youth Hostels Association unterhält ca. 80 Jugendherbergen (inkl. einiger angeschlossener, prinzipiell unabhängiger Hostels) in allen touristisch erschlossenen Teilen des Landes. Am dichtesten ist das JH-Netz in den Bergregionen mit Wandermöglichkeit, unterversorgt sind die Inseln des Südwestens, das nördlichste zentrale Hochland und die Küste nördlich von Aberdeen. Die Herbergen sind je nach Komfortklasse mehr oder weniger lang geöffnet; Kernzeiten für alle JHs sind 17-23 h (Nachtruhe bis 7 h) und 7 h bis 10.30 h.
Bis zu zwei Wochen im voraus können Betten telefonisch reserviert werden (zwischen 19 und 22 h) und werden dann bis 18 h freigehalten. Längere Reservierung (bis 22 h) nur bei Vorauszahlung oder bei Buchung via Telefax von einem entsprechend ausgestatteten Hostel aus.

Außer den vorgenannten JHs gibt es mittlerweile etwa 90 unabhängige Hostels, die ähnliche Einrichtungen bieten wie die offiziellen JH-Verbände. Sie sind privat betriebene, meist vergleichsweise kleine Übernachtungsstätten und teils geringfügig teurer als JHs, teils aber auch billiger. Die Fluktuation bei diesen Häusern, die erst in den letzten Jahren (nach irischem Vorbild) „in Mode gekommen" sind, ist hoch; telefonische Kontrolle der Angaben dieses Buches ist daher stets anzuraten. Außerdem sind bei den „Unabhängigen" meist keine Schlafsäkke zu mieten, so daß Sie den eigenen schon mitnehmen sollten.

Alle bekannten Herbergen (JHs und unabhängige) sind im Etappenbeschreibungsteil dieses Buches an den jeweiligen Orten genannt. Wer Wert auf die genauen Beschreibungen und Lageskizzen legt, sollte sich die Verzeichnisse besorgen bzw. aus dem Internet laden:

- ❑ Scottish Youth Hostels Association, National Office
  7 Glebe Crescent, Stirling FK8 2JA, Scotland
  ✆ (0044 1786) 891400, 🖷 891333; Zentralreservierung-✆ (0541) 553255
  EMail: info@syha.org.uk; http://www.syha.org.uk
- ❑ Independent Backpackers Hostels
  http://www.hostel-scotland.co.uk
- ❑ Highland Hostels
  c/o 1 Achluachrach, By Roybridge, Inverness-shire PH31 4AW
  ✆/🖷 (0044 1397) 712900
  http://www.highland-hostels.co.uk

Alle Herbergen sind voll und ganz auf die Selbstbeköstigung der Gäste eingestellt. Sie verfügen über Kochgeräte, Töpfe und Geschirr. Bestecke und Geschirrhandtuch muß jeder Gast selbst mitbringen; außerdem braucht man für die Gaskocher Feuerzeug oder Streichhölzer. Für überschüssige Lebensmittel,

die man zurücklassen möchte, haben die Herbergen ein besonderes Regal, aus dem sich jeder bedienen darf; einmal wöchentlich werden die Reste beseitigt. Die meisten JHs verfügen über kleine Läden, die haltbare Lebensmittel (Konserven, Getränke etc.) zu landesweit einheitlichen Preisen verkaufen. Frische Milch, Brot und Eier gibt es normalerweise nicht (außer auf Privatinitiative des Warden), H-Milch („long life milk") vereinzelt.
In etwa einem Dutzend (besser ausgestatteten) Häusern werden im Sommerhalbjahr auch Mahlzeiten (Dinner und Frühstück) angeboten.

Camping

Die einfachste und zweifellos mobilste Form der eigenen vier Wände stellt immer noch das Zelt dar. Für Schottland sind dabei drei Eigenschaften unverzichtbar: das Zelt muß regendicht und sturmsicher sein und über gute Moskitonetze verfügen – die schönsten Zeltplätze an Mooren und Flüssen sind im Sommer mit beißwütigen und blutrünstigen Insekten bevölkert. Vorsichtshalber sollte man einplanen, daß das Zelt oft feucht zusammengepackt werden muß.
Das gleiche gilt auch für den Schlafsack, weshalb er ebenfalls pflegeleicht sein sollte.
Wenn man einmal von der Witterung absieht und ohnehin ein Freund des Zeltens ist, bietet sich Schottland für diese Reiseart geradezu an. Außerhalb der offiziell anerkannten Campingplätze ist hier nämlich Wildcampen sowohl möglich als auch erlaubt (ausgenommen in einigen Naturreservaten). Es versteht sich von selbst, daß man vor dem Aufschlagen des Zeltes auf Privatgrund den Eigentümer (z.B. Farmer) fragen sollte; normalerweise wird man nicht zurückgewiesen und kann sogar bei dieser Gelegenheit die Wasserbehälter nachfüllen.
Absolut unerwünscht ist, dem negativen Beispiel anderer Touristen zu folgen und Abfälle zu hinterlassen. Im Interesse der nächsten Camper-Generationen und der sauberen Umwelt wird alles – aber wirklich alles! – mitgenommen und zur nächsten Mülltonne transportiert.
Da das Campen, wenn auch meist in Wohnwagen, ein britischer Volkssport ist, bekommt man noch in den abgelegensten Gebieten Nachschub z.B. für den Campingkocher. Achtung: Spiritus gibt's nur in der Apotheke – zu entsprechenden Preisen!
Wem das Wildcampen zu ungemütlich oder zu komfortfrei ist, kann seine Plastikmütze auf einem offiziellen Campingplatz aufschlagen. Nur ein relativ kleiner Teil der Plätze hat sich einer Klassifizierung unterworfen; die dabei vergebenen „Häkchen" (✔) werden in diesem Buch als „Sterne" (*) wiedergegeben.

Angaben zu Plätzen, Saisonzeiten und Kapazitäten sind im Etappenteil dieses Buches enthalten. Wer es genauer wissen will, z.B. Tarife (bis zu £ 6 je Zelt sind üblich) und Serviceeinrichtungen, kann bei den Buchversendern (s. *Informationsmaterial*) ein Verzeichnis der Campingplätze (DM 16) anfordern. Zur Vorplanung reicht zur Not auch die Übersichtskarte des STB mit eingezeichneten Plätzen oder schlicht die Kennzeichnung auf den O.S.-Karten; am ausführlichsten und vollständigsten ist aber das Verzeichnis des Scottish Tourist Board.

Schottland selbst entdecken

Bei der Auswahl von Übernachtungsmöglichkeiten und Restaurants stoßen Reiseführer an die Grenzen ihrer Möglichkeiten. Die Überprüfung vieler hundert Quartiere und Lokale würde Jahre dauern und notwendigerweise am Schluß ein größtenteils veraltetes Ergebnis bieten – ein Punkt, an dem die entsprechenden Führer auch stets kranken. Das „Selbst-Entdecken“ von Stätten schottischer Gastlichkeit soll daher dem Reisenden nicht abgenommen werden. Dieses Buch bietet lediglich Hilfestellung. Niedrigpreisunterkünfte wie Jugendherbergen und Campingplätze sind stets aufgeführt, zu B&B-Häusern sowie Hotels finden sich Hinweise jedoch nur in „Problemgebieten“, d.h. in Gegenden, die mit Übernachtungsstätten dünn versorgt sind. Die Verzeichnisse der Fremdenverkehrszentralen können diese Informationslücke besser, d.h. aktueller, vollständiger und zuverlässiger füllen als jeder Reiseführer. Wer sich entschließt, auf seiner Schottlandreise hauptsächlich B&B-Häuser oder Hotels und Guest Houses zur Übernachtung aufzusuchen, sollte die paar hundert Gramm Papiergewicht für diese Verzeichnisse nicht scheuen.

Einfacher ist die Qual der Wahl bei der Auswahl von Restaurants. Sie gibt es ohnehin nur in kleineren oder größeren Städten, meist zentral um den überschaubaren Ortskern gruppiert. Während des obligaten Orientierungsspaziergangs am Übernachtungsort ist das vergleichende Studium von Speisekarten und Erscheinungsbild ein selbstverständlicher Nebeneffekt, der zum Einleben gehört wie der Einkauf im Dorfladen oder ein abendliches Bier im Pub.

Es liegt nicht in der Absicht dieses Buches, Restaurants oder Pubs mit dem Prädikat „touristisch interessant“ zu versehen – zum einen sind die Geschmäkker zu verschieden, zum anderen wechseln Wirte, Publikum und Flair zu schnell und zu unüberschaubar, um halbwegs verläßliche Angaben ermöglichen zu können.

Ausnahmen von dieser Regel werden nur dort gemacht, wo die Gefahr besteht, daß der Reisende an vielleicht etwas abgelegenen kulinarischen oder anderen kulturellen Sehenswürdigkeiten vorbeifährt. Solche Ausnahmen haben stets den Charakter einer Empfehlung.

Kulinarisches

Großbritannien hat im allgemeinen nicht gerade den Ruf eines Schlemmerparadieses. Zu Recht: aus kulinarischen Gründen sollten Sie die Reise besser nicht antreten. Trotzdem kann bei gezielter Auswahl landestypischer Spezialitäten Schottland auch dem Leckermaul etwas bieten.

Essen

Beispielhaft auf knurrende Radfahrermägen ist das Frühstück abgestimmt. Zu einem vollständigen Morgenmahl gehören: Fruchtsaft; Cornflakes oder Porridge, seltener Müsli; Eier in allen Variationen, Frühstücksspeck und Schweinswürstchen (bacon, sausage and eggs); Toast und Weizenvollkornbrot (brown bread); Butter und Orangenmarmelade; Tee oder Kaffee; manchmal zusätzlich gebratene Tomaten.

Ein Einzelfällen kann der eine oder andere Bestandteil entfallen, aber immer wird ein abwechslungsreiches, sättigendes und gemessen am Ernährungswert preiswertes Frühstück geboten. Es wird gewöhnlich zwischen 9 und 10 Uhr eingenommen und läßt mindestens bis nachmittags keinen Hunger aufkommen.

Wer zwischendurch dennoch etwas zu beißen haben möchte, kann außer den weltweit grassierenden Imbißketten auch einen *Pub Grub* (Pub mit kleinen Mahlzeiten) oder einen *Coffee-Shop* (Mischung zwischen Grill-Restaurant und Café) aufsuchen. Dort gibt es tagsüber durchgehend Snacks und Mahlzeiten, seltener auch abends.

Tea-Rooms und Coffee-Shops laden nachmittags (ab 16 Uhr) zur Tea Time, sind aber etwas weniger verbreitet als in England. Eine kleine Sünde wert sind dabei frischgebackene Scones, eine Art von Teebrötchen, aber auch ansonsten ist Süßes in jeder Form bei den Schotten sehr beliebt. In kleineren und größeren Städten nimmt die Zahl der Bäckerei-Ketten mit Imbißabteilungen stetig zu.
In Schottland relativ wenig offeriert wird der *High Tea,* eine Mischung aus warmer, kleiner Mahlzeit und Tea Time, der etwa von 17 bis 19 Uhr gehalten wird. Wo High Tea zu bekommen ist, stellt er allemal eine preiswerte und gute Art des Abendessens dar.

Die warme Hauptmahlzeit wird in Schottland wie überall in Großbritannien abends (*Dinner*) serviert. Die Sitte des Außer-Haus-Essengehens ist allerdings viel weniger verbreitet als auf dem Kontinent, was sich in der Zahl der Restaurants ebenso bemerkbar macht wie in der Art der gebotenen Gerichte. Die preiswerten Restaurants erinnern durchweg fatal an eine amerikanische Imbißkette, die sich selbst hochtrabend als „etwas anderes Restaurant" lobt. Die Speisekarte weist vor allem Fisch, Würstchen, Hähnchen, Hamburger und Speck in wechselnden Kombinationen mit Pommes Frites („chips") auf. Eine Alternative bietet sich selbst in kleineren Städten durch indische oder chinesische Restaurants, die meist ebenfalls recht preiswert sind; in manchen Dörfern existiert zumindest ein *Take-away*-Chinese, also eine orientalische Imbißbude.

Einen besseren Einblick in ursprünglich schottische Küche bekommt man, wenn man das Glück hat, auf ein Hotel mit Restaurantbetrieb zu stoßen. Vor allem die dort üblicherweise gebotenen Menüs sind ihr Geld wert und bestehen aus mindestens drei Gängen.

Kleine Hotels ohne öffentliche Restaurants bieten oft für ihre Gäste ebenfalls ein Dinner. Wer nachmittags danach fragt, kann sich ggf. vormerken lassen und ein wenig auf Schottisch schlemmen.

THE TASTE OF SCOTLAND

Cafés und Restaurants aller Größen, die sich etwas auf die Pflege schottischer Spezialitäten zugute halten, sind landesweit an dem Schild *The Taste of Scotland* zu erkennen; ein jährlich erscheinendes Verzeichnis erleichtert die Suche nach diesen Lokalitäten.

Zu typischen Gerichten einer schottischen Speisekarte zählen:

Vorspeisen (starters)

smoked salmon	Räucherlachs
seafood cocktail	Meeresfrüchtecoktail
thick chicken soup	gebundene Hühnersuppe

Hauptgerichte (main dishes)

hotch potch	Hammel-Gemüse-Eintopf (ähnlich Irish Stew)
scotch broth	mit Gerste angedickte Gemüsesuppe
haggis with neeps and turnips	Haggis mit Kartoffeln und Rüben
lamb cutlet	Lammkotelett
pork chop	Schweinekotelett
fried fillet of plaice	gebratenes Schollenfilet
poached or grilled salmon	gedünsteter oder gegrillter Lachs
seatrout	Meeresforelle
gammon steak	Schinkensteak (aus gekochtem Schinken!)
sirloin steak	Rumpsteak

Beilagen

brussel sprouts	Rosenkohl
french beans	grüne Bohnen
creamed potatoes	Kartoffelpüree
baked potatoes	Folienkartoffeln

Desserts

lemon meringue pie	Zitronenbaisertorte
apple pie	Apfelkuchen, am besten heiß und mit halbfester Schlagsahne serviert
sherry trifle	eine Art Fruchtpudding

Wer bei der Auswahl der Speisen auf die landestypischen Produkte zurückgreift, wird selten enttäuscht sein. Lachs, andere Edelfische und Lamm bekommt man kaum irgendwo so gut wie in Schottland – allenfalls noch auf der benachbarten Grünen Insel.

Gemüse spielen in der schottischen Küche eine vergleichsweise geringe Rolle (ausgenommen Kartoffeln); Standardbeilage zu allen Gerichten sind grüne Erbsen aus der Dose. Es ist daher empfehlenswert, tagsüber als Zwischenmahlzeit dem Körper ein paar Vitamine in Form von Obst und knabberfrischem Gemüse zuzuführen.

Das schottische Nationalgericht ist *Haggis*, eine Wurst, die aus den Innereien von Schaf oder Hammel, traditionell gegart in einem Schafsmagen (heute aber meist in genormten Kunstdärmen), hergestellt wird. Haggis ist im allgemeinen sehr kräftig gewürzt; dem recht hohen Fettgehalt kann man dadurch entgegenwirken, daß man beim Erhitzen der Haggisscheiben kein Fett mehr zufügt, sondern es vielmehr aus der Wurst austreten läßt. Als Hauptgericht ißt man Haggis mit Kartoffeln und Kohlrüben, als Magentröster dient ein Whisky. Man trifft aber auch an Imbißwagen auf abenteuerliche Anpassungen an die internationale „Eßkultur“: den *Haggisburger*, eine fritierte Scheibe dieser Wurst. Angemessener ist die Selbstzubereitung, wobei man den Kauf möglichst in einer Metzgerei tätigen sollte, die das Nationalgericht noch selbst herstellt. Übrigens ist Haggis in jedem Fall eine extrem preiswerte Mahlzeit und bei richtiger Zubereitung eine deftige Delikatesse.

Trinken

Zu den Mahlzeiten trinken die Schotten meist Tee oder gewöhnliches Leitungswasser; in den letzten Jahren ist auch Mineralwasser allmählich 'in Mode' gekommen. Dieser Sitte sollte sich der Tourist anschließen; die manchmal angebotenen Weine sind stets überteuerte Mischprodukte deutscher oder französischer Provenienz und weitgehend ungenießbar. Da der Bierausschank nur in Pubs erlaubt ist, ist ein süffiges Ale allenfalls bei einer Pub-Grub-Mahlzeit erhältlich.

Da die Wasserkaraffe gratis zum Service gehört, treiben die Getränkepreise die Kosten für Mahlzeiten nicht unnötig in die Höhe, was mit den manchmal etwas hohen Restaurantpreisen wieder versöhnen kann.

Nicht in Restaurants, wohl aber in den Pubs, den Bollwerken britischer Kneipenkultur, werden die Lieblingsgetränke der Schotten ausgeschenkt: Bier und Whisky. Eine mysteriöse Steuerpolitik hat in Verbindung mit Beschränkungen des Alkoholverkaufs außerhalb von gastronomischen Betrieben dafür gesorgt, daß Flaschenbier im Laden nahezu ebenso teuer ist wie Faßbier in der Kneipe; für Whisky gilt das fast im gleichen Maße. Kein Wunder, daß die Pubs gute Geschäfte machen.

Die in Schottland gängigen Biere lassen sich in drei Oberklassen einteilen: Ale, Lager und Stout (die Bezeichnung *Bitter* für ein mittelstarkes Ale ist eher in England üblich).

Ale ist jene Sorte, die man bekommt, wenn man einfach „one beer" bestellt. Es wird als „light", „pale", „strong", „special", „export" oder „heavy" näher klassifiziert, manchmal sind diese Bezeichnungen auch fließend. Pale bzw. Light Ale sind am mildesten, Export und Heavy am kräftigsten im Geschmack. Alle Ales sind ausgesprochen erfrischend und ähneln einigen deutschen dunklen Export- und Altbieren.
Lager ist ein helles Bier Pilsner Brauart, das aber von den Bartendern genau wie Ale gezapft wird, d.h. in einem Zug, wodurch es bereits frisch gezapft wie abgestanden schmeckt. Lagerbiere werden außerdem in Flaschen importiert, wobei außer minderwertigen Produkten bekannter Großbrauereien in Holland, Dänemark und Deutschland vereinzelt auch durchaus beachtliche Abfüllungen ihren Weg auf die Britischen Inseln nehmen. Wer sich partout nicht mit einer der zahlreichen Ale-Sorten anfreunden kann, ist daher meist mit Flaschenbier am besten bedient.
Das dritte Standbein britischer Bierbraukunst ist das Stout, ein fast schwarzes Bier aus geröstetem Malz, kräftig im Geschmack und süffig. Der marktbeherrschende Vertreter dieser Gattung ist Guinness, eigentlich in Irland beheimatet, aber auch in Großbritannien stark verbreitet (und in London gebraut). Die Zapfkunst schottischer Bartender versagt leider oft bei diesem edlen Getränk; Guinnessliebhaber werden nirgends so zufriedengestellt wie in Irland. Außer Guinness findet man den Namen *Stout* mit dem Zusatz *Sweet* noch auf Flaschen, die ein ähnliches, aber stark degeneriertes Bier mit Karamelzusätzen enthalten.

Britische Biergläser unterscheiden sich in ihrer Größe sympathisch von der Unsitte in manchen deutschen Gegenden, 0,3 l zum „großen Bier" zu erklären. Das Standardmaß ist das Pint (0,569 l), für weniger durstige Kehlen das Half-Pint (0,284 l). Wer keine Größe angibt, bekommt gewöhnlich das kleinere Bier serviert.

Das sicherlich bekannteste schottische Produkt ist zweifellos der Whisky, das „Lebenswasser“ (so die Übersetzung des gälischen Ursprungswortes). Schottischer Whisky wird traditionell nur aus Gerstenmalz hergestellt; unverzichtbare Bestandteile sind reines Quellwasser (das außerhalb Schottlands nur noch in Irland eine ähnliche Eignung aufweist) und ein offenes Torffeuer zur Trocknung der gekeimten Gerste. Der Rauch des Torfs, der die Gerste durchzieht, gibt schottischem Whisky das rauchige Aroma und ist der eine grundsätzlich Unterschied zum irischen Verwandten, dessen abgeschlossenes Torffeuer ein erheblich milderes Resultat bewirkt; der zweite Unterschied ist, daß die Iren auf dreifaches Destillieren schwören, während sich die Schotten mit zwei Brennvorgängen begnügen. Mindestens drei und bis zu 15 Jahre reift der Whisky in Eichenfässern, die vorher Sherry enthielten und dessen Bernsteinfärbung an das Lebenswasser übertragen. Dann wird er in mehr oder weniger komplizierten Verfahren verschnitten („blended“), wobei die Massenprodukte etwa zur Hälfte aus Kornwhisky bestehen. Reiner Malt Whisky ist hingegen eine sehr teure und exklusive Angelegenheit; manche Sorten der über 100 schottischen Malt Distilleries werden überhaupt nur in ein paar hundert Flaschen abgefüllt.

Getrunken wird Whisky bei Zimmertemperatur entweder pur oder mit gewöhnlichem Leitungswasser verdünnt, das in einer Karaffe immer auf der Bartheke steht. Unverdünnt genießen ihn die Schotten vor allem in Kombination mit einem Glas Bier. Und der britische Staat ist immer dabei – zu etwa 70 %. So hoch ist nämlich die Besteuerung des schottischen Nationalgetränks.

Jugendherberge Kendoon

Geld

In Schottland ist wie überall in Großbritannien das Pound Sterling (£; ISO-Norm beim Geldwechsel bzw. auf Eurocheques: GDP) gültiges Zahlungsmittel, unterteilt in 100 Pence. Im Umlauf sind Banknoten zu 1, 5, 10, 20 und 50 £ sowie Münzen zu 1, 2, 5, 10, 20 und 50 p sowie zu 1 und 2 £. Die 1-£-Note ist weitgehend verschwunden – in England gänzlich; die schottischen Banken hängen aber daran, da die gleichwertige Münze aus englischer 'Produktion' stammt.

Außer englischen Banknoten sind von drei verschiedenen schottischen Instituten ebenfalls Scheine im Umlauf. Theoretisch sind diese überall in Großbritannien gültig, faktisch werden sie aber in England oft nicht angenommen. Man sollte bei der Abreise daher darauf achten, alle schottischen Noten vorher zu verwenden (insbesondere £ 1-Noten) oder noch in englische umzutauschen. Der Wert des Pound Sterling schwankt gegenüber den übrigen europäischen Währungen in jüngerer Zeit nur in einer relativ geringen Bandbreite, obwohl Großbritannien nicht Mitglied des Europäischen Währungssystems ist. Zur Zeit der Drucklegung dieses Buches lag der Kurs bei DM 2,90 bzw. 20,40 öS/2,36 sFr/3,27 hfl/1,48 €. Tagesaktuelle Wechselkurse (auch für 163 andere Währungen) können übrigens jederzeit im Internet unter folgender Adresse erfragt werden: http://www.oanda.com/converter/classic?lang=de.

Der Geldwechsel ist in Schottland vollkommen unkompliziert. Alle Banken tauschen sowohl Bargeld als auch Reiseschecks und Eurocheques ein; außerdem gibt es etliche Wechselstuben, die auch am Wochenende geöffnet haben. Die Kurse und Gebühren sind dort aber häufig weniger günstig, eine Ausnahme ist das Reisebüro *Thomas Cook*, das in Großstädten Filialen mit Geldwechsel unterhält und banktübliche Konditionen hat.

Reiseschecks werden in der Regel gebührenfrei eingelöst, sofern sie in £ ausgestellt sind; die Beschaffung von £-Reiseschecks ist kein Problem und auch nicht teurer als der Erwerb von DM-Schecks. Eurocheques werden grundsätzlich in Landeswährung ausgestellt und von Banken bis zu £ 100 gebührenfrei eingelöst. Von einer Abrechnungsstelle im Heimatland erfolgen danach die Umrechnung in DM/sFr/öS usw. und die Abbuchung vom Konto, wobei Gebühren (in Deutschland 1,75 %, mind. DM 2,50) anfallen. Sowohl Reiseschecks als auch Eurocheques werden stets zu einem günstigeren Kurs abgerechnet als Bargeld, was einen Großteil der Gebühren wieder ausgleicht.

Die günstige Variante des Geldumtausches mittels des deutschen Postsparbuches existiert leider nicht mehr, ein Trost sind die inzwischen sehr verbreiteten Geldautomaten, die auch mit EC-Karten und der Postbank SparCard zu nutzen sind (meist die preisgünstigste Art des Bargeldbezugs!).

Briefpost

Die britische Post funktioniert nach dem weltweit bekannten Schema mit Postämtern, (roten) Briefkästen und mehr oder minder diffusen Gebührenordnungen. Die Brieflaufzeiten unterliegen oft mysteriösen Regeln; so kann es vorkommen, daß ein am Flughafen eingeworfener Brief nach Deutschland länger unterwegs ist als Post aus einem Kaff in Nordschottland. Für Auslandspost gilt theoretisch, daß Postkarten und Standardbriefe per Luftpost ohne Aufpreis befördert werden, sofern die Beförderung dann schneller geht. Faktisch deutet aber einiges darauf hin, daß diese Regel etwas unklar gehandhabt wird und Ansichtskarten wohl eher als nicht eilig betrachtet werden. Eilige Post sollten Sie also stets als Brief schicken.

Für die Gebühren spielt das übrigens keine Rolle: Postkarten und Briefe innerhalb der EU kosten 26 p, ins übrige europäische Ausland werden sie mit 31 p frankiert. Innerhalb Großbritanniens beträgt das Porto 26 p (1. Klasse; es gibt etwas niedrigere Tarife für Post zweiter Klasse – langsamere Beförderung).

Eine Spezialität Englands sind die vielen kleinen Post Offices, die man selbst noch in Hinter-Posemuckel findet. Sie sind normalerweise in Tante-Emma-Läden integriert, die ihre Existenz durch das zusätzliche Postangebot sichern, so daß den Radreisenden ein rotes Post-Office-Schild signalisiert, daß dort ein gutes Plätzchen für eine kurze Verschnaufpause (mit „Basisversorgung“ wie Schokoriegeln etc.) ist.

Telefon

Jedermann kennt die dekorativen englischen Telefonhäuschen aus unzähligen Kriminalfilmen: rot, aus massivem Eisen, eng und meistens defekt. Seitdem die Telefongesellschaft privatisiert worden ist, hat sie zum Entsetzen vieler traditionsbewußter Briten weitestgehend die alten Zellen gegen pflegeleichte Kunststoffkonstruktionen ausgetauscht, die zwar in der Regel funktionstüchtig, aber leider langweilig sind. Dafür lassen sie sich nun aber auch so bedienen, wie man das vom Festland her gewohnt ist.

Natürlich gibt es keine Regel ohne Ausnahme, sondern setzt die *British Telecom* vereinzelt auch noch Apparate ein, die erst dann mit Münzen (teils nur 10 p, moderne Geräte auch 20 & 50-p/£ 1-Stücke) gefüttert werden, wenn der angewählte Teilnehmer sich meldet und ein nervöses Piepsen den Anrufer dazu auffordert. Während des Geldeinwurfs kann nicht gesprochen werden, was Ausländer, die zum ersten Mal aus Großbritannien angerufen werden, meist zum Auflegen des Hörers wegen einer vermeintlichen Fehlverbindung veranlaßt.

Außerdem sind die Einheiten bei Auslandsgesprächen so kurz, daß man oft vor lauter Geldeinwerfen gar nicht zum Sprechen kommt. Man sollte daher entweder für solche Gespräche ein Kartentelefon benutzen (Karten gibt es in mehreren Stufen von £ 2-20; außerdem können Kreditkarten benutzt werden), oder einen der Apparate suchen, die über einen Stapelschacht mit automatischem Münzeinzug verfügen und auch größere Münzen akzeptieren, oder nur kurz die Nummer des Apparates, von dem aus man anruft, durchgeben und sich zurückrufen lassen. Das ist ohnehin günstiger, da Auslandsgespräche aus Deutschland fast in jedes Land billiger sind als in Gegenrichtung. Wie bei den deutschen Tarifen gibt es in Großbritannien eine Preisermäßigung bei Auslandsgesprächen, die nach 20 h oder an Wochenenden geführt werden.

Vorwahlkennzahlen:
Aus allen mitteleuropäischen Ländern nach Großbritannien: **0044**
Aus Großbritannien nach Deutschland: **0049**
Aus Großbritannien in die Schweiz: **0041**
Aus Großbritannien nach Österreich: **0043**
Aus Großbritannien in die Niederlande: **0031**

Bei allen Auslandsgesprächen ist die Anfangs-Null der Ortskennzahl wegzulassen, also z.B. für Hamburg statt 040 nur 40.

Die Mindestgebühr für Gespräche in Großbritannien beträgt 10 p; die Gebühren sind nach Entfernungen (drei Zonen) und Tageszeiten (mo-fr 8-18 h als teuerstes, mo-fr 18-8 h ca. 50 % billiger, zu allen anderen Zeiten noch preiswerter) sehr stark gestaffelt. Ohne Münzeinwurf erreicht man den Notruf („999" oder im Sinne europäischer Verständigung „112") und den *Operator* (Nummer steht auf jedem Apparat, meist „150"); letzterer ist zuständig für Auskünfte zum Telefonieren, für die Handvermittlung von Ferngesprächen (erheblich teurer als Direktwahl) und im Zweifelsfall für alle Fragen, für die man gerade keinen Ansprechpartner hat. Was nicht heißt, daß man den Operator mit der Telefonseelsorge verwechseln sollte.

Die Zeit

Uhrzeit

In Schottland gilt wie in ganz Großbritannien die Westeuropäische Zeit mit ihrer sommerzeitlichen Abart. In der Praxis bedeutet das, daß in Schottland die Uhren eine Stunde „nachgehen". Also 12 Uhr in Mitteleuropa, 11 Uhr in Großbritannien usw.

Öffnungszeiten

Informationsbüros

Die rund 170 Touristenbüros sind in der Regel nur zu den ortsüblichen Geschäftszeiten geöffnet, größere Büros manchmal sonntags (Näheres bei der jeweiligen Ortsbeschreibung). Wenn sie geschlossen sind oder in einem Ort keine Touristeninformation existiert, sind Postamt, Kneipen und Geschäfte oft kompetente Auskunftsstellen.

Banken

Die Bankschalter sind geöffnet mo-fr 9.30-12.30 und 13.30-15.30 Uhr, manchmal auch ohne Mittagspause, außerdem donnerstags 16.30-18.00 Uhr. In Wechselstuben, die es in Reisebüros und einigen Hotels gibt, bekommt man etwas ungünstigere Wechselkurse. An den Flughäfen gibt's auch am Wochenende Bares. Zwar gibt es Banken in Schottland wie überall in Großbritannien in jedem Ort ab ein paar hundert Einwohnern, in den ganz abgelegenen Gegenden des Hochlandes und auf den Inseln verkehrt aber oft nur eine „rollende Bank" in Form eines Busses, der bestimmte Orte immer nur an einzelnen Tagen, teils nur für wenige Stunden besucht. Wer sich in einsame Regionen vorwagen möchte, sollte deshalb bei der Barschaft ausreichend Vorratshaltung pflegen.

Postämter

Die Öffnungszeiten der Postämter sind mo-fr 9.00-17.00 Uhr, sa 9.00-12.30 Uhr. Außerhalb der Großstädte wird manchmal eine Mittagspause von 12.30-13.30 Uhr eingehalten; in ganz winzigen Nestern sind Poststellen nur zeitweise als Nebenerwerb besetzt. Da hilft nur eines: hinfahren und sehen, ob geöffnet ist.

Geschäfte

In Schottland sind Geschäfte durchweg mo-fr 8.30-12.00 und 14.00-17.30 h geöffnet, seltener auch durchgehend, manchmal um eine halbe Stunde verschoben, in Städten donnerstags bis 19.30/20.00 h verlängert; samstags in der Regel 8.30-12.30 h (in Großstädten länger), äußerst selten auch sonntags.

Pubs

Die Pubs sind in Schottland geöffnet mo-sa 11.00-23.00 Uhr (teils Mittagspause 14-17 h), sonntags 12.30-14.30 h und 18.30-23.00 h, immer mehr Kneipen – auch in abgelegenen Gegenden – aber auch durchgehend. In England bestehen sonntags geringe Abweichungen.
Unabhängig von den Pubzeiten ist der Alkoholkonsum in Hotels und lizensierten Restaurants, die außerhalb ihrer eigenen öffentlichen Bar auch zu anderen Zeiten Alkohol ausschenken dürfen – zwar eigentlich nur zu Mahlzeiten oder an Hotelgäste, aber das wird nicht immer so eng gesehen.

Feiertage

Von den normalen gesetzlichen Feiertagen sind in Schottland nur der Neujahrstag und der 1. Weihnachtstag betroffen. Die in England üblichen „Bankfeiertage" gibt es zwar (zu anderen Terminen) auch in Schottland, sie sind aber keine allgemeinen gesetzlichen Feiertage, sondern legen die Arbeit nur bei Banken, Rechtsanwälten, einigen Behörden und Büros lahm. Das heißt aber nicht, daß es sonst keine arbeitsfreien Tage gäbe. Örtliche, regionale, saisonale und nach vollkommen undurchsichtigen Gesichtspunkten angesetzte Feiertage gibt es im ganzen Land, fast immer montags, die aber sehr unterschiedliche Auswirkungen haben. Meistens sind einige Läden noch vormittags geöffnet, was durch Anschläge im Schaufenster oder an der Tür gekennzeichnet wird. Regeln gibt es für die Feiertagstermine nicht, selbst die wenigen schottlandweit einheitlichen Tage variieren von Jahr zu Jahr. Es helfen also nur die Information vor Ort, eine gewisse Vorsicht bei der Vorratshaltung von Geld und Lebensmitteln und Ruhe, falls doch einmal eine Versorgungskrise durch unverhoffte Feiertage eintritt.
In manchen Informationsblättern tauchen auch ganze Ferienwochen auf, die je nach Region schwanken. Diese Angaben sind für Touristen weitgehend unwichtig, da sie sich auf einheitliche Urlaubstermine der örtlichen Büros beziehen; man kann zu solchen Daten lediglich mit einem erhöhten Tourismus in den nahegelegenen Erholungsgebieten rechnen und darauf evtl. Rücksicht nehmen.
Schulferien sind in Schottland etwa ab Anfang Juli bis Ende August. Die größten Touristenströme kommen aus England, wo ab Mitte Juli der Ferienverkehr einsetzt. Konsequenterweise sind in Schottland die bei den Briten beliebten Caravangespanne und umfangreichere Touristenmassen vor allem von Mitte Juli bis Mitte August anzutreffen. Die optimale Reisezeit für Schottland liegt daher auch wegen des im allgemeinen besseren Wetters von Mitte Juni bis Mitte Juli.

Normen

Mehrwertsteuer

Der allgemeine Mehrwertsteuersatz beträgt in Großbritannien z.Z. (1999) 17,5 %. Eine Erstattung ist für EU-Bürger nicht möglich.

Bürger anderer Staaten können schon bei vergleichsweise geringen Summen eine Rückerstattung bei der Ausreise an der Grenze erhalten, wobei die Ware unbenutzt vorgelegt werden muß. Im übrigen können diese die Zahlung von Mehrwertsteuer *(Value Added Tax – VAT)* vermeiden, wenn sie vom Geschäft den Versand ins Ausland vornehmen lassen. Bei Waren niedrigeren Gewichts kann das ausgesprochen rentabel sein.

Strom

Die Standard-Spannung ist in England wie in allen EU-Staaten 230-240 Volt bei 50 Hz. Außerdem sind diverse Steckdosenformen verbreitet, so daß viele Geräte nicht ohne Adapter betrieben werden können, die aber problemlos im Haushalts- und Elektrohandel erhältlich sind.

Einfacher ist es bei Rasierapparaten; denn man ist diesbezüglich auf die Verwendung von Euro-Steckern eingerichtet. Allerdings enthalten die entsprechenden Steckdosen Feinsicherungen, die die Nutzung stärkerer Stromverbraucher (Fön etc.) nicht gestatten.

Maße und Gewichte

Ein schwieriges Thema. Obwohl der Übergang zum metrischen System bereits vor Jahren beschlossen wurde, setzt es sich nur schwer und mühsam durch. Ohne Kenntnis der traditionellen Maße und Gewichte kommt man deshalb nach wie vor nicht weit.

Längenmaße

1 inch (Zoll)	2,52 cm
1 foot	30,48 cm
1 yard	91,44 cm
1 mile (1760 y)	1,609 km

Flächenmaße

1 sq. yard	0,836 m²
1 sq. mile	259,0 Hektar (2,59 km²)
1 acre	4047 m²

Hohlmaße

1 fluid ounce	0,029 l
1 pint (20 fl.oc.)	0,569 l
1 quart (2 pints)	1,136 l
1 gallon (4 quarts)	4,546 l

Gewichte

1 ounce	28,35 g
1 pound (16 ounces)	453,6 g
1 stone (14 pounds)	6,35 kg
1 hundredweight (112 pounds)	50,8 kg
1 ton (2240 pounds)	1016,06 kg

Temperaturen

Auch bei der Angabe der Temperaturen bleiben die Briten dem eingeführten System treu, d.h. daß Sie den Wetterbericht nur dann verstehen werden, wenn Sie Grad Fahrenheit (°F) in Grad Celsius (°C) umrechnen können:

Formel: °C = 5 x (°F – 32) / 9 bzw. °F = (1,8 x °C) + 32

°C	-5	0	5	10	15	20	25	30
°F	23	32	41	50	59	68	77	86

Queen Mary's House, Jedburgh

Service

Krankenversicherung

Deutsche Touristen können sich wie alle Bürger aus EU-Staaten in Großbritannien ohne besondere Formalitäten, wie Anspruchsbescheinigung etc., beim staatlichen National Health Service kostenlos behandeln lassen. Dessen Dienste können bei Notfällen in Krankenhäusern, im Normalfall bei praktizierenden Vertragsärzten in Anspruch genommen werden. Für die kostenlose Behandlung genügt es, den Personalausweis oder Reisepaß vorzulegen und (wichtig, da sonst nicht kostenlos) auf die Behandlung im Rahmen des Nationalen Gesundheitsdienstes hinzuweisen: *I would like to be treated under the National Health Service; will you please treat me on this basis?*

Der jeweilige Arzt kann – auch ohne Angabe von Gründen – die Behandlung ablehnen (was aber selten vorkommt). Um einen anderen Vertragsarzt ausfindig zu machen, können Sie sich entweder an das örtliche Hauptpostamt (nur in größeren Städten) oder an die örtliche *Family Practitioner Comittees* wenden, denn dort werden die Listen der dem National Health Service angeschlossen Ärzte geführt – die Anschriften der Comittees erfahren Sie auf jeder Polizeidienststelle.
Ihre Zähne sollten Sie lieber vor der Reise durchchecken lassen; denn Zahnbehandlung wird zwar auch vom National Health Service angeboten, ist aber nicht kostenlos – mindestens £ 17, höchstens £ 115 sind zu bezahlen.

Reisende aus Nicht-EU-Staaten können bei ihrer jeweiligen Versicherung erfragen, welche Leistungen in England ggf. gewährt bzw. erstattet werden.

Die Heimführung (Flug o.ä.) im Fall schwerster Erkrankungen wird von den Krankenkassen in der Regel nicht ersetzt. Wer auf Nummer Sicher gehen will, sollte sich dafür (evtl. im Rahmen der Reisegepäckversicherung) zusätzlich reisekrankenversichern.

Preisermäßigungen

Für Auszubildende, Schüler und Studenten gibt es in Schottland vereinzelt Preisnachlässe bis zu 50 %. Um in den Genuß zu kommen, braucht man den standardisierten ISIC-Ausweis der International Student Identitiy Card Association (ISIC), Postbus 15857, NL-1001 NJ Amsterdam, den es bei Jugendreisebüros und den ASTAs der meisten Universitäten gibt; nächstgelegene Ausweisausgabestelle ggf. bei der ISIC erfragen. Eine Ersparnis bei Eintrittsgeldern in Museen etc. ist aber in Schottland eher selten, und ggf. reicht dafür meistens der nationale Studentenausweis.

Näheres über den ISIC-Ausweis und seine Anwendungsmöglichkeiten gibt es auch im Internet unter:

– http://www.istc.org (internationale Seiten)
– http://www.isic.de (deutsche Seiten mit anderem Inhalt)

Die europäische Jugendkarte EURO<26 wird in Schottland teils akzeptiert und bietet einige Rabatte z.B. in Museen und bei Reisen. In Deutschland ist für die Ausstellung die DJH Service GmbH in Detmold zuständig, Tel. 0180 212626. Eine Übersicht über die Leistungen in Schottland gibt es auf der Internetseite:
– http://www.euro26.org/countries/scotland.html.

Sofern Sie beabsichtigen, des öfteren Sehenswürdigkeiten aufzusuchen, wird es Ihnen nicht verborgen bleiben, daß die Eintrittspreise teils äußerst beachtlich sind. Das liegt u.a. daran, daß der Staat sich aus der Pflege und dem Erhalt des überkommenen Erbes weitestgehend heraushält und diese in private Hände gelegt hat, die sich natürlich durch die Eintrittsgelder finanzieren müssen. Durch Parlamentsbeschluß wurden verschiedene Gesellschaften gegründet, die die meisten der einst staatlicherseits gehaltenen Objekte übernahmen. Wenn Sie viele Sehenswürdigkeiten besuchen wollen, lohnt es sich deshalb, den *Great British Heritage Pass* zu erwerben. Denn dann haben Sie freien Zutritt zu fast 600 Objekten der National Trusts, des English Heritage und vieler weiterer Organisationen. Der Paß wird am einfachsten bei der Einreise erworben, denn in den Touristeninformationen der Hafenstädte und an den Flughäfen ist er erhältlich – Kostenpunkt: für 7 Tage DM 66, für 15 Tage DM 93, für 1 Monat DM 130.

Nützlich ist in jedem Fall der Jugendherbergsausweis, mit dem man in allen Besitzungen des „National Trust for Scotland" 50 % Rabatt auf die Eintrittspreise erhält; davon ist ein Großteil der historischen Gemäuer des Landes betroffen. Die Jugendkarte EURO<26 bietet aber den gleichen Vorteil.

Eifrige Besucher von Museen, Burgen, Schlössern etc. sind evtl. mit dem *Scottish Explorer Ticket* gut bedient, das für 7 Tage £ 12.50, für 14 Tage £ 18 kostet (Kinder 50 %, Familien ca. das Doppelte). Es ist erhältlich bei folgender Anschrift:

❑ Historic Scotland, Room 214, 20 Brandon Street, Edinburgh EH3 5RA, ✆ (031) 6688800, ℻ 6688888.
http://www.historic-scotland.gov.uk

Hilferufe

Wenn man sich finanziell verkalkuliert hat oder völlig ausgeraubt wurde, wird man in die Zwangslage kommen, um Hilfe betteln zu müssen.

Die einfachste und auch billigste Art ist immer noch, von Freunden oder Verwandten Geld nachschicken zu lassen. Da die britische Post recht zuverlässig ist, kann man die Zusendung einer Internationalen Postanweisung riskieren. Wichtig: der Empfänger muß sich bei Entgegennahme der Barschaft ausweisen können. Bei Verlust des Personalausweises oder Passes also lieber einen Ersatzempfänger suchen (z.B. Inhaber des B&B-Hauses, in dem man aufs Geld wartet).

Internationale Postanweisungen sind bis zum Höchstbetrag von £ 250 (auch Eilzustellung oder per Telex, aber nicht telegrafisch!) möglich. Wer mehr haben will, muß sich mehrere Anweisungen schicken lassen. Falls man sich ausweisen kann, ist die schnellste Empfangsadresse immer das Hauptpostamt einer Großstadt wie Glasgow, Edinburgh, Aberdeen, Inverness o.ä., postlagernd („poste restante"). In die Provinz dauert's erheblich länger.

Wenn alle Stricke reißen, ist die jeweilige Botschaft zur Hilfe verpflichtet. Da man hinterher aber alles mit Zinsen und Gebühren zurückzahlen muß, sollte man dort wirklich nur im äußersten Notfall anklopfen. Faktisch stößt das aber auf Probleme, da die Botschaften durchweg in London angesiedelt sind. Für Schottlandurlauber bleibt nur der Weg zu einem Konsulat.

Die Anschriften:

- ❑ Deutsches Generalkonsulat, 16 Eglinton Crescent (an der JH)
  Edinburgh EH12 5DG, ✆ (031) 337 2323
- ❑ Österreichisches Konsulat (kein Generalkonsulat)
  16 Heriot Row, Edinburgh EG3 6HR, ✆ (031) 556 2896
- ❑ Schweizer Generalkonsulat, Sunley Buildung, 18th floor
  Piccadilly Plaza, Manchester M1 4BH (zuständig für Schottland)
  ✆ (061) 236 2933

Viel Hilfe sollte man von den Konsulaten aber nicht erwarten.

Staffa

Das Fahrrad

Die Streckenbeschreibungen in diesem Buch gehen davon aus, daß zum Erfahren Schottlands ein tourentaugliches Fahrrad benutzt wird. *
Wer versucht, die unvermeidlichen Steigungen in den zahlreichen Bergen mit einem behäbigen Hollandrad (oder dergleichen) zu bewältigen, wird notwendigerweise frustriert, d.h. schiebend, enden; auch gewöhnliche Sporträder mit Dreigangschaltung sind den verschiedenen Anforderungen nicht gewachsen.

Wegen der Beliebtheit dieses Radtyps sei noch ausdrücklich darauf hingewiesen, daß die Streckenbeschreibungen in diesem Buch keine 'geländegängige' Ausrüstung erfordern, so daß die Verwendung eines Mountain-Bikes weder notwendig noch (wegen des hohen Gewichts) sinnvoll ist.

Wer die Absicht hat, für die Reise ein Fahrrad neu anzuschaffen oder ein vorhandenes umzurüsten, sollte den folgenden Empfehlungen folgen:

Fahrradtyp: Stadtrad, All-Terrain-Bike (ATB) oder (noch besser) Reiserad richtiger Rahmenhöhe oder tourentaugliches Mountain-Bike.

Reifengröße: 32-622 bzw. 32-630 (Nostalgiebezeichnungen: 28 x 1¼ bzw. 27 x 1¼). Nicht nur in Deutschland die gängigsten Größen, sondern auch in Schottland. Keine schmaleren Reifen verwenden, da sie auf den etwas rauhen Straßen zu unkomfortabel sind. Die frühere Ersatzteilproblematik bei Reifen mit dem Durchmesser 622 besteht nicht mehr, alle besseren Fahrradläden (auch in Kleinstädten) führen mittlerweise diese Größe – der EU sei dank.

Gangschaltung: Mindestens 12-18 oder mehr Gänge mit Kettenblättern (vorn) 52/42 Zähne oder besser weniger (z.B. bei Dreifachkettenblättern 46/36/26 o.ä.), Freewheel (Mehrfachfreilaufzahnkranz hinten) mit 13-32 Zähnen.
Um auch sehr steile Passagen fahrenderweise bewältigen zu können, sollte die Schaltung über möglichst leichte Berggänge verfügen. Mindestens sollte eine Berggangübersetzung von 1:1 vorhanden sein, d.h. gleiche Zähnezahl am kleinen vorderen Kettenblatt und dem größten hinteren Ritzel. Besser ist es, wenn noch leichtere Gänge zur Verfügung stehen.

* Die Kriterien für ein tourentaugliches Fahrrad sind ausführlich dargestellt in dem Buch „Der Wind kommt immer von vorn“ von J. Rieck. (s. Literatur)

Ausstattung: Schutzbleche und solide Gepäckträger sind das Wichtigste. Zum Schutz der Kette und der Füße am vorderen Schutzblech ggf. Schmutzfänger anbringen.

Bremsen: Zwei gut funktionierende Bremsen sollten eine Selbstverständlichkeit sein. Empfehlenswert sind Cantilever-Bremsen (bei guten Rädern inzwischen Standard). Möglichst keine Rücktritt- oder Trommelbremsen verwenden (neigen bei langen Abfahrten zu starker Hitzeentwicklung und zum Blokkieren!).

Mitnehmen, mieten, kaufen?

Das Mitnehmen des eigenen, tourentauglichen Fahrrades ist eigentlich stets die beste Lösung, aus finanziellen Gründen aber nicht immer anzuraten. Wer nur kürzere Zeit radeln oder nur einen Teil des Urlaubs per Fahrrad verbringen möchte, wird evtl. günstiger fahren, wenn er das Rad in Schottland leiht. Möglich ist das vor allem in Touristengegenden, teils in Fahrradgeschäften, teils in Jugendherbergen oder Hotels. Allerdings ist es so in der Regel unmöglich, die Fahrradreise wirklich optimal ausgestattet durchzuführen, da in der Regel nur tourenungeeignete Fahrräder erhältlich sind. Die Mietpreise betragen pro Tag etwa £ 7-15, pro Woche etwa £ 25-75. Jedes Fahrrad muß grundsätzlich beim Ausleihort zurückgegeben werden. Auf alle gemieteten Fahrräder wird normalerweise eine Kaution erhoben; Versicherungen sind gewöhnlich im Mietpreis eingeschlossen.

Das Modefahrrad der letzten Jahre, das Mountain-Bike, hat seinen Siegeszug auch in Großbritannien angetreten; in den touristisch erschlossenen Gebieten des schottischen Hochlands werden daher Miet-MTBs häufig offeriert und können eher als reisegeeignet angesehen werden.

Ein besonders heikler Punkt bei Mietfahrrädern sind üblicherweise die Sättel. Wer schon einmal seinen Allerwertesten auf einem zu weichen oder zu harten Sattel wund gesessen hat, wird den folgenden Rat nicht mehr als Obskurität abtun: Wer zu Hause ein Fahrrad mit ihm genehmen Sattel besitzt, möge, wenn schon nicht das ganze Rad, zumindest den Sattel mitnehmen und gleich im Vermietergeschäft ummontieren.

Reparaturausstattung

Wer sein Fahrrad mit nach Schottland nimmt, wird einige Ersatzteile wegen abweichender Normen dort nicht oder nur schwer beziehen können. Folgende Werkzeuge und Ersatzteile gehören deshalb ins Gepäck.

Luftpumpe
Flickzeug, Reifenheber, Ersatzschlauch
Maul- oder Ringschlüssel
Schraubendreher
Inbusschlüssel
Ersatzspeichen, Nippel, Nippelspanner
Abzieher für Mehrfachfreilaufkranz bei Kettenschaltungen
Nähmaschinenöl oder Kettenfließfett
Putzlappen
Taschenmesser
Brems- und Schaltzüge
Bremsschuhe mit Bremsgummis
Ersatzschrauben und Muttern für Schutzbleche etc. – wichtig, da in Großbritannien erhältliche Schrauben meist Zoll-Gewinde haben.

Auf der Fähre zwischen John o'Groats und Orkney

Fahrradteile-Vokabular

Im Fall eines Falles werden Sie in keinem normalen Wörterbuch die Übersetzungen für die wichtigsten Fahrradteile finden. Damit Sie sich gegenüber Fahrradhändlern und -werkstätten verständlich machen können, ist hier eine Liste der entsprechenden Vokabeln zusammengestellt.

Rahmenteile	**frame**
Oberrohr	top tube
Unterrohr	down tube
Sattelrohr	seat tube
Steuerkopfrohr	head tube
Gabel	fork
Ausfallende	fork end, fork tip
Hinterrohre	chain stays
Hinterstreben	seat stays

Laufräder	**wheels**
Reifen	tire (tyre)
Schlauch	inner tube
Felge	rim
Speiche	spoke
Nabe (hinten, vorne)	hub (rear, front)
Achse	spindle

Antrieb	
Tretlager	bottom bracket
Tretkurbel	crank
Kurbelkeil	crank wedge
Kettenblatt	chain ring
Pedal	pedal
Kette	chain
Kettenwerfer (vorn)	front changer
Schaltwerk (hinten	rear changer
Schaltzug	gear cable
Schalthebel	shifting lever
Gangschaltung	gear shift
Mehrfachfreilaufzahnkranz	(multiple) freewheel
Kettenritzel	sprocket wheel

Ausstattung

Lenker	handlebar
Glocke	bell
Vorbau	stem
Steuerkopfsatz	head set
Bremsgriffe	brake lever
Bremszug	brake cable
Felgenbremse	caliper brake
Sattelstütze	seat pillar
Sattel	saddle
Schutzblech	mudguard
Schmutzfänger	dirt trap
Fahrradstütze, Ständer	bicycle stand
Gepäckträger	luggage carrier
Packtasche	pannier, luggage bag
Luftpumpe	air pump

Werkzeuge	**tools**
Schraubendreher	screw driver
Schraubenschlüssel	spanner, wrench
Inbusschlüssel	allen key
Zange	tongs, clippers
Hammer	hammer
Freilaufabzieher	freewheel removal tool
Nietendrücker	chain cutter

Unterwegs

Bei Lochailort

Unterwegs

Schottland ist flächendeckend, in 80 Etappen unterteilt, ausführlich behandelt. Der Reigen der Streckenbeschreibungen geht vom schottisch-englischen Grenzland aus nordwärts bis John o'Groats, „where Scotland ends". Die inneren und äußeren Hebriden sind in die Routen einbezogen, Etappen über die Orkneys und Shetlands vervollständigen das Streckennetz.

Die Etappenbeschreibungen nennen die benutzten Straßen (mit Numerierung), schildern die durchradelten Ortschaften und am Weg liegende Sehenswürdigkeiten, verweisen auf interessante Abstecher. Orte und Stätten, die einer ausführlichen Darstellung gewürdigt werden, sind mit Rasterstreifen hervorgehoben. Dort finden Sie auch Details wie Adressen von Touristeninformationsbüros, Jugendherbergen, Campingplätzen, Fahrradläden (Vermietung, Verkauf und Reparatur) und Waschsalons (Selbstbedienung) sowie Verkehrsverbindungen.

Alle Angaben entsprechen dem Stand von 1999. Die Übernachtungskapazitäten der Jugendherbergen werden in der Hauptsaison vereinzelt erhöht.

Den Etappenbeschreibungen sind Kartenskizzen im Maßstab 1:500.000 zugeordnet, die den Streckenverlauf markieren. Die Skizzen enthalten alle befahrenen Straßen, alle klassifizierten Straßen der entsprechenden Region und (ansatzweise gezeichnet) alle Abzweigungen von der befahrenen Straße. Das ermöglicht Ihnen das Radeln nach den Skizzen bei Beachtung der markierten Abzweigungen einerseits und die Umsetzung der Kartenskizzen auf die während der Reise benutzten Landkarten andererseits.

In die Kartenskizzen sind Ortschaften, Jugendherbergen und Campingplätze eingezeichnet. Dabei werden folgende Zeichen und Symbole verwendet:

- ✱ Anfangs- oder Endpunkt einer Etappe
- ◍ im Text beschriebene Ortschaft
- ♜ Castle oder Herrenhaus
- i Tourist Office
- ⌂ Jugendherberge/privates Hostel
- ▲ Campingplatz
- ✈ Flughafen
- ⛴ Fähre

Die Symbole für Tourist Offices etc. sind den jeweiligen Orten – nach Möglichkeit lagerichtig – zugeordnet; bei nahe nebeneinanderliegenden gleichartigen Punkten, z.B. zwei Campingplätzen, ist das betreffende Symbol nur einmal enthalten. Näheres ist dem Text zu entnehmen.

Die genaue Lage von Ortschaften, Übernachtungsstätten usw. kann nur präzisen Landkarten entnommen werden. Zur Umsetzung der Skizzen ist mindestens die Benutzung der Ordnance-Survey-Karte 1:250.000 erforderlich.

Nobody is perfect

Und Reiseführer sind „schnellverderbliche Ware".

Deshalb werden sich auch in diesen Reiseführer Fehler eingeschlichen haben. Bei aller Sorgfalt ist es unvermeidlich, daß dieses Buch dem Anspruch der Unfehlbarkeit nicht gerecht werden kann.

Wir bemühen uns, bei jeder Neuauflage eine komplette Aktualisierung aller Informationen durchzuführen, und sind deshalb dankbar für jeden Hinweis zu Korrekturen, Ergänzungen, für Tips zu der Streckenführung, für jede Art konstruktiver Kritik. Für verwertbare Hinweise revanchieren wir uns mit einem (anderen) Buch aus unserem Programm.

Schreiben Sie uns:

Verlag Wolfgang Kettler
Redaktion „Schottland per Rad"
Bergstr. 28
D-15366 Neuenhagen bei Berlin

Italian Chapel, Lamb Holm, Orkneys

Etappen-Übersicht

Eine Etappen-Übersichtskarte (ausklappbar) befindet sich am Schluß des Buches.

1 Newcastle – Heddon-on-the-Wall – Low Brunton – Bellingham (65 km)
2 Newcastle – Heddon-on-the-Wall – Low Brunton – Greenhead (70 km)
3 Greenhead – Langholm – Eskdalemuir (70 km)
4 Greenhead – Liddel Water – Canonbie – Annan – Clarencefield – Dumfries (98 km)
5 Dumfries – Lockerbie – Eskdalemuir (44 km)
6 Eskdalemuir – Tushielaw Inn – Mountbenger – Traquair – Peebles (60 km)
7 Bellingham – Kielder – Saughtree – Bonchester Bridge – Jedburgh – St. Boswells – Bemersyde – Melrose (88 km)
8 Bellingham – Kielder – Saughtree – Bonchester Bridge – Jedburgh – Kelso (80 km)
9 Kelso – Swinton – Berwick-upon-Tweed – Eyemouth – Cockburnspath – Dunbar (90 km)
10 Dunbar – Tyninghame – North Berwick – Aberlady – Prestonpans – Musselburgh – Edinburgh (60 km)
11 Kelso – Melrose – Abbotsford – Traquair – Peebles – Edinburgh (102 km)
12 Edinburgh – Kirkliston – Linlithgow – Falkirk – Kilsyth – Glasgow (82 km)
13 Edinburgh – Queensferry – Linlithgow – Grangemouth – Airth – Stirling (60 km)
14 Edinburgh – Queensferry – Inverkeithing (22 km)
15 Fife-Halbinsel
Inverkeithing – Dunfermline – Kelty – Glenrothes – Falkland – Ceres – Anstruther – St. Andrews – Dundee (125 km)
16 Inverkeithing – Kelty – Kinross – Glenfarg – Perth (60 km)
17 Inverkeithing – Dunfermline – Rumbling Bridge – Dunning – Perth (75 km)
18 Perth – Blairgowrie – Bridge of Cally – Glen Shee (45 km)
19 Perth – Bankfoot – Dunkeld – Balnaguard – Pitlochry (58 km)
20 Stirling – Doune – Dunblane – Kinbuck – Braco – Comrie – Crieff – Aberfeldy – Weem – Logierait – Pitlochry (120 km)
21 Stirling – Balfron – Drymen – Rowardennan – Fähre Inverbeg – Tarbet (65 km)
22 Pitlochry – Dalwhinnie – Kingussie – Aviemore – Carrbridge (100 km)
23 Dundee – Arbroath – Montrose – Laurencekirk – Stonehaven (73 km)
24 Dundee – Glamis – Forfar – Brechin – Edzell – Stonehaven (87 km)
25 Glen Shee – Braemar – Ballater – Banchory (100 km)
26 Banchory – Maryculter – Aberdeen (30 km)
27 Banchory – Howe of Alford (35 km)
28 Stonehaven – Maryculter – Aberdeen (30 km)
29 Aberdeen – Pitmedden – Methlick – Fyvie – Gordonstown – Bogniebrae – Huntly (83 km)

30 Huntly – Dufftown – Rothes – Elgin (60 km)
31 Howe of Alford – Dufftown – Rothes – Elgin (78 km)
32 Ballater – Tomintoul (39 km)
33 Tomintoul – Nethy Bridge – Boat of Garten – Carrbridge – Ferness – Clephanton – Culloden – Inverness (98 km)
34 Elgin – Pluscarden – Forres – Nairn – Clephanton – Culloden – Inverness (78 km)
35 Dumfries – Kirkton – Penpont – Mennock – Wanlockhead – Abington (70 km)
36 Dumfries – Milton – Castle Douglas (26 km)
37 Castle Douglas – Kirkcudbright – Gatehouse-of-Fleet – Creetown – Newton Stewart – Penninghame Forest -
a) Drumlamford – Barrhill (90 km)
b) Glenluce – Barrhill (110 km)
38 Castle Douglas – New Galloway – Dalry (29 km)
39 Dalry – Carsphairn – Dalmellington – Patna – Tarbolton – Irvine (80 km)
40 Barrhill – Old Dailly – Maybole – Ayr – Irvine (50 km)
41 Irvine – Stewarton – Glasgow (42 km)
42 Abington – Wiston – Lanark – Hamilton – Glasgow (60 km)
43 Insel Arran
Irvine – Ardrossan – Brodick – Lochranza – Claonaig – Kennacraig (90 km)
44 Kintyre-Halbinsel
Kennacraig – Campbeltown – Claonaig – Kennacraig (110 km)
45 Glasgow – Dumbarton – Balloch – Tarbet (61 km)
46 Glasgow – Dumbarton – Helensburgh – Garelochhead – Arrochar – Inveraray (100 km)
47 Inveraray – Lochawe – Taynuilt – Glen Lonan – Oban (65 km)
48 Kennacraig – Lochgilphead – Kilninver – Oban (88 km)
49 Isle of Mull
Oban – Craignure – Glen More – Balnahard – Gruline – Ensay – Tobermory – Salen – Fishnish – Lochaline – Strontian (140 km)
50 Strontian – Lochailort – Arisaig – Mallaig – Armadale – Broadford (110 km)
51 Tarbet – Crianlarich – Tyndrum – Bridge of Orchy (45 km)
52 Comrie – Lochearnhead – Crianlarich – Bridge of Orchy (72 km)
53 Bridge of Orchy – Glencoe – Kinlochleven – North Ballachulish – Corran – Camusnagaul – Fort William (96 km)
54 Oban – Connel – Tynribbie – North Ballachulish – Fort William (82 km)
55 Strontian – Corran – Fort William (40 km)
56 Fort William – Loch Laggan – Drumgask – Newtonmore – Kingussie (75 km)
57 Fort William – Gairlochy – Invergarry – Fort Augustus (54 km)
58 Fort William – Invergarry – Loch Cluanie (72 km)
59 Loch Cluanie – Shielbridge – Dornie – Strathcarron – Torridon – Kinlochewe – Gairloch (170 km)
60 Loch Cluanie – Shielbridge – Kyle of Lochalsh – Kyleakin – Broadford (72 km)
61 Isle of Skye
Broadford – Bracadale – Dunvegan – Portree – Kilmaluag – Uig (155 km)

62 Uist
Lochboisdale – Daliburgh – Creagorry – Nunton – Carinish – Tigharry – Lochmaddy/Newtonferry (100 km)
63 Harris/Lewis
Leverburgh – Manish – Tarbert – Laxay – Achmore – Callanish – Carloway – Barvas – Stornoway (150 km)
64 Fort Augustus – Drumnadrochit – Cannich – Beauly – Muir of Ord – Strathpeffer – Dingwall – Alness (120 km)
65 Fort Augustus – Foyers – Dores – Inverness (51 km)
66 Black Isle
Inverness – North Kessock – Munlochy – Fortrose – Cromarty – Shoretown – Alness (80 km)
67 Alness – Achandunie – Strathrory – Bonar Bridge – Lairg (47 km)
68 Alness – Bonar Bridge – Loch Buidhe – Golspie – Brora – Helmsdale (86 km)
69 Helmsdale – Berriedale – Latheron – Lybster – Camster – Watten – Stanstill – Hastrigrow – Lyth – Canisbay – John o'Groats (80 km)
70 Gairloch – Poolewe – Laide – Braemore Forest – Ullapool (90 km)
71 Strathpeffer – Garve – Braemore Forest – Ullapool (65 km)
72 Ullapool – Drumrunie -
a) Coigach – Lochinver – Unapool – Scourie – Laxford Bridge (105 km)
b) Ledmore – Skiag Bridge – Unapool – Scourie – Laxford Bridge (82 km)
73 Ledmore – Oykel Bridge – Lairg (44 km)
74 Laxford Bridge – Loch Shin – Lairg (60 km)
75 Lairg – Altnaharra – Strathnaver – Bettyhill (74 km)
76 Laxford Bridge – Durness – Tongue – Bettyhill (92 km)
77 Bettyhill – Melvich – Thurso – John o'Groats (87 km)
78 Orkney
Stromness – Waith – Skara Brae – Brough Head – Dounby – Stoneyhill – Maes Howe – Kirkwall – Foubister – Lamb Holm – Burray – St. Margaret's Hope – Burwick (110 km)
79 Shetland
Sumburgh – Lerwick – North Nesting – Voe – Aith – Bridge of Walls – Skeld – Effirth – Veensgarth – Scalloway (160 km)
80 Islay-Rundfahrt
Port Askaig – Bridgend – Gruinart – Loch Gorm – Port Charlotte – Kilchiaran – Portnahaven – Port Charlotte – Bridgend – Bowmore – Port Ellen (100 km)

Etappen- und Landschaftsbeschreibungen

Etappe 1:
Newcastle – Heddon-on-the-Wall – Low Brunton – Bellingham (65 km)

Die erste Etappe dieses Schottland-Reiseführers führt ausschließlich durch England: Anreisende über Hull, Newcastle bzw. per Eisenbahn aus London finden hier günstigen Anschluß an die Strecken durch die Borders-Region. Da diese Strecke dem Verlauf des Hadrians-Wall folgt, gibt es sporadisch immer wieder Rudimente dieser römischen Befestigung zu sehen.

Newcastle-upon-Tyne, 300.000 Einw., ist Hauptstadt der Grafschaft Tyne and Wear und eine touristisch uninteressante Industriestadt. Dennoch kommen hier alljährlich recht viele Besucher an, da Fähren regelmäßig verkehren. Auch die Intercity-Züge der Ostküstenstrecke halten hier; dem Eisenbahnverkehr dient eine doppelstöckige Brücke über den Tyne, die 1849 fertiggestellt wurde und ein Wahrzeichen der Stadt ist.
Sowohl in Newcastle selbst als auch in den östlichen Vororten Wallsend und South Shields existieren Museen bezüglich der römischen Vergangenheit: hier nahm der Hadrians-Wall seinen Anfang. All diese Monumente sind gratis zugänglich (so meist geschl.); das umfangreichste ist auf dem Gelände der Universität Newcastle.

Information: Central Library, Princess Square, Newcastle-upon-Tyne NE99 1DX, ✆ 2610610, 🖷 2610115.
Telefonvorwahl: 0191.
Verkehrsverbindungen: Eisenbahnstrecke nach London und Edinburgh (Ostküste über York); Fähren nach Hamburg, Esbjerg, Bergen, Göteborg, Stavanger und Oslo.
Bed & Breakfast: „Jesmond Park Hotel", 74-76 Queens Road, ✆ 2812821; „Grove Hotel", 134 Brighton Grove, ✆ 2738248; „Dene Hotel", 38-42 Grosvenor Road, ✆ 2811502.
Jugendherberge: 107 Jesmond Road, Newcastle-upon-Tyne NE2 1NJ, ✆ 2812570, 1.2.-30.11., 60 Betten, an einer vielbefahrenen Hauptstraße (A 1058).
Camping: „Racecourse", High Gosforth Park, Newcastle-upon-Tyne NE3 5HP, ✆ 2363258, Mai-Sept., 90 Plätze, ca. £ 7, ca. 6 km nördlich an der A 1.

Folgen Sie im Stadtgebiet von Newcastle der Beschilderung Rchtg. Carlisle (A69), bis Sie am westlichen Stadtrand auf die B6318 abbiegen können, die durch Heddon-on-the-Wall verläuft. Der Name dieses Städtchens deutet schon an, welche Attraktion sich in der Nähe befindet: der Hadrianswall, in dessen unmittelbarer Nähe die B6318 (auch „Military Road" genannt) bis Greenhead führt, dabei allerdings so ziemlich jeden Hügel der Gegend mitnimmt. Für den Bau dieser Straße wurden im 18. Jh. Teile des alten Mauerwerks verwendet. Folgen Sie dem Straßenverlauf immer geradeaus bis Low Brunton (Kreuzung mit der A6079). Etwas südlich dieser Kreuzung befindet sich am Zusammenfluß des River South Tyne und River North Tyne das Städtchen **Hexham**, von einer mächtigen Abteikirche des 12./13. Jh. überragt.

Kartenskizze Etappen 1 & 2

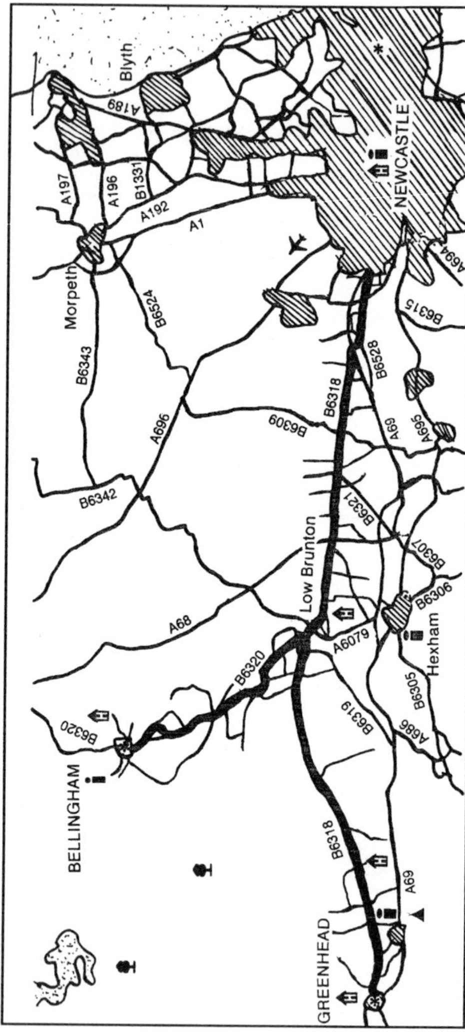

Information: Manor Office, Hallgate, Hexham NE46 IXD, ✆ (01434) 605225.
Verkehrsverbindungen: Eisenbahn nach Newcastle und Carlisle.
Bed & Breakfast: „Dene House", Juniper Road, ✆ (01434) 673413; „Laburnum", 23 Leazes Crescent, ✆ (01434) 601828.
Jugendherberge: Acomb, Main Street, ✆ (01434) 602864, ganzj., 40 Betten.
Camping: „Fallowfield Dene", Acomb, ✆ (01434) 603553, 100 Plätze; „Riverside Leisure", Tyne Green, ✆ (01434) 604705, 30 Plätze.

Fahren Sie über die A6079 hinweg, und biegen Sie am Kreisverkehr nach der Tyne-Brücke, südwestlich derer die Überreste des Römerlagers Cilurnum liegen, auf die B6320 Rchtg. Kielder Reservoir ab, der Sie bis **Bellingham** folgen. Dort finden Sie am Etappenende einen kleinen Ort am Rand eines großen Forstgebietes vor.

Information: Mainstreet, Bellingham, Hexham NE48 2BQ, ✆ (01434) 220616.
Jugendherberge: Woodburn Road, Bellingham NE48 2ED, ✆ (01434) 220313, 34 Betten, 1 km östlich der Stadt.

Etappe 2:
Newcastle – Heddon-on-the-Wall – Low Brunton – Greenhead (70 km)

Der erste Teil der Zubringerstrecke zum schottischen Südwesten, der fast ausschließlich am Hadrianswall entlang führt – weitgehend schnurgerade und mit reichlichem Auf-und-Ab gewürzt.

Bis **Low Brunton** folgen Sie der Etappe 1, biegen dort aber nicht nordwärts Rchtg. Bellingham ab, sondern wählen am Kreisverkehr an der Tyne-Brücke die links weiterführende B6318, die auf diesem Teilstück von Überresten des Römerwalls gesäumt ist. Zuerst passieren Sie die umfangreichen Reste des Lagers Cilurnum, nach weiteren ca. 6 km das noch nicht ausgegrabene Fort Brocolitia, an dessen Südwestecke die Ruinen eines Tempels aus dem dritten Jahrhundert zu sehen sind. Die B6318 kommt außerdem an den Römerforts *Vercovicium* und *Aesica* vorbei; die Anlagen von Vindolanda liegen etwa 2 km südlich des Walls zwischen Vercovicium und dem Ort Bardon Mill. Das Etappenende **Greenhead** liegt unmittelbar am Ende der alten Militärstraße längs des Hadrian-Walls.

Information: Once Brewed, Military Road, Bardon Mill, Hexham NE47 7AN, ✆ (01434) 344360, Feb.-Nov.; Church Hall, Main Street, Haltwhistle, NE49 0BE, ✆ (01434) 322002
Jugendherberge: Once Brewed, Military Road, Bardon Mill, Hexham NE47 7AN, ✆ (01434) 344360, April-Okt., 75 Betten, am Abzweig nach Bardon Mill; Greenhead, Carlisle CA6 7HG, ✆ (01697) 747401, 2.2.-28.11., 40 Betten.
Camping: „Haltwhistle", Burnfoot Park Village, Haltwhistle NE49 0NE, ✆ (01434) 320106, April-Sept., 60 Plätze, £ 10, ca. 1 km östlich von Haltwhistle; „Roam-N-Rest", Raylton House, Greenhead, Carlisle CA6 7HA, ✆ (01697) 747213, 15 Plätze, £ 8.

Etappe 3:
Greenhead – Langholm – Eskdalemuir (70 km)

Das Verbindungsstück zu den Uplands-Etappen Richtung Edinburgh.

Die Etappe beginnt in Greenhead auf der B6318, die bis Gilsland noch Teil der alten Militärstraße am Hadrianswall ist. Etwa 2 km hinter Gilsland befindet sich am dort südwestwärts abzweigenden Wall das Römerfort Camboglanna in landschaftlich besonders attraktiver Lage. Der B6318 folgen Sie über die Ausläufer eines waldreichen Hügelgebiets bis ins Tal des Liddel Water, wo die englisch-schottische Grenze verläuft; auf dieser Strecke sind einige beachtliche Steigungen zu bewältigen. Kreuzen Sie die B6357, und fahren Sie geradeaus weiter (erneut eine 'nette' Steigung), bis die Nebenstraße kurz vor Langholm auf die A7 trifft.

Langholm, 2500 Einw., Region Dumfries and Galloway (Dumfriesshire), ist eine planmäßig angelegte, alte Grenzstadt am Rand eines hügeligen Moor- und Heidelandes. Wirtschaftliche Grundlagen des Stadteinkommens sind die Wollindustrie und die Zucht der Materiallieferanten, d.h. der Schafe. Etwas außerhalb an der weiteren Streckenführung der B709 befindet sich in einem Herrenhaus das Craigcleuch Scottish Explorers Museum, eine obskure Sammlung von Skulpturen aus längst vergangenen Kolonialzeiten.

Information: Kilngreen, Langholm DG 13, ✆ (013873) 80976, April-Okt.
Camping: Ewes Water, Milntown, ✆ (013873) 80386, 23 Standpl., April-Sept.
Fahrräder: T. Morrison, 23 High Street, ✆ (013873) 80476.

Von Langholm aus fahren Sie auf der B709 im Tal des River Eske weiter, vorbei am Craigcleuch Museum (s.o.) hinein in das Gebiet des Forsts von **Eskdalemuir** bis zum gleichnamigen „Ort", der nur aus einer Straßenkreuzung besteht. Unmittelbar dabei befindet sich das Römerfort *Craighaugh*. Südlich von Eskdalemuir liegen im Tal des River Eske noch weitere römische Befestigungen, darunter das Fort von Castle O'er. Falls Sie dort vorbeifahren möchten, so können Sie ca. 6 km vor Eskdalemuir die B709 verlassen und statt dessen auf der Nebenstraße längs des River Eske weiterfahren. Die Fortsetzung dieser Strecke erfolgt auf Etappe 6.

Etappe 4:
Greenhead – Liddel Water – Canonbie – Annan – Clarencefield – Dumfries (98 km)

Zur Südküste der Region Dumfries & Galloway.

Die scheinbar beträchtlichen Umwege, die auf dieser Strecke gefahren werden, haben ihre gute Berechtigung: um am Verkehrsballungsgebiet von Carlisle vorbeizukommen, gibt es keine sinnvollere Möglichkeit, zumal auf diese Art eine landschaftlich erheblich reizvollere Etappenführung gegeben ist. Falls Sie dennoch Varianten vornehmen möchten, vermeiden Sie unbedingt die A74 von Carlisle nach Glasgow: diese vierspurige Hauptstraße ist die Verlängerung der Autobahn M6 und dementsprechend für Radfahrer ein wahrer Hexenkessel.

Bis zur englisch-schottischen Grenze im Tal des Liddel Water folgen Sie der Etappe 3, biegen aber an der darauffolgenden Kreuzung mit der B6357 links ab Rchtg. Annan. Auf dieser Nebenstraße fahren Sie immer geradeaus, kreuzen die A74 und gelangen geradewegs nach **Annan**; unmittelbar vor dem Städtchen wird noch die Umgehungsstraße A75 gequert.

Verkehrsverbindungen: Eisenbahnstrecke Carlisle-Dumfries.
Camping: Galabank Municipal, ✆ (01556) 502521, 30 Standpl., Mai-Aug., 1 km nördl. von Annan an der B722.
Fahrräder: Border Cycles, 1 Bridgend Street, Annan, ✆ (01556) 502794.

Kartenskizze Etappen 3 – 5

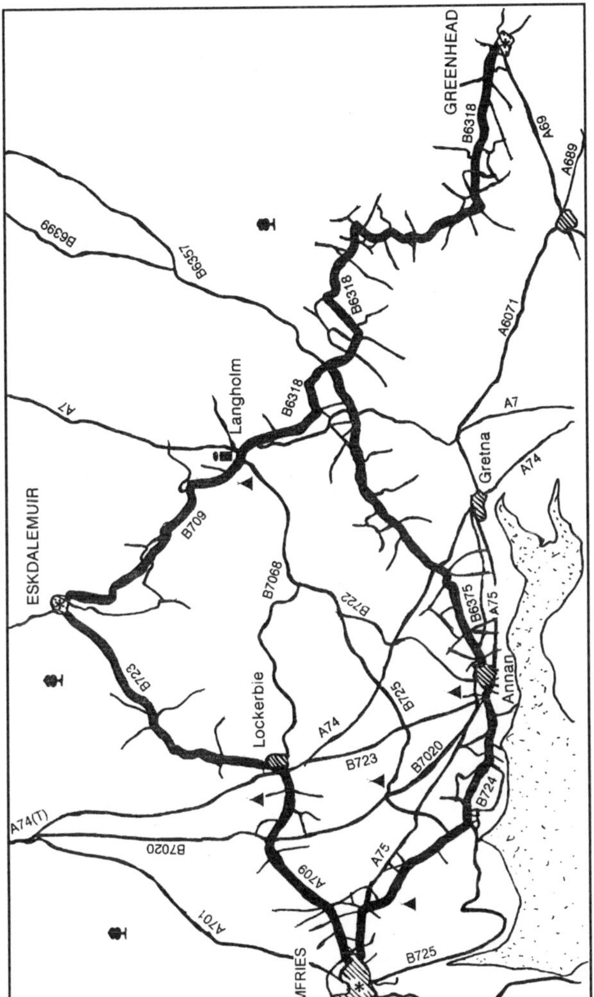

Durch Annan fahren Sie bis zum Stadtrand auf der A75 Rchtg. Dumfries, verlassen diese aber nach Überquerung des River Annan auf die links abzweigende B724 geradewegs vorbei an Ruthwell nach Clarencefield. Falls Sie lieber weiter an der Küste entlang fahren möchten, biegen Sie zwischen diesen beiden Orten auf die B725 Rchtg. Blankend (vorbei u.a. an den dekorativen Sandstein-Ruinen von *Caerlaverock Castle*) ab, andernfalls folgen Sie der B724, die ca. 5 km östlich von Dumfries auf die A75 trifft. Diese benutzen Sie Rchtg. Stadt etwa 2½ km weit und halten sich geradeaus, wenn die A75 als Umgehungsstraße rechts abknickt.

Dumfries, 30.000 Einw., Region Dumfries & Galloway (Dumfriesshire), ist die größte Stadt des schottischen Südwestens, mit vielen aus rotem Sandstein, dem bevorzugten Material dieser Region, errichteten Gebäuden. Das Museum dieser alten Stadt, die Zentrum eines fruchtbaren Landwirtschaftsgebietes ist, befindet sich in einer ehemaligen Windmühle (Oberservatory Terrace, gratis). Das zweite erwähnenswerte Museum ist das *Burns House* in der Burns Street, das Gebäude, in dem der schottische Nationaldichter Robert Burns seine letzten Lebensjahre verbrachte. Dieses (in der Saison tägl. geöffnete) Museum eröffnet den Reigen der Erinnerungsstätten an den Dichter, mit dem die gesamte Region gleichsam gespickt ist. Dumfries selbst verfügt noch über zwei Pubs in der High Street, die sich des regelmäßigen Besuchs des Dichters rühmen. In der gleichen Straße steht das alte Rathaus der Stadt aus dem Jahr 1707.

In der Umgebung: Im Ort *New Abbey*, ca. 10 km südlich von Dumfries an der A710, gibt es weitere Sehenswürdigkeiten, ggf. in Abwandlung von Etappe 34 bei der Fortsetzung der Reise zu besichtigen, nämlich die Ruine von *Sweetheart Abbey* (13./14. Jh.), die wasserangetriebene Kornmühle und das *Shambellie House*, ein viktorianisches Herrenhaus, in dem ein Kostüm-Museum untergebracht ist. Die Sammlung umfaßt etwa 2000 Kleidungsstücke von ca. 1850-1950, April-Okt. tägl. 11-17 h.

Information: Whitesands, Dumfries DG1 2SB, ✆ (01387) 253862, ganzj.
Verkehrsverbindungen: Eisenbahn nach Carlisle und Glasgow.
Unterkunft: Kinharvie House, New Abbey, ✆ (01387) 285433, 31 Betten, ganzj.
Camping: Mouswald, ✆ (01387) 830226, 20 Standpl., Waschm., März-Okt., abseits der A75 ca. 7 km südöstlich von Dumfries.
Fahrräder: Kirkpatrick's, 13 Queen Street, ✆ (01387) 254011; Vermietung auch bei Gierson and Graham, 10 Academy Street, ✆ (01387) 259483, sowie bei Riks Bike Shed, The Stealing, ✆ (01387) 270275.

Etappe 5:
Dumfries – Lockerbie – Eskdalemuir (44 km)

Die Verbindungsstrecke von der schottischen Südküste zu den Etappen Richtung Edinburgh.

Sie beginnt in Dumfries auf der A709 ostwärts Rchtg. Lockerbie und kreuzt bald hinter dem Ortsende die Umgehungsstraße A75; nach ca. 15 km fahren Sie durch den Ort *Lochmaben*, an dessen gleichnamigem See (Südufer) ein restauriertes Schloß des 14. Jh. steht, und weiter nach **Lockerbie**.

Camping: Halleaths, ✆ (01387) 810630, 60 Zeltstandpl., Waschm., März-Okt., ca. 3 km östlich von Lochmaben an der A709; Hoddom Castle ****, ✆ (01576) 300251, 200 Standpl.; Waschm., April-Okt., 7 km südlich von Lockerbie an der B725.

Am Ortsrand von Lockerbie kreuzen Sie die A74 und biegen im Städtchen, an der Polizeistation, links auf die B723 ab, die Sie geradewegs in den Forst von **Eskdalemuir** und zur gleichnamigen Siedlung bringt (s. Etappe 3).

Etappe 6:
Eskdalemuir – Tushielaw Inn – Mountbenger – Traquair – Peebles (60 km)

Eine landschaftlich besonders attraktive Strecke, die allerdings einige wadenstärkende Steigungen aufweist. Im Gegensatz zur Kennzeichnung auf der O.S.-Karte sind die benutzten Straßen teilweise einspurig mit den üblichen Ausweichstellen.

Von Eskdalemuir aus fahren Sie auf der B709 nordwärts, anfangs im Tal des White Esk River, dann durch hügeliges Wald- und Heidegebiet, wobei die Grenze zur Borders Region überschritten wird.

Camping: Angecroft, Ettrick Valley, ✆ (01750) 62251, 8 Zeltstandpl., Waschm., 15.2.-15.1., ca. 5 km südwestlich von Tushielaw Inn an der Straße; Honey Cottage **, Hope House, Ettrick Valley, ✆ (01750) 62246, 30 Zeltstandpl., Waschm., ganzj., ca. 2 km vor Tushielaw Inn.

Ca. 1 km hinter **Tushielaw Inn** (Landgasthaus mit B&B, ✆ (01750) 62205) treffen Sie auf eine Abzweigung, an der Sie sich links halten und weiter auf der B709 Rchtg. Innerleithen fahren. Etwa 6 km weiter, im Tal des Yarrow Water, haben Sie beim Hotel von Mountbenger die Möglichkeit, rechts auf die A708 Rchtg. Selkirk abzubiegen, falls Sie in der Jugendherberge von Broadmeadows übernachten wollen. Außerdem liegt an der gleichen Straße, ca. 4 km vor Selkirk, das Schloß *Bowhill*, dessen Park Mai-Aug. zugänglich ist, das Haus selbst hingegen im Juli. Wie die meisten Schlösser der Borders ist Bowhill noch in Privatbesitz und wird auch von den Touristenströmen des nahen England unterhalten.

Jugendherberge: Old Broadmeadows, Yarrowford, Selkirk, TD7 5LZ, ✆ (01750) 76262, 23 Betten, 20.3.-4.10., älteste Herberge des schottischen JH-Verbandes, sehr schön gelegen oberhalb der A708, ca. 10 km von Mountbenger entfernt.
Fahrradvermietung: On yer bike,4/10 Dunsdale Rd., Selkirk, ✆ (01750) 20168.

Ansonsten führt die Etappe jedoch geradeaus weiter auf der B709 Rchtg. Innerleithen bis zur Abzweigung bei Traquair, wo Sie links auf die B7062 einbiegen.

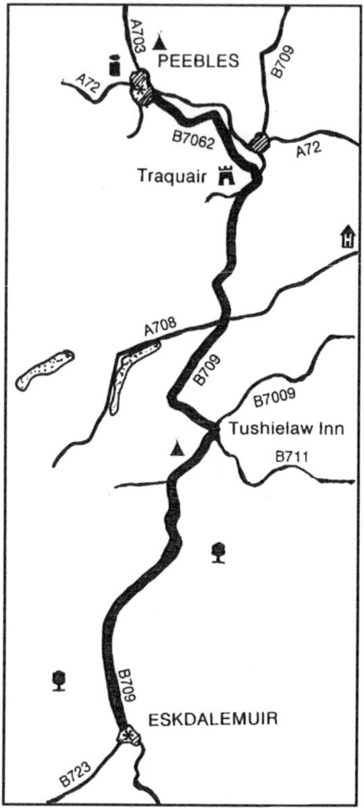

Nach wenigen hundert Metern finden Sie rechts die Einfahrt zum **Traquair House**, dem ältesten noch bewohnten Herrenhaus Schottlands, das von seinen blaublütigen Besitzern zu einer regelrechten Touristenfalle ausgebaut wurde. Außer dem eigentlichen Schloß gibt es die üblichen Parkanlagen, ein Kunsthandwerkszentrum, eine Cafeteria und ein Brauhaus. Letzteres ist seit Jahrhunderten damit beschäftigt, ein würziges Starkbier herzustellen, das nach wie vor im Schloß gebraut, aber in einer nahegelegenen Brauerei auf Flaschen gefüllt wird. Das Haus ist zu besichtigen Ostern; Mai-Sept. tägl., allerdings nur Juli/Aug. auch vormittags. Da außer dem delikaten Getränk auch Haus und Park durchaus sehenswert sind, kann außerhalb der englischen Ferienwochenenden zum Besuch geraten werden. An Wochenenden ist etwa ab 14 h jedoch das Gelände völlig überfüllt.

Falls Sie nach einem Besuch in Traquair House auf der B709/B7007 über die Moorfoot Hills Richtung Edinburgh weiterfahren möchten (eine physisch recht anstrengende Variante), folgen Sie der Beschilderung aus dem Park hinaus und biegen dann links auf die B709 nach Innerleithen ab.

Ansonsten nehmen Sie entgegen der Beschilderung den Weg zur Einfahrt hinaus (ggf. schieben) und fahren rechts auf der B7062 weiter nach Peebles, wo der Anschluß an Etappe 11 gegeben ist.

Peebles, 6700 Einw., Borders Region (Peeblesshire), liegt im Tal des River Tweed und hat einen gewissen Ruf als Ausflugsziel und Urlaubsort. Die ansprechende Lage wird von den Parkanlagen der *Kailzie Gardens* genutzt, die zwischen altem Waldbestand Gewächshäuser, einen Wintergarten und über 400 Fuchsien aufweisen; April-Okt. täglich 11.00-17.30 h, Eintritt. Im Stadtzentrum bietet das *Tweeddale Museum* einen Einblick in die Geschichte der Region. Etwa 2 km von Peebles entfernt liegt an der A72 *Neidpath Castle* aus dem 13.-15. Jh., Eintritt, Mitte April-Sept. tägl. bis 17 h.

Foto rechts: Melrose Abbey

Information: Chambers Institute, High Street, Peebles EH45 8AG, ✆ (01721) 720138, ganzj.
Bed & Breakfast: Mrs. M. Muir, Whitestone House, Innerleithen Road, ✆ (01721) 720337; Mrs. Lane, Lindores, Old Town, ✆ (01721) 720441.
Camping: Crossburn *****, Edinburgh Road, ✆ (01721) 720501, 35 Standpl., Waschm., April-Mitte Okt., 1 km nördl. von Peebles an der A703; Rosetta *****, Rosetta Road, ✆ (01721) 720770, 30 Zeltstandpl., Waschm., April-Okt., 1 km nördlich der Stadt an einer Nebenstraße (Rchtg. Rosetta beschildert).
Fahrräder: George Pennel (CTC-empfohlen, auch Verm.), 3 High Street, ✆ (01721) 720844; nur Vermietung bei Scottish Border Trails, Venlaw High Road, ✆ (01721) 722934, Ostern-Ende Oktober, 3 km von Peebles an der A72 Rchtg. Galashiels.

Etappe 7:
Bellingham – Kielder – Saughtree – Bonchester Bridge – Jedburgh – St. Boswells – Bemersyde – Melrose (88 km)

Durch die schönsten Teile der englisch-schottischen Grenzregion zu den historischen Stätten des Tweed-Tales.

Die Etappe beginnt in Bellingham auf einer der beiden Straßen entlang dem River North Tyne zum *Kielder Reservoir*, dem wichtigsten Stausee des englisch-schottischen Grenzgebiets, in einem vor ca. 70 Jahren rekultivierten Waldgebiet planmäßig angelegt. Die südliche der beiden Strecken ist zu einer breiten Zufahrtstraße für den Wochenendausflugsverkehr nach Kielder ausgebaut worden; zur Umgehung der motorisierten Ausflügler ist deshalb ggf. ein Ausweichen auf die nördliche Parallelstrecke über Falstone anzuraten.

Information: Visitor Center im früheren Jagdschlößchen *Kielder Castle,* Hexham NE48 1ER, März-Okt., ✆ (01434) 250209.
Camping: Kielder Water Caravan Club ****, Leaplish Waterside Park, ✆ (01434) 250312, April-Okt., nur 8 Zeltstandpl., viele Caravans, am Südufer des Reservoirs.
Fahrradvermietung: Kielder Bikes, Castle Hill, ✆ (01434) 250392.

Folgen Sie der Straße am Stausee entlang bis Kielder und weiter über die Nebenstraße bis *Saughtree*, wo Sie rechts auf die B6357 einbiegen. Auf dieser Straße überqueren Sie die bewaldeten Hügel des Wauchope Forest. Nach der Fahrt ins Tal auf der anderen Seite biegen Sie ca. 2 km vor der A6088 links ab auf die Nebenstraße in die Siedlungen von Hobkirk und Bonchester Bridge.

Camping: Riverside Park, Hornshole Bridge, ✆ (01450) 372785, 44 Zeltstandpl., Waschm., März-Okt.

In Bonchester Bridge fahren Sie geradeaus über die A6088 hinweg und folgen der B6357 nach Jedburgh. Ca. 1 km weiter können Sie ggf. über die Nebenstraße Rchtg. Bedrule zur Easter Weens Farm gelangen, die nur wenige Meter abseits der B6357 liegt. Diese Farm ist der einzige Käseproduzent der Borders Region und spezialisiert auf Produkte aus unpasteurisierter Milch.

Kartenskizze Etappen 7 & 8

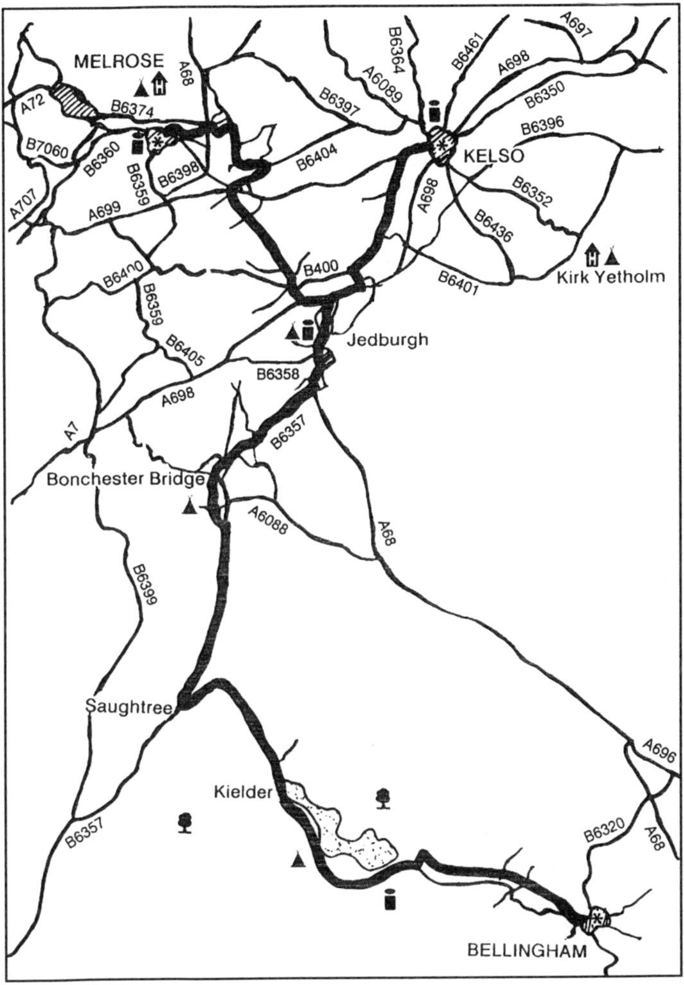

In der Nähe von *Ferniehirst Castle*, früher eine Herberge des schottischen JH-Verbandes und nun Museum (Mai-Okt., nur mittwochs) treffen Sie auf die A68 nach Jedburgh.

Jedburgh, 4000 Einw., Borders Region (Roxburgh), ist eine alte Stadt mit etlichen schön restaurierten Häusern im schottischen Treppengiebel-Stil. Ältestes Gemäuer ist die Abteiruine aus dem 12.-14. Jh. gleich hinter dem Museum, das im alten Gefängnis von 1820 untergebracht ist. Zu einem *Mary Stuart Heritage Centre* wurde anläßlich des 400. Jahrestages der Hinrichtung der berühmtesten schottischen Königin das Haus ausgebaut, in dem diese 1566 gewohnt hat, gelegen zwischen dem Stadtzentrum und der A68. Bei der Weiterfahrt kommen Sie am Nordrand der Stadt an einigen weitläufigen Geschäften mit Produkten der Stadt und Region, besonders Textilien, Glas und Porzellan, vorbei.

Information: Murray's Green, Jedburgh TD8 6BE, ✆ (01835) 863435 & 863688, ganzj.
Bed & Breakfast (CTC-empfohlen): The Friars, ✆ (01835) 864601.
Camping: Jedwater *****, ✆ (01835) 840219, 65 Standpl., Waschm., April-Okt., 7 km südlich von Jedburgh abseits der A68; Lilliardsedge *****, ✆ (01835) 830271, 40 Standpl., Waschm., Ostern-Sept., 8 km nördlich von Jedburgh an der weiteren Streckenführung der A68; Elliot Park ****, Edinburgh Road, ✆ (01835) 863393, 55 Standpl., März-Okt., nordöstlich des Stadtrands abseits der A68.
Fahrräder: Dorricott, 53 High Street, ✆ (01835) 862423, auch Verleih.

Auf der Haupstraße A68 fahren Sie nordwärts aus der Stadt und über einen Hügel hinweg. Im Tal des River Teviot befindet sich an der Kreuzung der A68 mit der B6400 das *Woodland Centre*, eine Ausstellung rund ums Holz, von der Baumpflanzung an bis zur Holzskulptur (Ostern-Okt. tägl. 10.30-17.30 h, Eintritt). Etwas weiter liegt dann an der Straße der Campingplatz von Lilliardsedge Park (s. Jedburgh).

In **St. Boswells**, dem nächsten Städtchen an der Straße, biegen Sie rechts ab auf die B6404 (Beschilderung Dryburgh und Scott's View), folgen der Nebenstraße bis Clintmains und biegen dort links ab auf die B6356. Nach ca. 2 km können Sie links die Zufahrt zu den umfangreichen Überresten der **Dryburgh Abbey** hinunterfahren. Die Klosterruinen liegen in einer Schleife des River Tweed, seit der Zerstörung im 16. Jh. der Verwitterung ausgesetzt, aber dennoch von bemerkenswerten Ausmaßen; man darf einen Blick auf das Grab von Sir Walter Scott werfen (tägl.), der hier begraben liegt...

Der schottische Dichterfürst hat einem weiteren Punkt seinen Namen gegeben, an dem man nach einer Steigung auf der B6356 hinter Bemersyde vorbeikommt: ein Aussichtspunkt mit einem in der Tat außergewöhnlich schönen Blick auf das Tweedtal, der „Scott's View“ genannt wird, weil Sir Walter sich hier so gerne aufhielt. Bei der Weiterfahrt nutzen Sie dann die erste Möglichkeit, nach links abzubiegen, und gelangen auf einer Nebenstraße unter der A68 hindurch. An dieser Stelle gibt es eine für Autos gesperrte Brücke über den Tweed, auf der Sie die Straße nach Melrose erreichen.

Melrose, 2300 Einw., Borders Region (Roxburgh), ist ein hübsch gelegenes, ruhiges Städtchen, das vor allem wegen seiner Abteiruine bekannt ist. Die gepflegte Anlage ist täglich bis 18.30 h zu besichtigen, danach über die niedrige Mauer auch gratis. Nur wenige Meter weiter befinden sich die *Priorwood Gardens*, eine Parkanlage des National Trust, der Besuch (ganzj. mo-sa, Juli-Okt. auch so) ist gratis bzw. mit dem Wunsch nach einer freiwilligen Spende verknüpft. Gegenüber der Abteiruine existiert außerdem noch ein Obstgarten zum Thema Apfel. Ebenfalls in der Nähe ist in einer Garagenhalle ein privates Automuseum untergebracht, das außer über Oldtimer auch über einige Fahrräder verfügt.

Information: Abbey House, Abbey Street, Melrose TD6 9LG, ✆ (01896) 882555, April-Okt.
Unterkunft: (CTC-empfohlen) Abbotsford Hotel, High Street, Melrose, ✆ (01896) 822308.
Jugendherberge: Priorwood, ✆ (01896) 822521, 76 Betten, ganzj., in einem schönen Herrenhaus mit direktem Zugang zum Abteigelände durch den Garten.
Camping: Gibson Park, High Street, ✆ (01896) 822969, 60 Standpl., April-Sept., an der A6091 nahe dem Stadtzentrum.

Etappe 8:
Bellingham – Kielder – Saughtree – Bonchester Bridge – Jedburgh – Kelso (80 km)

Die Alternativstrecke durch die Borders Region mit Anschlußmöglichkeit an die Küstenstrecke.

Bis Jedburgh folgt sie der Etappe 7. Auf dem Hügel nördlich der Stadt fahren Sie jedoch nicht ins Tal des River Teviot hinab, sondern biegen rechts ab auf die A698 Rchtg. Kelso; an der Abzweigung befindet sich ein Kunsthandwerksladen mit Cafeteria. Nach etwa 3 km kommen Sie an die nach links führende B6400. Falls Sie nicht direkt nach Kelso, sondern zur Jugendherberge nach Kirk Yetholm (s.u.) fahren möchten, bleiben Sie hier auf der A698, biegen dann auf die Nebenstraße nach Eckford ab, durchfahren das Dorf bis zur B6401, der Sie rechts bis Town Yetholm folgen; Kirk Yetholm liegt einen Kilometer abseits an einer Nebenstraße.

Ansonsten wählen Sie die links von der A698 abzweigende B6400, die Sie auf der anderen Flußseite in der Siedlung Nisbet auf eine Nebenstraße verlassen, die Sie nach Roxburgh und schließlich zur A699 nach Kelso bringt.

Kelso, 5500 Einw., Borders Region (Roxburgh), ist ein Marktstädtchen mit hübschem Stadtzentrum und einer sehenswerten Abteiruine. Das Kloster des 12. Jh. war zu seiner Zeit das bedeutendste der vier entsprechenden Gründungen im schottischen Grenzland, ist aufgrund starker Zerstörung heute eine der weniger imposanten Anlagen. Es liegt unmittelbar beim Stadtzentrum und ist gratis zugänglich. Mit offenen Händen zur Entgegennahme des Eintrittsgeldes wird hingegen der Besucher in *Floors Castle* empfangen, dem größten bewohnten Herrenhaus Schottlands, ein im 19. Jh. grundlegend umgestalteter Bau des 18. Jh., der über 365 Fenster und einen Park mit altem Baumbestand verfügt. Das Innere des Schlosses verdankt seine Ausstattung der Mitgift einer reichen Amerikanerin, die die Großmutter des jetzigen Dukes of Roxburghe, des Besitzers, war. Zugänglich ist Floors Castle Mai-Sept. jeweils so-do 10.30-17.30 h, Juli/Aug. tägl.; es liegt etwa 2 km von Kelso an der A699.

Information: Town Hall, The Square, Kelso TD5 7HF, ✆ (01573) 223464, April-Okt.
Jugendherberge: Kirk Yetholm, ✆ (01573) 420631, 36 Betten, 20.3.-1.11., über die B6352 nach Town Yetholm und sich anschließende Nebenstraße zu erreichen, etwa 10 km von Kelso; die kleine JH ist das Nordende des 400 km langen Fernwanderweges *Pennine Way* und dementsprechend in der Urlaubszeit von Einzelwanderern recht stark frequentiert.
Camping: Kirkfield, Town Yetholm, ✆ (01573) 420346, 22 Standpl., April-Okt., zwischen Town und Kirk Yetholm, 10 km südlich von Kelso (s. JH); Springwood Caravan Park, Kelso, ✆ (01573) 224596, 6 Zeltstandplätze.
Fahrräder: Porteous, 24 Horsemarket, Kelso, ✆ (01573) 223692.

Etappe 9:
Kelso – Swinton – Berwick-upon-Tweed – Eyemouth – Cockburnspath – Dunbar (90 km)

Der erste Teil einer Verbindung, die entlang der Küste bis Edinburgh führt und dabei in Ermangelung sinnvoller Alternativen fast ausschließlich Hauptstraßen benutzt.

Für das erste Teilstück bis Berwick-upon-Tweed gibt es aber noch eine Ausweichmöglichkeit: die B6461, die von Kelso über Eccles, Leitholm, Swinton (dort kurzzeitig A6112) und Fishwick geradewegs nach Berwick-upon-Tweed führt; etwas vor Berwick ist diese Strecke kurzfristig identisch mit der neuen Umgehungsstraße der A1.

Camping: Greenlaw *****. ✆ (01361) 810341, 3 Standpl., März-Nov., 8 km nordwestl. von Eccles.

Falls Sie von der JH oder dem Campingplatz in Kirk Yetholm starten, fahren Sie auf der Nebenstraße am Fuß der Bergkette entlang nordostwärts bis Kilham, dort links auf die B6352 bis zur A697, erneut links, nach einem Kilometer rechts auf die B6363/B6354 über Duddo und West Allerdean nach Berwick-upon-Tweed.

Kartenskizze Etappe 9

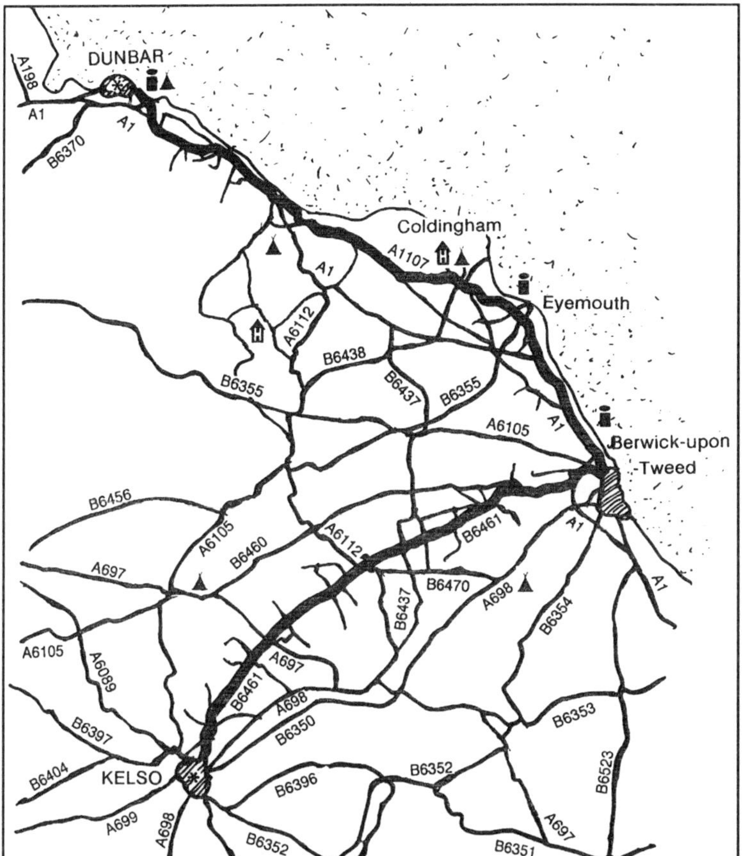

Berwick-upon-Tweed, 15.000 Einw., County Northumberland, ist die nördlichste Stadt Englands: kurz hinter Paxton haben Sie die Grenze nämlich wieder überschritten. Dieser Grenzlage verdankt Berwick, daß hier im 16. Jh. umfangreiche Festungsanlagen mit fünf Bastionen errichtet wurden, die bis heute weitgehend erhalten sind. Außerdem existiert noch ein älterer Mauergürtel (13. Jh.), auf dem man mehrere Kilometer lang um das Stadtzentrum herumspazieren kann. Zwei alte Brücken über den Tweed dienen als Augenfang: die Berwick Bridge aus dem 17. Jh. mit ihren 15 Bögen und die Eisenbahnbrücke von 1847. Das Museum in den alten Kasernenanlagen ist hingegen keine lobende Erwähnung wert: es ist ein Regimentsmuseum mit den ach so beliebten Uniformen, Fahnen, Waffen usw.

Information: Castlegate Car Park, Berwick TD15 1JS, ✆ (01289) 330733.
Verkehrsverbindungen: Eisenbahnhauptstrecke Newcastle-Edinburgh.
Camping: Ord House Caravan Park, Berwick, ✆ (01289) 305288, 8 Zeltplätze, Waschm.
Fahrräder: Wilson Cycles, 17 A Bridge Street, ✆ (01289) 331476.

Von Berwick-upon-Tweed aus folgt die Etappe der Standard-Küstenstrecke: anfangs die viel befahrene A1, ab Burnmouth dann die A1107 nach *Eyemouth* und **Coldingham**; dort befindet sich auf dem nördlich vorgelagerten St. Abb's Head ein Naturschutzpark des National Trust vor allem für Seevögel. Südwestlich von Eyemouth kann zudem *Ayton Castle* besichtigt werden (Mitte Mai-Mitte Sept., so 14-17 h).

Information: Auld Kirk, Market Place, Eyemouth TD14 5HE, ✆ (01890) 750678, April-Okt.
Jugendherberge: Coldingham, ✆ (01890) 771298, 50 Betten, 20.3.-1.11.
Camping: Scoutscroft ****, Coldingham, ✆ (01890) 771338, 60 Zeltstandpl., Waschm., März-Nov., im Dorf; High View, Coldingham, ✆ (01890) 71221, 50 Standpl., März-Okt., einfacher Platz 5 km nördl. an der A1107.

Ca. 4 km hinter Coldingham schwenkt die A1107 an einer T-Mündung rechts und nähert sich allmählich der Küste. Kurz nachdem die Straße einen Linksbogen (von der Küste wieder weg) vollzieht, zweigt rechts ein Nebensträßchen ab, das als Abkürzung zur A1 dient, auf der Sie dann geradewegs bis Dunbar gelangen.

Dunbar, 5000 Einw., Lothian Region (East Lothian), ist ein altertümliches Städtchen und wie alle Orte an dieser Küstenstraße u.a. ein Urlaubsort für Wassersportler, Naturfreunde und Golfer – die Küste ist von gelochten Grünanlagen gesäumt. Reste der mittelalterlichen Burganlage stehen auf einem Felsen am Hafen. Naturliebhaber finden ihr Eldorado im John Muir Country Park, einem Naturschutzgebiet nordwestlich von Dunbar, so benannt nach einem Sohn der Stadt, der für die Gründung der Nationalparks in den USA verantwortlich zeichnete. Sein Geburtshaus in der High Street Nr. 126 ist zu einem Museum ausgebaut worden (Mai-Sept. täglich außer mi/so). Ebenfalls in der High Street befinden sich das Lauderdale House, ein altes Herrenhaus, und das in einem Gebäude des 18. Jh. untergebrachte Touristenbüro.

Information: Town House, 143 High Street, Dunbar EH42, ✆ (01368) 863353, ganzj.
Verkehrsverbindungen: Eisenbahnstrecke Newcastle-Edinburgh.
Camping: In der Umgebung von Dunbar gibt es reichlich Campingplätze; Buchung teils über die Touristeninfo, u.a. Barns Ness, 10 km nördlich am Leuchtturm, 80 Standplätze, ✆ (01368) 863536.

Das südschottische Bergland: die Uplands

Zumindest seitens ausländischer Besucher ist der Süden Schottlands eindeutig der am meisten vernachlässigte Teil: die mit Eisenbahn oder Flugzeug eintreffenden Touristen reisen meist bis Glasgow oder Edinburgh und starten (und beenden) dort ihre Schottland-Rundreise. Als Alternative, vor allem für Autofahrer, dient allenfalls eine Ostküstenstrecke über Newcastle und Berwick oder Melrose nach Edinburgh. Der Süden wird dabei weitgehend mit Nichtachtung bedacht, eine geradezu sträfliche Haltung. Das gilt vor allem aus der Sichtweise des Radtouristen, denn die Uplands sind eindeutig der nebenstraßenintensivste, also fahrradfreundlichste Teil des Landes. Die fließenden Übergänge von den saftigen Weiden und Hügeln Englands zur kargeren Schönheit Schottlands sind in den Bergen der Borders und von Dumfries & Galloway besonders eindrucksvoll; ein paar Kilometer Entfernung, ein paar hundert Meter Höhenunterschied machen Sie zum Wanderer zwischen Welten.

Bei aller Naturnähe ist Südschottland außerordentlich reich an Zeugen der Geschichte, denn nicht nur die Römer haben mit ihren Grenzbefestigungen das Grenzland garniert, sondern auch der naturgemäß sehr intensive Handels- und Kulturaustausch zwischen England und Schottland hat eine Fülle von Abteien, Burgen, Kathedralen, Herrenhäusern und Parks beigesteuert, wie sie so dicht gedrängt im restlichen Schottland kaum noch einmal anzutreffen sind. Vor allem im Tweedtal ist auf diese Art ein „Ballungsgebiet“ touristischer Sehenswürdigkeiten entstanden.

Konsequenterweise wird hiermit ausdrücklich empfohlen, die Schottland-Fahrradreise an der Linie Carlisle – Hexham – Newcastle zu beginnen, wobei die Städte an den Rändern dieser Linie für Anreisende per Bahn unkompliziert zu erreichen sind. Die Ostküstenstrecke, die die schönsten Teile der Borders links liegen läßt, wird ebenso ausdrücklich ignoriert; das gleiche gilt für die Hauptstraßenachsen Richtung Norden. Statt dessen liegt der Schwerpunkt radtouristischen Interesses auf den Hügeln und in den Tälern der Cheviot Hills im englisch-schottischen Grenzgebiet, der Tweedsmuir Hills im Zentrum Südschottlands, des umfangreichen Waldgebietes von Galloway und Carrick, in etwa begrenzt von der Diagonale Ayr – Lanark – Edinburgh. Mit der Grobrichtung im Süden wird gleichzeitig der Grundstein für den weiteren Weg nach Norden gelegt, der über Edinburgh, Glasgow oder – ganz besonders empfehlenswert – über die Insel Arran führen kann; letzteres ist eine Umgehung des zentralen Ballungsgebietes, die sich für jeden anbietet, dessen Interessenschwerpunkt an der schottischen Westküste liegt.

Etappe 10:
Dunbar – Tyninghame – North Berwick – Aberlady – Prestonpans – Musselburgh – Edinburgh (60 km)

Entlang der Küste zum Firth of Forth bis zur schottischen Hauptstadt Edinburgh. Fast jeder der zahlreichen Urlauberorte an der Strecke verfügt über einen oder mehrere Campingplätze, die deshalb im einzelnen hier nicht aufgeführt werden.

Die Etappe beginnt in Dunbar auf der einzigen Richtung Westen führenden Straße, der A1, nutzt aber die erste nach rechts abzweigende Straße, die A198 Rchtg. North Berwick. Diese Straße durchläuft als erstes das Dorf *Tyninghame*; östlich davon kann Juni-Sept. die gleichnamige Parkanlage besucht werden. An der Straße von Tyninghame nach East Linton befindet sich die **Preston Mill**, die älteste wasserbetriebene Mühle Schottlands, nun restauriert und in Obhut des National Trust (April-Sept. tägl.).

Das nächste Dorf an der A198 ist *Whitekirk*, im 15. Jh. ein vielbesuchter Wallfahrtsort; vom Andrang der Gläubigen zeigt noch heute die imposante Kirche. Bei Auldhame erreicht die Straße die Küste und gleichzeitig die Ruinen des mittelalterlichen *Tantallon Castle*. Die vorgelagerte Vogelschutzinsel *Bass Rock* ist in der Saison durch Boote von *North Berwick* (ganzj. Touristeninfo in der Quality Street, ✆ 01620/892197) aus zu erreichen, dem nahegelegenen Ferienstädtchen. Die Region ist aufgrund des starken Urlauberverkehrs außerordentlich reich nicht nur an alten Gemäuern, sondern auch an teils recht einfallsreichen Museen. Südlich von North Berwick, zu erreichen über die B1347, befindet sich an der B1377 in East Fortune das Flugzeugmuseum, eine Außenstelle des Edinburgher Royal Scottish Museum, mit einer Ausstellung von ca. 30 Flugzeugen, gratis zugänglich im Juli/August täglich 10-16 h.

Bei der Weiterfahrt auf der A198 können Sie zwischen Gullane und Aberlady zum süd-östlich gelegenen Myreton Motor Museum gelangen, einer der zahlreichen britischen Oldtimer-Sammlungen (ganzj.). Fahren Sie am Ortseingang von Longniddry nicht auf der A198 weiter, sondern bleiben Sie auf der Küstenstraße (B1348 – nicht auf der O.S.-Karte mit Nummer markiert), die Sie durch fast lückenloses Bebauungsgebiet von Cockenzie and Port Seton nach **Prestonpans** führt. Wenn Sie geradeaus durch dieses Städtchen hindurchfahren, kommen Sie zu einem ungewöhnlichen Museum, das den Ursprung der Stadtentwicklung betrifft: Prestonpans ist eine frühindustrielle Stadtgründung, die sich auf Kohle- und Salzförderung stützte. Als Zentrum des Museums ist ein Förderturm (bzw. ein Steingebäude mit Fördereinrichtungen) restauriert worden, zugänglich ganzj. tägl. und gratis.

Beim Fischerort *Musselburgh* trifft die B1348 auf die A1.

Information: Craig Hall, Musselburgh, ✆ (0131) 6536172, ganzj.
Camping: Drum Mohr *****, Levenhall, Musselburgh, ✆ (0131) 6656867, 120 Standpl., Waschm., März-Okt., 2½ km östlich von Musselburgh.

Von dort an folgen Sie der Beschilderung ins Stadtzentrum von Edinburgh.

Edinburgh, 410.000 Einw., Lothian Region (Midlothian), ist seit 1437 schottische Hauptstadt und trotz der traditionellen Vernachlässigung Schottlands durch die britische Zentralregierung in jeder Hinsicht eine der bemerkenswertesten Städte Europas: elegant, prachtvoll, kulturbeflissen, wirtschaftlich bedeutend und städtebaulich schlicht und einfach schön. Da Schottland nach der Union der Parlamente seine rechtliche, kirchliche und kulturelle Unabhängigkeit behielt, hat Edinburgh die Bedeutung als Verwaltungszentrum nie ganz verloren. Lange vor und anders als in Glasgow hat Edinburgh sich zu einer blühenden Großstadt entwickelt, nämlich vor allem im 18. Jh., als hier Wissenschaft und Handel Triumpfe feierten. Als Folge dieser Blütezeit wurde ab 1767 planmäßig die „Neustadt" erbaut, noch heute stadtplanerisch bemerkenswert.
Die Altstadt Edinburghs gruppiert sich um den Schloßberg, einen der sieben vulkanischen Hügel der Stadt. Die Burg markiert nicht nur den Schauplatz des berühmten militärisch-folkloristischen Spektakels „Tattoo", sondern auch das obere Ende der *Royal Mile*, eines aus vier aufeinanderfolgenden Straßen zusammengesetzten Touristen-Pflichtpunktes, der von Sehenswürdigkeiten aller Art gesäumt ist und am Palace of Holyroodhouse, der königlichen Residenz der Stadt, endet. Viele der engen Gassen und Hinterhöfe sind in den letzten Jahren restauriert worden, so daß ein Bummel entlang der Royal Mile in jedem Fall auch demjenigen etwas bietet, der nicht eines der Museen in den alten Gebäuden besuchen will. Unter den historischen Gebäuden der Stadt ist das meistbesuchte zugleich das uninteressanteste: die Burg, die architektonisch nichtssagend und zudem mit militärischen Exponaten gefüllt ist. Von den Häusern der Royal Mile sind das John Knox House, Gladstone's Land, das Museum of Childhood, „The People's Story" und das Wax Museum deutlich ungewöhnlicher und somit interessanter.
Eigentliche Hauptstraße Edinburghs ist hingegen nicht die Altstadtachse, sondern die am nördlichen Fuß des Burgberges verlaufende Princes Street. Beim Bau der Neustadt ist diese Straße auf der Burgseite ohne Bebauung belassen worden und gewährt somit einen freien Ausblick nicht nur auf die Burg und die sich anschließenden Gebäude, sondern auch auf zwei weitere imposante Hügel, den Arthur's Seat oberhalb des Holyrood Palace und den Calton Hill am östlichen Ende der Bummelstraße. Letzterer ist eigentlich eher unscheinbar, trägt aber eine obskure Sammlung von pseudo-historischen Gebäuden wie eine Tempelnachbildung, zwei Denkmäler (darunter eines für Nelson) und das alte Observatorium. Wer den Weg hinauf unternehmen möchte, sollte sich davon nicht zuviel versprechen, wohl aber von dem Blick auf die Stadt, der sich von hier aus bietet und im Gegensatz zur Aussicht vom Scott's Monument, einem klassizistischen Monumentalbau an der Princes Street, gratis genossen werden darf.
Princes Street mit den sich zum Burgberg hin erstreckenden Parkanlagen ist die südliche Begrenzung der Neustadt, die im 18. Jh. erbaut wurde, ein Stadtviertel aus einem Guß, weitgehend geometrisch angeordnet und dennoch nicht monoton, da immer wieder von kleinen und größeren Plätzen und halb-

mondförmigen Straßen aufgelockert. Ein Musterbeispiel dieser Architektur ist das sogenannte „Georgian House“ am Charlotte Square No. 7, dessen Erdgeschoß vom National Trust originalgetreu möbliert und für Besucher geöffnet wurde (April-Okt. täglich bis 17 h). Es ist quasi ein Pendant der Neustadt zum typischen Altstadthaus Gladstone's Land an der Royal Mile. Zentrum der Neustadt ist die George Street, benannt nach dem damaligen Monarchen, der aber von der Princes Street der Rang abgelaufen wurde. Vor allem abends sehenswert ist außerdem die Rose Street, eine schmale Gasse zwischen Princes und George Street, die teilweise Fußgängerzone ist: hier gibt es mit Abstand die meisten originellen Pubs der Stadt.

In der Umgebung: Am südöstl. Stadtrand, ggf. schon bei der Anfahrt ab Abstecher zu besuchen, verdient *Craigmillar Castle* (14.-16. Jh.) einen Besuch. Unter den Ausflugszielen ragt zudem eines positiv heraus; Kombination mit den weiterführenden Etappen ist ggf. möglich: *Lauriston Castle*. Das ist ein Ende des 16. Jh. erbautes Herrenhaus im Nordwesten der Stadt, direkt oberhalb des Firth of Forth in einem Park gelegen und interessant möbliert. Es ist zu erreichen über die A90 (Queensferry Road) und dann über die Cramond Road (beschildert) und geöffnet April-Okt. täglich außer freitag 11-17 h.

Information: Informationszentrum, Waverley Market, Princes Street, Edinburgh EH2 2, ✆ 4733800, in der Hauptsaison auch sonntags; Filiale außerdem im Flughafen ✆ 3332167.

Telefon-Vorwahl: 0131.

Verkehrsverbindungen: Eisenbahn nach London (zwei Strecken), Glasgow, Aberdeen und Inverness; Flughafen Ingliston westlich der Stadt an der A8, Flugverkehr zu allen britischen Flughäfen und mit Zwischenlandung teils auch ins Ausland (z.B. nach Düsseldorf, Hannover, Frankfurt).

Unterkunft: Edinburgh Backpackers, 65 Cockburn Street, ✆ 2201717, 110 Betten; Castle Rock Hostel, 15 Johnston Terrace, ✆ 2259666, 150 Betten; High Street Hostel, 8 Blackfriars Street, ✆ 5573984, 140 Betten, ganzj.; Belford Youth Hostel, Belford Church, 6 Douglas Gardens, ✆ 2210022, 90 Betten, ganzj.; Christian Alliance, Frances Kinnaird Hostel, 14 Coates Crescent, ✆ 2253608, 40 Betten, ganzj.; Cowgate Tourist Hostel, 112 The Cowgate, ✆ 2262153, 80 Betten, Juli-Sept.; Queen Margaret College, 36 Clerwood Terrace, ✆ 3173310, 425 Betten, Juni-Sept.; Edinburgh Napier University, Colinton Road, ✆ 4454621, 130 Betten, Juni-Sept. Weitere Hostels und Universitätsunterkünfte bei der Touristinformation erfragen.

Jugendherberge: 18 Eglinton Crescent, ✆ 3371120, 158 Betten, ganzj., Mahlzeiten (Cafeteria), am westl. Rand der Neustadt ca. 400 m vom Bahnhof Haymarket (Züge aus Glasgow und Perth halten hier teilweise), trotz der Größe ein recht anheimelndes Haus; 7 Bruntsfield Crescent, ✆ 4472994, 158 Betten, ganzj., südlich des Burgbergs. Die JHs in Edinburgh sind im Sommer stark ausgelastet; ohne Vorbuchung ist Eintreffen vor Öffnen der Anmeldung unbedingt erforderlich!

Camping: Edinburgh Caravan Club ****, Marine Drive, ✆ 3126874, 200 Standpl., am Meer, ganzj.; Mortonhall Park ****, Frogston Road East, ✆ 6641533, 268 Standpl., Waschm., März-Okt., an der südlichen Umgehungsstraße (A720), von Etappe 11 aus direkte Zufahrt möglich.

Fahrräder: Verkauf in Dutzenden von Geschäften, CTC-empfohlen bei: City Cycles, 30 Rodney Street (auch Vermietung), ✆ 5572801; Edinburgh Cycle Hire, Blackfriars Street, ✆ (0131) 5565560; Bicycle Co-op, 8 Alvanley Terrace, Whitehouse Loan, ✆ 2281368; Sandy Gilchrist Cycles, 1 Cadzow Place, Abbeyhill, ✆ 6521760 (auch Ver-

mietung); Bicycle Works, 29 Argyle Place, ✆ 2288820; Bike Trax, 13 Lochrin Place, ✆ 2286633. *Vermietung* außerdem bei: Central Cycle Hire, 14 Lochrin Place, ✆ 2886333; Great Bikes, 25 Iona Street, ✆ 4677775.
Waschsalon: ein halbes Dutzend Launderettes, aktuelle Liste bei der Touristeninformation.

Kartenskizze Etappen 10 & 11

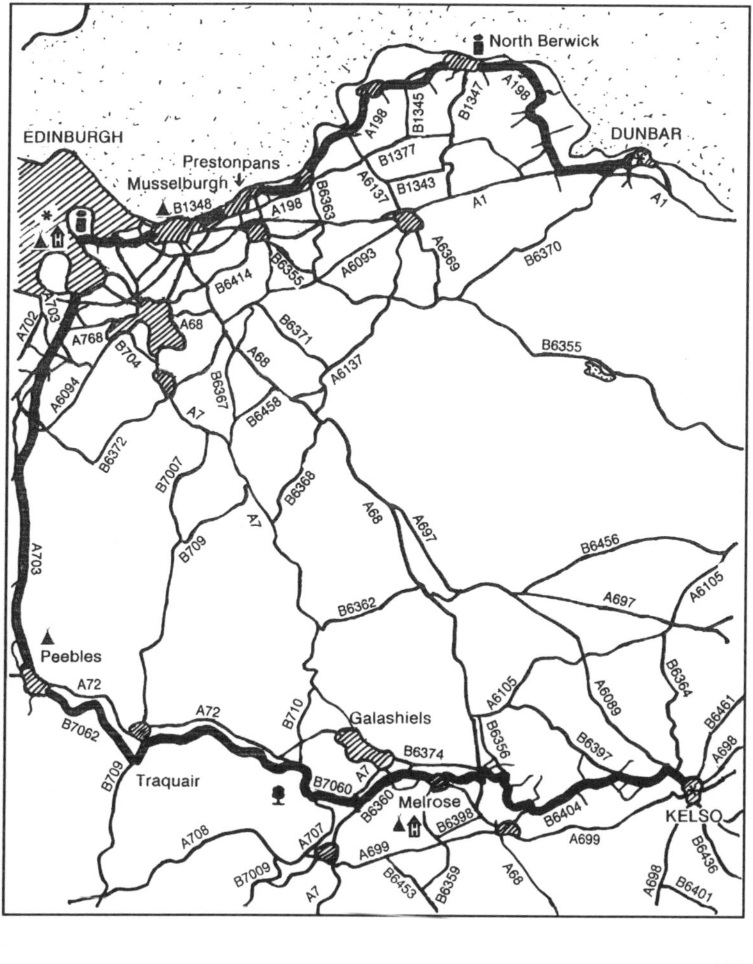

Etappe 11:
Kelso – Melrose – Abbotsford – Traquair – Peebles – Edinburgh (102 km)

Eine Strecke, die in der ersten Hälfte sehr viele Sehenswürdigkeiten aufweist.

In Kelso beginnt sie auf der A6089 Rchtg. Lauder; ca. 2 km nördlich der Stadt biegen Sie links auf die B6397 Rchtg. Smailholm ab, die Sie nach weiteren 4 km erneut links auf die B6404 Rchtg. St. Boswells verlassen. Hier ist ggf. ein Abstecher zum *Smailholm Tower* möglich, einem Wohnturm aus dem 16. Jh., der heute ein Ausstellung von Teppichen und historischen Puppen enthält (im Sommer zu besichtigen).

Im Örtchen Clintmains geht von der B6404 rechts die B6356 Rchtg. Earlston ab, der Sie vorbei an Dryburgh Abbey und Scott's View (s. Etappe 7) folgen. Entsprechend der Beschreibung in Etappe 7 gelangen Sie nach **Melrose** (s. dort).

Für die Weiterfahrt wählen Sie die A6091 Rchtg. Galashiels, die gleichzeitig als Zufahrt zu Walter Scotts Dichtersitz **Abbotsford House** dient, der nur wenige Meter abseits an der B6360 liegt. Für den Bau dieser Residenz hat sich der schottische Nationaldichter zeit seines Lebens die Finger wund geschrieben, um das nötige Kleingeld für die ungewöhnliche stilistische Mixtur des Hauses zu verdienen. Herausgekommen ist dabei ein Musterbeispiel des *Baronialstils* mit Zinnen, Türmchen und einer kostspieligen Innenausstattung, kein „schönes" Haus im ästhetischen Sinne, aber absolut sehenswert in seiner Eigenart. Die Nachfahren Scotts, denen Abbotsford heute gehört, haben einen Großteil zum Dichtermuseum umgestaltet (Mitte März-Okt. tägl. 10-17 h, so ab 14 h, Eintritt). Außerhalb des Geländes gibt es einen Tea Room mit Andenkenladen.

Fahren Sie auf der B6360 weiter Rchtg. Selkirk zur A7, der Sie rechts über den Fluß folgen, dann aber gleich wieder links auf die B7060 abbiegen; diese Straße bringt Sie zur A72 Rchtg. Innerleithen. Nach etwa 3 km können Sie links auf eine Nebenstraße ausweichen, die auf der Südseite des River Tweed verläuft. Am Ende dieser Straße biegen Sie nicht rechts Rchtg. Innerleithen ein, sondern nach links auf die B709 und kommen nach etwa 1 km zur rechts abzweigenden B7062. Entsprechend Etappe 6 folgen Sie dieser Straße vorbei an Traquair House bis **Peebles** (s. dort).

Von Peebles aus benutzen Sie für den Rest der Etappe (ca. 37 km) die A703 über Penicuik bis **Edinburgh** (s. Etappe 10), eine Strecke, die zwar nicht sonderlich interessant ist, aber den Vorteil recht geringer Steigungen hat.

Etappe 12:
Edinburgh – Kirkliston – Linlithgow – Falkirk – Kilsyth – Glasgow (82 km)

Um es gleich vorweg zu sagen: eigentlich eine Strecke, die man besser nicht als Fahrradtourist befahren sollte. Die Region zwischen Edinburgh und Glasgow ist eine reines Industriegebiet mit sehr viel Verkehr; nur wer aus irgendwelchen Gründen unbedingt diese Großstadtverbindung wahrnehmen möchte, findet auf dieser Etappe dazu eine Möglichkeit. Außerdem kann bis Linlithgow als Variante ggf. Etappe 13 gefahren werden.

Die Etappe beginnt in Edinburgh auf der A90 Rchtg. Queensferry Bridge. Etwa 1 km nach dem Beginn des „Dual Carriageway" der A90 verlassen Sie die Hauptstraße nach links und gelangen über eine Nebenstraße nach Kirkliston. Dort durchqueren Sie geradeaus das Stadtzentrum und fahren auf der B9080 geradewegs nach Linlithgow.

Linlithgow, 6000 Einw., Lothian Region (West Lothian), ist ein kleines Städtchen mit recht bewegter Geschichte. Wie fast alle Städte dieser Gegend war auch Linlithgow Standort eines befestigten Königspalastes, dessen mächtige Ruinen im Stadtzentrum heute noch zu besichtigen sind (im Sommer jeweils bis 18.30 h). Schottlands berühmteste Königin, Maria Stuart, ist hier geboren; Genealogen haben es über sieben Ecken geschafft, die heutige Königin Elizabeth II. zu Marias Nachkommen zu zählen. Eine entsprechende Erbfolgedarstellung ist in den Mauern am Zufahrtsweg zum Palast zu bestaunen. Unmittelbar bei den Schloßruinen steht das zweite historische Gemäuer der Stadt, St. Michael's Church, eine im 16. Jh. wieder aufgebaute Kirche des 13. Jh. Wer den Weg nach Linlithgow mit der Besichtigung von sehenswerten Herrenhäusern kombinieren möchte, sollte dazu Etappe 13 befahren – die entsprechenden Bauten befinden sich allesamt östlich der Stadt an der Streckenführung.
Als Abstecher läßt sich ein Besuch in *Bo'ness* (eigentlich Borrowstouness) durchführen, etwa 3 km nördlich von Linlithgow gelegen. In der Nähe dieses Industriestädtchens verläuft der Antoninische Wall, die nördlichste römische Befestigung in Schottland. Reste des Walls sind im Park von Kinneil House ausgegraben worden, das Haus selbst enthält das örtliche Museum. An Wochenendnachmittagen kann man mit Dampflokomotiven von Bo'ness Ausflüge machen; Information unter ✆ (01506) 828766.

Information: Burgh Halls, High Street, Linlithgow EH49 7AH, ✆ (01506) 844600.
Verkehrsverbindungen: Eisenbahn nach Edinburgh, Glasgow, Stirling und Perth.
Bed & Breakfast: Edinburgh Rd, ✆ (01506) 844216.
Camping: Beecraigs, ✆ (01506) 844516, 39 Standpl., Waschm., ganzj., im Beecraigs Country Park an der B792, südlich von Linlithgow.

Kartenskizze Etappen 12 – 14

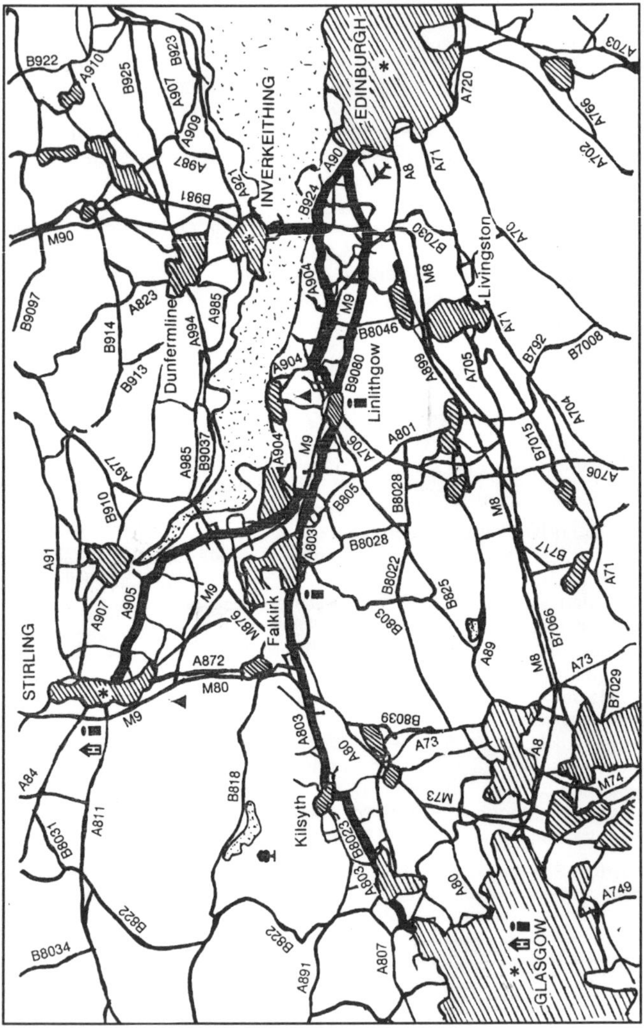

Bei der Weiterfahrt aus Linlithgow auf der A803 überqueren Sie gleich hinter dem Stadtrand die Grenze zur Central Region und erreichen **Falkirk**, eine umfangreiche Industriestadt, die das Schicksal der meisten anderen Städte der Gegend teilt: hier haben einige Schlachten um die Vorherrschaft in Schottland stattgefunden. Die Stadt hat ein Zentrum aus engen und steilen Einbahnstraßen; einige idyllische Stellen gibt es am südlich verlaufenden Union Canal.

Information: The Steeple, 2/4 Glebe Street, Falkirk FK1 1EY, ✆ (01324) 620244, ganzj.
Fahrräder: Smith, Broadway Buildings, ✆ (01324) 621227.

Bleiben Sie auf der A803, die westlich von Falkirk streckenweise neben dem Forth and Clyde Canal herführt, bis Kilsyth. Dort biegen Sie südwärts (links) auf die B802 Rchtg. Cumbernauld, einer modernen Satellitenstadt, ab, verlassen sie aber unmittelbar vor dem Kanal nach rechts auf die B8023, die bei Kirkintilloch wieder auf die A803 trifft. Kurz darauf beginnt bereits der Raum Glasgow; das Stadtzentrum erreichen Sie ebenfalls auf der A803.

Glasgow, 800.000 Einw., Strathclyde Region (Lanarkshire), ist nicht nur mit Abstand die größe Stadt Schottlands, sondern mit den vielen anschließenden Satellitenstädten Kern eines umfangreichen Ballungsgebietes, das für ein erholsames Fahrradfahren nur wenig geeignet ist. Wer allerdings Wert auf den Besuch des nördlich gelegenen Loch Lomond legt, kann kaum einen Bogen um Glasgow machen. Auch in Kombination mit einer Anreise per Eisenbahn spricht manches für einen Aufenthalt in der Stadt.
Einzig relevantes altes Gebäude Glasgows ist die Kathedrale, deren bedeutendste Teile aus dem 12.-15. Jh. stammen und die somit neben der von Kirkwall (Orkney) als einzige Schottlands aus dem Mittelalter erhalten ist. Die diversen Bauphasen sieht man ihr nicht an, da sie äußerlich wie innerlich harmonisch gestaltet ist.
Im Gegensatz zur Kulturmetropole Edinburgh ist Glasgow mit seiner Industrie gewachsen. Dementsprechend lag die erste Blütezeit im 19. Jh. und hat das Stadtbild entscheidend geprägt. Heute gilt die Stadt als Musterbeispiel für viktorianische Architektur. Daß der Wohlstand sich nicht auf alle Bevölkerungsteile erstreckte, ist nicht mehr so deutlich auszumachen, da die Slums des 19. Jh. größtenteils abgerissen wurden. Dafür kann man einige Beispiele stadtplanerischer Inkompetenz unserer Zeit 'bewundern', wie ein nie fertiggestelltes Autobahnkreuz im Stadtzentrum und ähnliche Bemühungen für eine „autogerechte“ Stadt. Wer mit offenen Augen die Stadt erkundet, wird somit ausreichend Sehenswertes finden. Für Liebhaber domestizierter Stadtkultur gibt es ein halbes Dutzend stadtgeschichtlicher Museen einschließlich der scheinbar unvermeidlichen Regimentsmuseen. Aus dem üblichen Rahmen fallen vor allem das Verkehrsmuseum mit einer umfangreichen Straßenbahnsammlung (Kelvin Hall, Bunhouse Road, gratis), das speziell für Kinder entworfene Haggs Castle und das Paisley Museum in der High Street des gleichnamigen Vororts, in dem die tropfengesprenkelten Paisley-Muster, im 19. Jh. von jedem besseren Dandy auf Shawls getragen und in den fünfziger Jahren unseres Jahrhunderts ebenfalls in Mode, ausgestellt und erläutert werden (sonn-

tags geschlossen).
Aufgrund der Ernennung Glasgows zur „Europäischen Kulturmetropole“ 1990 haben die Stadtväter ihr Zentrum mächtig herausgeputzt und alles, was nur annäherungsweise mit 'Kultur' zu tun hat, gefördert. Dementsprechend ist der Kontrast zwischen dem nunmehr höchst gepflegten Zentrum und den ausufernden Vororten einerseits gewachsen, andererseits kann man auch in Glasgow einen industriegestankfreien Stadtaufenthalt absolvieren.

Information: 11 George Place, Glasgow G2 1DY, ✆ 2044400; auch am Flughafen, ✆ 8484440, alle ganzjährig.
Telefonvorwahl: 0141
Verkehrsverbindungen: Eisenbahn nach London, Edinburgh, Stirling, Oban, Stranraer und Fort William; Flughafen im Vorort Paisley/Renfrew mit intensivem Verkehr in alle britischen und viele europäischen Städte (Flugplatz Prestwick bei Ayr dient nur dem Überseeverkehr).
Unterkunft: Glasgow Backpackers Hostel, 17 Park Terrace, ✆ 3329099, 92 Betten, Anfang Juli-Ende Sept.; Blue Sky Hostel, 65 Berkeley Street, ✆ 2217880, 20 Betten; Globetrotters, 63 Berkeley Street, ✆ 2217880, 30 Betten; University of Glasgow, 81 Great George Street, ✆ 3305385, 1500 Betten, Mitte März-Mitte April und Juli-Sept.; University of Strathclyde, 50 Richmond Street, ✆ 5534148, 1300 Betten, März-April und Juni-Sept.
Jugendherberge: 7/8 Park Terrace, ✆ 3323004, 160 Betten, ganzj., Fahrradvermietung, am Nordwestrand des Stadtzentrums.
Camping: Cragendmuir Park, Kempsie View, Stepps, ✆ 7794159, 45 Standplätze.
Fahrräder: Billy Bilsland, 176 Saltmarket, ✆ 5520841; Mac Martin Cycles, 924 Pollockshaw Rd., ✆ 6322733. Etliche Fahrradvermieter, u.a. West End Cycles, 16 Chancellor Street, ✆ 3571344; für längere Mietdauer (min. 1 Woche) Dales Ltd., 150 Dobbies Loan, ✆ 3322705.
Waschsalon: Sehr viele, unter „Laundrettes“ im Branchen-Telefonbuch aufgeführt.

Etappe 13:
Edinburgh – Queensferry – Linlithgow – Grangemouth – Airth – Stirling (60 km)

Von der jetzigen zu einer der früheren Hauptstädte Schottlands. Wer an der Strecke bis Linlithgow weniger interessiert ist, kann bis dort als Variante auch Etappe 12 benutzen.

Auf der A90 verlassen Sie Edinburgh entsprechend der Beschilderung zur Queensferry Bridge, biegen ca. 3 km nach Beginn des Dual Carriageways rechts ab auf die B924 zum Ort Queensferry. Auf diesem Streckenstück kommen Sie kurz darauf am ersten Herrenhaus dieser Region vorbei, dem **Dalmeny House** von 1815, das Juli-Aug. so-di jeweils 13.00-17.30 h besichtigt werden kann. Die B924 führt von dort hinunter zum Firth of Forth in das Örtchen **Queensferry**, das den beiden Brücken den Namen gegeben hat. Eine Eisenbahnbrücke aus viel Stahl und Steinen steht neben einer modernen Betonkonstruktion für den Autoverkehr.

Als Ausflug oder als Variante zu Etappe 14 ist hier ein Abstecher mit dem Fährboot zur Insel **Inchcolm** im Firth of Forth möglich (nur im Sommer, ✆ [01383] 3314857). Diese Insel verfügt über die Gebäude einer Abtei aus dem 12./ 13. Jh.; Fortsetzung der Fahrt ist per Fähre nach *Aberdour* am Nordufer des Firth ebenfalls gegeben.

Wenn Sie in Queensferry unter der Straßenbrücke hindurch gefahren sind, geht unmittelbar darauf eine Zufahrtstraße zum **Hopetown House** ab, dem bekanntesten, weil mit Abstand größten Schloß weit und breit. Es wurde Mitte des 18. Jh. errichtet und enthält noch heute einen Großteil der Originalmöblierung; zugänglich ist es April-Sept. täglich 10.00-17.30 h. Für einen Bruchteil des Eintrittspreises können Sie sich aber auf die umfangreichen Parkanlagen beschränken. Außerdem gibt es die Möglichkeit, über die Zufahrtstraßen von Queensferry und anschließend zur A904 ein Stück der Hauptstraße auszulassen und zudem einen Blick auf das Schloß zu werfen.

Entweder vom Hopetown House oder direkt aus Queensferry fahren Sie den Hügel hinauf zur A904 Rchtg. Linlithgow. Nach wenigen Kilometern passieren Sie dabei das dritte und älteste Herrenhaus der Strecke, **House of the Binns** aus dem 17. Jh., ein interessantes Beispiel für den Übergang von befestigten Häusern zum Repräsentationsbau. Es gehört heute dem National Trust for Scotland und kann im Rahmen von Führungen Mai-Sept. täglich außer freitags jeweils 14-17 h besichtigt werden. Der Zutritt zum Park ist ganzjährig möglich, ein Picknickplatz ist gleich dabei.

Abbotsford House

Die A904 endet einige Kilometer weiter an einer T-Mündung, an der Sie links auf die A803 über die Autobahn hinweg nach **Linlithgow** (s. Etappe 12) abbiegen. Auf der gleichen Straße fahren Sie weiter Richtung Falkirk, biegen aber vor dieser Stadt rechts ab auf die A905. Diese Straße eröffnet Ihnen schon bei der erneuten Kreuzung der Autobahn den Blick auf das beeindruckende, weil ungewöhnlich häßliche Industriegebiet von Grangemouth, an dem vorbei Sie zur Kincardine Bridge (beschildert) gelangen. Sie fahren aber nicht über die Brücke, sondern geradeaus weiter auf der A905 durch kleine Orte wie Airth und Fallin. Bei Airth existiert übrigens nahe der B9124 in einer Parkanlage ein bizarres Gartenhaus aus dem 18. Jh. in Form einer Ananas (!): *The Pineapple*. Auf der A905 kommen Sie schließlich nach Stirling, dem Etappenende.

Stirling, 35.000 Einw., Central Region (Stirlingshire), ist eine der ältesten Städte Schottlands. Der hoch über der Stadt aufragende Felsen unmittelbar vor der Mündung des River Forth trägt bereits seit dem frühen Mittelalter Befestigungen zur Bewachung dieses strategisch wichtigen Platzes. Konsequenterweise haben die „Besitzer" der Burg und der Stadt sehr häufig gewechselt, bis die Stuart-Könige hier ihren Sitz einrichteten und Stirling damit faktisch zur Hauptstadt machten. Eine der wichtigsten Schlachten um die schottische Oberherrschaft fand 1314 im südlich angrenzenden *Bannockburn* statt; auf dem dortigen Schlachtfeld gibt es ein entsprechendes Denkmal sowie eine Ausstellung des National Trust (April-Okt. 10-18 h). Stirling selbst wird nach wie vor von der riesigen Burganlage auf hohem Felsen überragt, deren meiste Teile aus dem 15. Jh. stammen. Die Nähe Edinburghs und Glasgows versorgt die Burg mit einem regen Omnibustourismus, der ganzjährig und täglich Zutritt hat. Ein Besucherzentrum des National Trust ist gleich dabei. Nur wenige Meter unterhalb der Burg steht das Stadtpalais Argyll Lodge aus dem 17. Jh., zu dem nur der Jugendherbergsausweis den Zutritt ermöglicht: es beherbergt die örtliche Herberge. Sehenswert sind außerdem die zahlreichen Häuser der Altstadt einschließlich des Tolbooth (ehemaliges Rathaus, jetzt Theater) und der Guildhall (Zunfthaus). Die alte Brücke über den Forth, einst das Tor zum schottischen Norden, am Nordrand des Stadtzentrums ist mittlerweile zur Fußgängerbrücke umfunktioniert worden.

Information: Dumbarton Road, Stirling FK8 2LQ, ✆ (01786) 475019, ganzj; Zweigbüro Castle Esplanade, ✆ (01786) 479901, ganzj.
Verkehrsverbindungen: Eisenbahn in alle Richtungen; Stirling ist zentraler Knotenpunkt.
Jugendherberge: St. John Street, Stirling FK8 1DU, ✆ (01786) 473442, 126 Betten, ganzj., in einem alten Stadtpalais nahe der Burg (s.o.).
Camping: Auchenbowie, ✆ (01324) 823999, 60 Standpl., April-Okt., an der A872 6 km südl. von Stirling, ca. 1 km südl. der Einmündung der M80 in die M90; Witches Craig *****, Blairlogie, ✆ (01786) 474947, 60 Zeltstandpl., April-Okt., 5 km östlich an der A91.
Fahrräder: Stuart Wilson, 44 Barnton Street, ✆ (01786) 465292.

Etappe 14:
Edinburgh – Queensferry – Inverkeithing (22 km)

Kurz und schmerzlos ist diese Etappe, die den Anschluß an die Strecken im Osten herstellt.

Entsprechend Etappe 13 fahren Sie bis Queensferry; dort müssen Sie entweder im Ort oder vom Hopetown House über die A904 zur autobahnähnlichen A90 zurückfahren, um zur Straßenbrücke über den Firth of Forth zu gelangen. Radfahrer können die Brücke gratis benutzen.

Auf der anderen Seite der Förde liegt **Inverkeithing**, ein Städtchen mit einer ganzen Reihe hübscher alter Häuser, das Anknüpfungspunkt an die nach Norden führenden Etappen ist.

Information: Forth Bridges Exhibition, Queensferry Lodge Hotel, Forth Road Bridge, North Queensferry, ✆ (01383) 417759, an der Brücke, ganzj.
Fahrräder: Sandy Wallace, 15 Hope Street, ✆ (01383) 412915.

Etappe 15: Fife-Halbinsel
Inverkeithing – Dunfermline – Kelty – Glenrothes – Falkland – Ceres – Anstruther – St. Andrews – Dundee (125 km)

Eine Rundfahrt über die Halbinsel der Region (= Grafschaft) Fife, die nur über eine der Küstenstrecken nach Aberdeen sinnvoll fortzusetzen ist. Eine etwas vorausschauende Planung ist also vor Beginn nötig. Eine mögliche Variante ist, ab Falkland über die A912 nach Perth weiterzufahren.

Die Etappe beginnt in Inverkeithing bzw. dem nahtlos anschließenden Ort Rosyth auf der A823 nach Dunfermline; man kann dabei einen Radweg benutzen, der auf dem Mittelstreifen zwischen den Fahrspuren verläuft.

Dunfermline, 50.000 Einw., Fife Region, ist im 11. Jh. um ein Kloster entstanden, dessen Kirche etlichen schottischen Königen als Begräbnisstätte diente. Bereits 1303 wurde das Kloster weitgehend zerstört; die Klosterkirche beherbergt in ihren Ruinen als bekanntestes Grab das des schottischen Nationalhelden Robert Bruce. Im 15. Jh. war ein bei der Abtei errichteter Palast Wohnsitz einiger schottischer Herrscher. Die Reste beider Bauwerke sind täglich zugänglich (im Sommer 9.30-16.30 h, sonntags ab 14 h).
Nicht minder bekannt als die mittelalterlichen Potentaten ist ein Sohn der Stadt aus etwas jüngerer Zeit, der Pittsburgher Stahlmilliardär Andrew Carnegie. Der in Dumfermline in ärmlichen Verhältnissen geborene Erfolgsmensch hat mit spärlichen 350 Mio. $ dafür gesorgt, daß sein Name in seiner Heimatstadt genannt bleibt; die Carnegie Stiftung, die von hier aus verwaltet wird, hat

die Stadt u.a. mit dem Herrenhaus und Park von Pittencrieff beschenkt. Das Geburtshaus des Milliardärs mit einem darin enthaltenen Museum ist geöffnet im Sommer tägl. 11-17 h, so erst ab 14 h, im Winter nur nachmittags.

Information: Abbey Visitors Center, ✆ (01383) 739026, ganzj.; 15 Maygate, Dunfermline KY12 7NE, ✆ (01383) 720999, nur im Sommer.
Verkehrsverbindungen: Eisenbahn nach Edinburgh, Perth und Dundee.
Unterkunft: Pitreavie Guest House, 3 Aberdour Rd, Dunfermline, ✆ (01383) 724244; Mrs. Wilson, 7 Park Place, ✆ 737187.

Von Dunfermline aus wenden Sie sich ostwärts auf die A907 Rchtg. Kirkcaldy, biegen aber noch am Stadtrand davon links auf die B912 Rchtg. Kelty ab. Nach der Kreuzung der Autobahn M90 trifft die Straße auf die B917, der Sie nach links durch Kelty zur B966 folgen. Biegen Sie erneut links ein, nach etwa 4 km dann rechts ab auf die B9097 am Südufer des Loch Leven entlang. In diesem See (nicht mit der gleichnamigen Förde bei Glencoe verwechseln!) liegt auf einer winzigen Insel, von Kinross aus per Boot zu erreichen, eine Burg des 15. Jh., die 1567 Maria Stuart für ein Jahr als Gefängnis diente. Am Ende des Sees trifft die B9097 auf die B920, der Sie für wenige Meter nach halblinks folgen, dann aber gleich wieder rechts nach Leslie und Glenrothes abbiegen.

Glenrothes ist die Verwaltungshauptstadt der Region, eine moderne Stadtgründung abseits der Strandurlaubs-Orte der Südküste. Abgesehen von städtebaulichen Aspekten ist das Kunsthandwerkszentrum im Balbirnie-Park von Interesse.

Information: Rothes Halls, Kingdom Centre, Glenrothes KY7 5NR, ✆ (01592) 612121.
Camping: Balbirnie Park, ✆ (01592) 759130, 90 Standpl., Waschm., März-Okt., beim östlichen Vorort Markinch.

Von Glenrothes aus macht die Etappenführung einen Schlenker, der über die A92 nordwärts, dann links auf die A912 nach Falkland führt. Die abkürzende Strecke auf der Nebenstraße über die Lomond Hills, die als Alternative wirkt, weist rund 200 m Höhenunterschied auf, ist also nur für leistungsbewußte Radler zu empfehlen.

Falkland ist der Standort des gleichnamigen Palastes, Anfang des 16. Jh. erbaut und in seiner Blütezeit Jagdsitz der Stuart-Könige. Außer dem Palast samt Park ist auch ein Teil des alten Städtchens unter Denkmalschutz gestellt worden. Park und Palast sind zugänglich April-Okt. tägl. 10-18 h (so erst ab 14 h).

Jugendherberge: Back Wynd, ✆ (01337) 857710, 38 Betten, 20.3.-4.10., einfaches Haus nahe beim Palast.

Nach dem Abstecher nach Falkland fahren Sie auf der B936 nach Freuchie, kreuzen die A914 und etwas später eine Eisenbahnlinie, bevor Sie zur A92 Richtung Cupar gelangen. Fahren Sie jedoch nicht bis zu dieser zentralen Stadt der Region (früher Grafschaftshauptstadt), sondern biegen Sie rechts auf eine Nebenstraße Rchtg. Ceres ab, wenn links die Zufahrt nach Springfield liegt. Am Ende der Nebenstraße radeln Sie ein paar hundert Meter rechts auf der A916 Rchtg. Kirkcaldy, biegen aber dann links ab auf eine Nebenstraße nach **Ceres**. Dieser Ort hat gleich zwei Besonderheiten zu bieten: das Landhaus des *Hill of Tarvit* mit Parkanlagen, heute in Obhut des National Trust for Scotland, zugänglich Mai-Sept. Tägl. 13.30-17.30 h, und das *Fife Folk Museum*, das in einem Waagegebäude des 17. Jh. untergebracht ist (April-Okt. täglich außer fr 14-17 h).

Gegenüber der Abzweigung der Nebenstraße nach Ceres von der A916 steht außerdem der Scotstarvit Tower, ein fünfstöckiges Gebäude aus dem 16. Jh.; geöffnet wie das *Hill of Tarvit*-Herrenhaus.

Von Ceres aus wenden Sie sich ostwärts auf einer Nebenstraße bis Baldinnie, wo Sie rechts auf die B940 Rchtg. Crail einbiegen. Nach etwa 10 km liegt abseits dieser Straße auf der rechten Seite das Gelände der Lochty Private Railway, einer stillgelegten Eisenbahnstrecke, auf deren Gelände nicht nur eine Sammlung von Dampfloks steht, sondern sonntags auch Fahrten mit den Veteranen durchgeführt werden. Nach weiteren 4 km können Sie rechts auf die B9131 nach Anstruther wechseln, falls Sie nicht gleich links nach St. Andrews (s.u.) fahren möchten.

In **Anstruther**, traditionell ein Fischerort, heute aber eher wie die meisten dekorativen Städtchen der Region vom Tourismus lebend, existiert das Scottish Fisheries Museum, das in Kombination mit einem Aquarium einen Einblick in Geschichte und Bedeutung der Fischereiwirtschaft der Region bietet; saisonal wird im Museum eine Touristeninformation (✆ [01333] 311073) betrieben. Campingfreunde sollten den mit über 400 Dauer-Caravanern zugestopften Campingplatz des Ortes besser links liegen lassen und, falls die Strecke bis St. Andrews zu weit erscheint, besser auf die benachbarten Orte Pittenweem oder Crail ausweichen.
Nördlich des Ortes, ca. 1½ km östlich der Etappenführung, kann an der B940 der sogenannte „Secret Bunker" besichtigt werden, ein seit 1994 offener Atombunker, der in der Zeit des Kalten Kriegs als Zufluchtsort der schottischen Regierung und des Kommandos der Royal Air Force vorgesehen war. Die üppig ausgestatteten Räume sind originalgetreu erhalten.

Bed & Breakfast: The Grange, 45 Pittenweem Rd., Anstruther, ✆ (01333) 310842; The Sheiling, 32 Glenogil Gardens, ✆ (01333) 310697.

Für die Weiterfahrt radeln Sie entweder auf der B9131 oder auf der ca. 8 km längeren Küstenstraße A917 nach St. Andrews.

St. Andrews, 10.000 Einw., Fife Region, ist eine der ältesten Städte Schottlands und lediglich im Lauf der Jahrhunderte aufgrund ihrer geografischen Lage etwas ins Abseits der Entwicklung geraten. Im Mittelalter war St. Andrews kirchliches Zentrum des Landes; sowohl die Kathedrale (1160 begonnen) als auch die Burg (ca. 1200 errichtet) verdanken der Kirche ihre Entstehung. 1412 wurde hier die erste Universität Schottlands gegründet, die den Ruhm der Stadt hochhielt, als die kirchlichen Würdenträger im Zug der Reformation längst das Weite gesucht hatten. Zerstörungen und Vernachlässigungen haben die zahlreichen kirchlichen Bauten einschließlich der Kathedrale größtenteils in Ruinen verwandelt, soweit sie nicht für die schottische Landeskirche weiter benutzt wurden. Sie sind durchweg gratis zugänglich, während für die Besichtigung der Burgruine, die auf einem Felsen am Hafen steht, Eintritt erhoben wird (zugänglich April-Sept. 9.30-18.30 h, sonntags erst ab 14 h, im Winter kürzer).

Information: 70 Market Street, St. Andrews KY16 9NU, ✆ (01334) 472021, ganzj.
Verkehrsverbindungen: nächster Bahnhof zur Eisenbahnhauptstrecke Edinburgh-Dundee-Aberdeen in Leuchars, ca. 6 km nordwestlich an der weiteren Strecke.
Unterkunft: University of St. Andrews, 79 North Street, ✆ (01334) 462000, 200 Betten, Juni-Sept.
Camping: Clayton ****, Guardbridge, Balmullo, ✆ (01334) 870242, 26 Standpl., Waschm., März.-Okt., 7 km nordwestlich an der A91; Craigtoun Meadows *****, 16 Mount Melville, ✆ (01334) 475959, 98 Standpl., Waschm., März-Okt., ca. 4 km südwestl. der Stadt an der Nebenstraße südlich der B939; Cairnsmill Farm ***, ✆ (01334) 473604, 82 Standpl., Waschm., April-Okt., 2 km südl. von St. Andrews an der A915; Kinkell Braes ***, ✆ (01334) 474250, 110 Standpl. (und viele Dauercamper), Waschm., März-Okt., 2 km südlich an der A918.
Fahrräder: Gordon Christie (CTC-empfohlen, auch Verleih), 86 Market Street, ✆ (01334) 472122.

Dekorativ und selten: das Hochland-Rind

Von St. Andrews aus nehmen Sie die direkte Strecke Richtung Dundee, d.h. die A91 bis Guardbridge, dann die A919 bis Carrick und schließlich die A919 nach **Newport-on-Tay** und über die Brücke nach Dundee, dem Etappenziel. Bei starkem Autoverkehr können Sie von Carrick bis Newport alternativ die B945 über Scotscraig benutzen.

Die Überquerung der Tay-Brücke ist etwas mühselig, da die Zufahrt für Fahrräder gesperrt ist. Man muß vor der Brücke hinunter zur unterhalb führenden B946 fahren und dann über eine Treppe zum Fußgänger- und Radweg hinaufklettern, der auf dem Mittelstreifen (!) der A92 verläuft. Am anderen Ende folgt die Umkehrung dieses Spielchens...

Dundee, 170.000 Einw., Tayside Region (Angus), verliert seit Jahren Boden im Kampf um den Rang als dritte Stadt Schottlands – längst hat Aberdeen diese Stelle übernommen. Die umfangreiche Industrie der an der Taymündung gelegenen Hafenstadt war ursprünglich auf Jute, Marmelade und Schiffszubehör spezialisiert, besser: sie ist es noch, aber ihre Marktanteile an diesen Produkten gehen ständig zurück. Auch der Tourismus kann da nicht viel ausrichten, zumal die Standardstrecke Richtung Aberdeen eher durch die Berge bei Braemar führt als längs der Küste. Ein paar mehr oder minder alte Kirchen und ein Turm aus dem 15. Jh. sind kaum Anreiz, eher schon die Fregatte „Unicorn", ein restauriertes Kriegsschiff von 1824 und damit das älteste noch seetüchtige britische Schiff, das im Hafen am Victoria Dock liegt, zu besichtigen ganzj. täglich 9-17 h. Nordwestlich von Dundee, zu erreichen über die A923, gibt es den Camperdown Park mit angeschlossenem „Wildlife Centre", ein umfangreicher Freizeitpark mit Zoo, der ausschließlich einheimische Tiere enthält, geöffnet täglich je nach Jahreszeit bis maximal 19 h, Zutritt über per Münzen zu öffnende Pforten.

Information: 21 Castle Street, Dundee DD1 3AA, ✆ (01382) 527527, ganzj.
Verkehrsverbindungen: Eisenbahn Richtung Perth, Edinburgh und Aberdeen; Flugplatz (am Tayufer) mit Anschlüssen ans innerbritische Netz.
Unterkunft: University of Abertay, 1 Bell Street, Dundee, ✆ (01382) 308059, 200 Betten, Juni-Aug.
Camping: Tayport *****, ✆ (01382) 552334, 100 Standpl., Waschm., März-Okt., ca. 8 km südöstlich unweit der Etappenführung.
Fahrräder: sehr viele Geschäfte, darunter CTC-empfohlen: J.R. Nicholson, 2 Forfar Road, ✆ (01382) 461212, auch Vermietung, nur Vermietung: Second Hand Bikes, Forfar Road, ✆ (01382) 505683.

Etappe 16:
Inverkeithing – Kelty – Kinross – Glenfarg – Perth (60 km)

Eine direkte Verbindung Richtung Norden, die bis zum Loch Leven auch alternativ auf Etappe 15 gefahren werden kann; eine weitere Variante wird dort (Falkland) beschrieben.

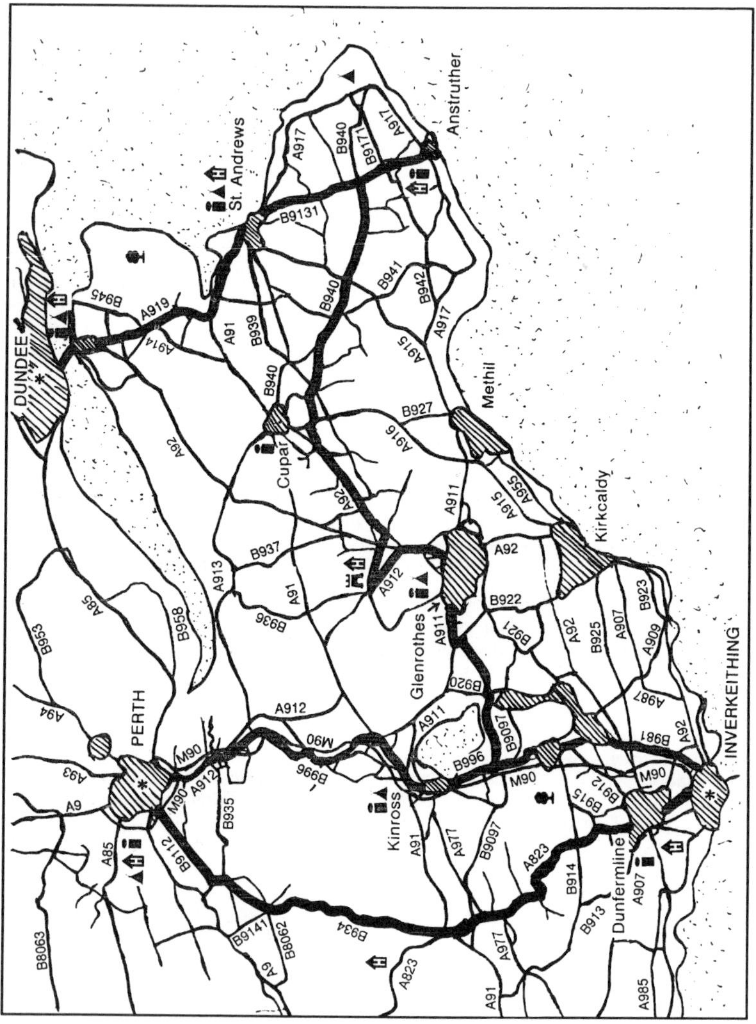
DUNDEE
St. Andrews
Anstruther
Cupar
Methil
Kirkcaldy
Glenrothes
INVERKEITHING
Dunfermline
Kinross
PERTH
A917
B940
B9171
B9131
B945
A919
A914
A91
B939
B940
B941
B942
A917
A915
B927
A916
A92
A911
A915
A955
A92
B937
A913
A912
B936
B922
B921
A92
B925
A907
B923
A909
B920
A987
B981
A92
B9097
B996
M90
B912
B915
A911
A912
B958
A85
B953
A94
A93
A9
M90
B935
B9112
A85
B8063
B9141
B8062
A9
B934
A823
A977
A91
B9097
A977
A823
B914
B913
A907
A985

Die Etappe beginnt in Inverkeithing auf der B981. Bei der Kreuzung mit der A907 fahren Sie geradeaus weiter, biegen am Stadtrand von Cowdenbeath, nach Überqueren der Bahnlinie, links ab auf die B917 nach Kelty. Die Strecke führt geradeaus durch den Ort zur B996, der Sie links nach **Kinross** folgen. Von diesem Städtchen aus, das bis zum Bau der Autobahn M90 direkt von der Hauptstraße nach Perth durchschnitten wurde, gibt es Möglichkeiten, per Boot Ausflüge zum *Lochleven Castle* zu machen, einer Burg auf einer Insel im gleichnamigen See, in der Maria Stuart zeitweise gefangen gehalten wurde.

Information: an der Autobahnauffahrt, Service Area, Kinross KY13 7NQ, ✆ (01577) 863680, ganzj.
Camping: Gallowhill Farm, Kinross, ✆ (01577) 862364, 50 Standpl., Waschm., ganzj.

Aus Kinross führt Sie die A977 nordwärts zur A911, der Sie einige hundert Meter folgen und dann links wieder auf die B996 abbiegen. Ab der Autobahnauffahrt No. 8 wird die Straße kurzzeitig zur A91, bis Sie erneut links auf die B996 fahren. Diese Straße kreuzt die Autobahn und führt dann einige Zeit unmittelbar westlich daneben her. Sobald rechts eine Nebenstraße (über die Autobahn nach Newton und Gateside) führt, nehmen Sie die in Gegenrichtung, also links abknickende Nebenstraße von der B996 weg. Diese Strecke führt einmal über, dann unter der Autobahn her und trifft bei Bridge of Earn auf die A912 nach Perth.
(*In Gegenrichtung: aus Perth auf der A912 bis Bridge of Earn, dort vor der Unterquerung der Autobahn rechts abbiegen Rchtg. Dron, immer geradeaus bis zur B996.*)

Perth, 43.000 Einw., Tayside Region (Perthshire), ist eine zwar schön am Tay gelegene, selbst aber wenig ansehnliche Stadt. Wie bei allen bedeutenderen Städte der Lowlands haben sich schottische und englische Heere hier mehrfach gegenseitig die Köpfe eingeschlagen und bei der Gelegenheit auch die meisten Gemäuer zerstört. Dementsprechend erinnert heute kaum noch etwas daran, daß Perth zeitweise als Hauptstadt Schottlands gedient hat. In Perth nahm die Reformation unter Führung von John Knox den Anfang, was den bis dahin noch existierenden Klöstern und Kirchen ebenfalls den Garaus machte. Nur die St. John's Church ist aus vorreformatorischer Zeit teilweise erhalten. In der Nähe von Perth gibt es hingegen zwei recht interessante Bauten: zum einen *Elcho Castle*, 5 km südöstlich abseits einer Nebenstraße, im Sommer jeweils bis 18.30 h zugänglich, und vor allem *Scone Palace*, einer der ganz großen Paläste des Landes, nördlich von Perth an der A93 gelegen (auch an der Streckenführung von Etappe 18). Der 1803 errichtete Sitz der Earls of Mansfield hat eine prachtvolle Innenausstattung, die gegen entsprechenden Obolus von Karfreitag bis Mitte Okt. jeweils 9.30-17.00 h bewundert werden darf. Wer es etwas weniger historisch lieber hat, kann die Caithness Glasfabrik in Inveralmond nordwestlich von Perth an der A9 besuchen (auch über Etappe 19).

Information: 45 High Street, Perth PH1 5TJ, ✆ (01738) 638353, ganzj.
Verkehrsverbindungen: Eisenbahn nach Glasgow, Edinburgh, Aberdeen und Inver-

ness.
Jugendherberge: 107 Glasgow Road, ✆ (01738) 623658, 64 Betten, 27.2.-1.11.
Camping: Cleeve, ✆ (01738) 639521, 100 Standpl., Waschm., April-Okt., an der A9 südwestl.; Scone Palace ****, Estate Office, Scone, ✆ (01738) 552323, 150 Standpl., Waschm. April-Okt., 5 km nördlich abseits der A93.
Fahrräder: J.M. Richards, 44 George Street, ✆ (01738) 626860.

Etappe 17:
Inverkeithing – Dunfermline – Rumbling Bridge – Dunning – Perth (75 km)

Eine landschaftlich erheblich interessantere Strecke als Etappe 16, aber mit einigen wadenstärkenden Steigungen gewürzt.

Der Anfang entspricht Etappe 15 (bis Dunfermline, s. dort). Bleiben Sie dort auf der A823 Rchtg. Crieff, die Sie durchgehend bis Rumbling Bridge (so benannt nach dem tosenden Wasser des River Devon) und weiter bis Yetts o'Muckhart bringt. Hinter diesem Ort, wo die A91 die Route kreuzt, verlassen Sie die A823 auf die B934, falls Sie nicht zur Jugendherberge Glendevon (s.u.) fahren möchten. Ggf. kann der Umweg über *Auchterarder* aber auch sinnvoll sein, falls Sie das Flugzeugmuseum in Strathallan besuchen möchten (s.u.); von dort bzw. Kinkell Bridge erreichen Sie über eine Nebenstraße ca. 5 km vor Perth die A9.

Information: 90 High Street, Auchterarder PH3 1BJ, ✆ (01764) 663450, ganzj.
Jugendherberge: Glendevon, ✆ (01259) 781206, 42 Betten, Ende 20.3.-4.10., 3 km nördlich an der A823.
Camping: Auchterarder Caravan Park, ✆ (01764) 663119, 25 Standpl., ganzj.

Ansonsten fahren Sie durch den Glendevon Forest über die Hügel auf der B934 bis Dunning. Falls Sie zum Flugzeugmuseum in **Strathallan** möchten, fahren Sie hier links auf der B8062 Rchtg. Auchterarder, nach 2 km rechts auf einer Nebenstraße ins Tal, wo Sie in Aberuthven zur A9 kommen. Für einige hundert Meter bleiben Sie links Rchtg. Auchterarder auf der Hauptstraße und biegen dann rechts Rchtg. Kinkell Bridge ab; bei diesem Ort liegt Strathallan.

Wenn Sie nicht zum Museum möchten, haben Sie zwei andere Möglichkeiten: Entweder Sie fahren in Dunning rechts auf der B934 weiter bis Forteviot, über Eisenbahnlinie und River Earn hinweg und schließlich rechts auf der B9112 nach **Perth** (s. Etappe 16). Oder, falls Sie nicht nach Perth möchten, sondern den nahtlosen Anschluß an Etappe 19 suchen, halten Sie sich in Dunning geradeaus auf der B9141, kreuzen die Eisenbahnlinie, fahren rechts auf die A9, kreuzen den River Earn und biegen dann links auf eine Nebenstraße nach Findo Gask ab. Folgen Sie der Straße immer geradeaus bis zum Ende an einer T-Mündung, dort halten Sie sich rechts, nach ca. 3 km wieder links nach Methven. In diesem Ort kreuzen Sie die A85 und fahren immer geradeaus bis Moneydie, dort kurz rechts (B8063) und gleich wieder links nach Bankfoot, wo Sie auf die B867 und gleichzeitig auf Etappe 19 treffen.

Der schottische Industriegürtel: die Lowlands

An der schmalsten Stelle und etwa auf halber Höhe verläuft sie, ganz wie es sich für einen Gürtel gehört: die Zone zwischen den Mündungen der Flüsse Clyde, Forth und Tay, keine 100 km schmal und mit drei Viertel der Schotten bevölkert. Ein nicht nur für schottische Verhältnisse dichtbesiedeltes Gebiet also, das außer der angeblich fahrradfreundlichen ebenen Topografie den Radtouristen viel Verkehr, Industriegebiete und Autobahnen zwischen die Speichen streut.

Andererseits liegen in den Lowlands etliche der historischen Hochburgen Schottlands. Eine lange Liste von Städten kann sich rühmen, irgendwann einmal Hauptstadt Schottlands (bzw. Sitz des Königspalastes) oder eines vorangehenden Teilkönigreiches gewesen zu sein. Und wo sich keine Könige Burgen und Paläste errichteten, gab es garantiert Anwärter auf diesen Posten, die sich mit ihrer Bautätigkeit ebenfalls nicht gerade zurückhielten. Auch vor 1000 Jahren lebten schon die meisten Schotten eher in den Lowlands als im teils unwegsamen Hochland; konsequenterweise ist die Mehrzahl mittelalterlicher Bauwerke hier anzutreffen. Städte wie Edinburgh, Stirling, Perth und Dundee können innerhalb ihres Einzugsbereiches daher durchweg mit imposanten historischen Gemäuern oder ähnlichen touristischen Attraktionen dienen. Hinzu kommt, daß speziell Edinburgh zu Recht als eine der schönsten Städte Europas gilt, dabei überschaubare Ausmaße hat und somit für die Erkundung per Rad durchaus geeignet ist.

Die Mehrzahl der übrigen Städte der Lowlands mit interessanter Vergangenheit befindet sich wie Edinburgh auf der Ostseite des schottischen Industriegürtels: Stirling, Perth, Dundee, aber auch Linlithgow sind zu nennen. Der Westen wird hingegen von Glasgow und dem Umland der größten schottischen Stadt vollkommen beherrscht; ein fast lückenloses Ballungsgebiet beträchtlichen Ausmaßes. Zwar kann auch Glasgow mit seinen Vorstädten mehr als nur einen Grund für einen Besuch vorweisen, aber für Radtouristen erscheint es doch sinnvoller, die geografischen Gegebenheiten zu nutzen und über die westlich des Industriegürtels vorgelagerten Inseln und Halbinseln zum Nordwesten Schottlands zu fahren. Im Osten ist eine solche „Ortsumgehung“ hingegen weder möglich noch nötig; wer sich klarmacht, daß für Radtouristen die günstigste Verbindung zwischen zwei Punkten nicht die Gerade, sondern die Nebenstraße (mit Umwegen) ist, findet – unterstützt durch die Etappenbeschreibungen dieses Buches – durchaus noch fahrradfreundliche Strecken zu den interessantesten Punkten der östlichen Lowlands.

Etappe 18:
Perth – Blairgowrie – Bridge of Cally – Glen Shee (45 km)

Der erste Teil der Strecke ins Tal des River Dee.

Die Etappe beginnt in Perth auf der A93 Rchtg. Blairgowrie, der Sie bis Old Scone folgen. Hier haben Sie Gelegenheit zu einem Besuch von Scone Palace (s. Perth, Etappe 16). Verlassen Sie dort die Hauptstraße, und fahren Sie auf einer nach links führenden Nebenstraße durch das Tal des River Tay über Colenden im Bogen zurück zur A93, die Sie nördlich von Guildtown erreichen.

Auf der A93 geht es geradeaus weiter bis **Blairgowrie**, einem Landstädtchen, das mit dem Ort Rattray auf der anderen Seite des River Erricht eine Einheit bildet. Im 19. Jh. war hier eine blühende Textilindustrie ansässig; heute ist Blairgowrie Zentrum des schottischen Himbeeranbaus. Die frisch gepflückten Früchte sind in ihrer Qualität unschlagbar. Kein Wunder, daß von den Touristenströmen ins nördliche Gebirge etliche Käufer für die fruchtige Köstlichkeit hier eine Rast machen.

Information: Wellmeadow, Blairgowrie PH10 6AS, ✆ (01250) 872960, Fax 873701, ganzj.
Unterkunft: Rosebank House, Balmoral Road, Blairgowrie, ✆ (01250) 872912; Eildon Bank, Perth Rd., Blairgowrie, ✆ (01250) 873648, ganzj.
Camping: Blairgowrie *****, Rattray, ✆ (01250) 872941, 30 Zeltstandpl., Waschm., ganzj., 1 km nördl. nahe der A93; Nether Craig, Alyth, ✆ (01575) 560204, 40 Standpl., Waschm., März-Okt., 5 km südlich von Alyth abseits der B954.
Fahrräder: Crighton's Cycles, 87 Perth Street, ✆ (01250) 874447, auch Vermietung; nur Vermietung: Mountains & Glens, Railway Rd., ✆ (01250) 874206; Mr. Woods, Hatton Rd., ✆ (01250) 872951.

Bei der Weiterfahrt bleiben Sie auf der A93 Rchtg. Braemar, die geradewegs nach *Bridge of Cally* führt.

Camping: Ballintuim *****, ✆ (01250) 886276, 30 Standpl., ganzj., zwischen Kirkmichael und Cally an der A924.

Von dort geht es weiter nach rechts ins Tal von **Glen Shee**. Dieses Tal ist der Anfang der höchstgelegenen Straße Schottlands, „Devil's Elbow“ genannt, und im Winter ein beliebtes Skigebiet; da die Strecke eine der Haupt-Tourismusrouten des Landes ist, gibt es an ihr recht viele B&B-Häuser. Außerdem ist abseits der Straße oder auf unregistrierten Campingplätzen das Aufschlagen eines Zeltes durchweg möglich.

Die nahtlose Fortsetzung der Etappe erfolgt über Etappe 25.

Kartenskizze Etappen 18 – 20

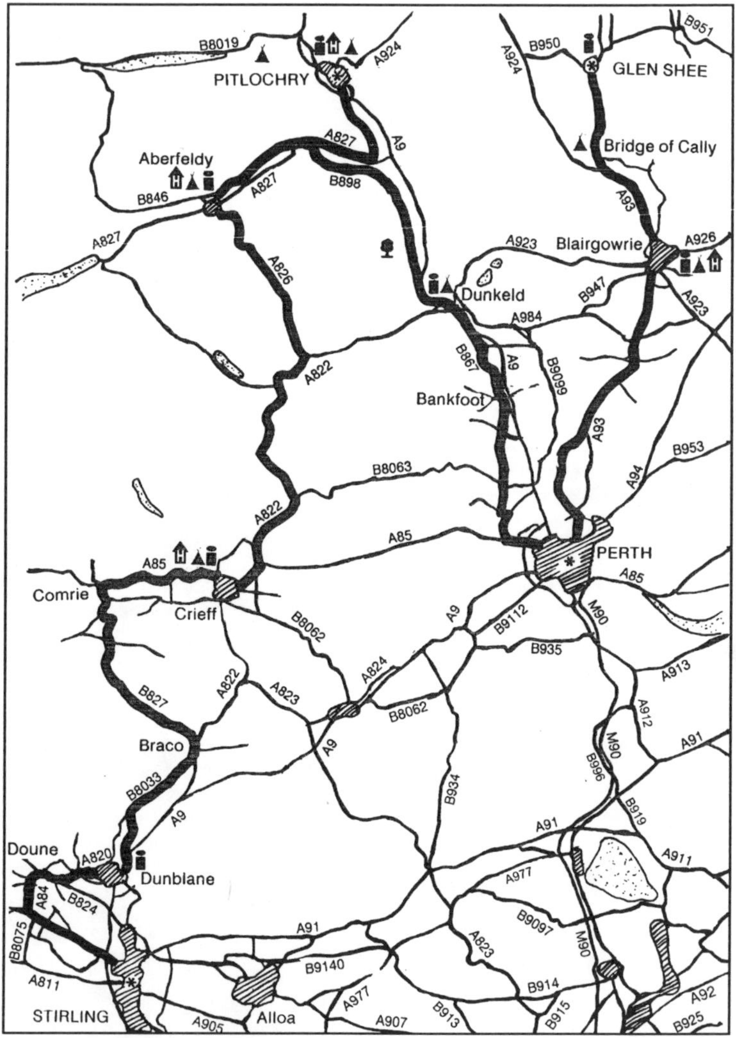

Etappe 19:
Perth – Bankfoot – Dunkeld – Balnaguard – Pitlochry (58 km)

Der erste Teil der Strecken ins zentrale Hochland. Obwohl weitestgehend Gelegenheiten genutzt werden, Ausweichmöglichkeiten von der Hauptstraße zu suchen, muß in der britischen Ferienzeit streckenweise mit recht starkem Autoverkehr gerechnet werden – die Standardroute aller Schottland-Touristen (Edinburgh – Stirling – Inverness – Loch Lomond – Edinburgh) führt hier entlang.

Die Etappe beginnt in Perth auf der A85 Rchtg. Crieff, der sie für etwa 5 km folgt. Nach Passieren der Ortschaft Huntingtower zweigt rechts die Nebenstraße Rchtg. Moneydie ab, die einige Steigungen bereithält – die einzige „Alternative" wäre die in Kombination mit der M90 zur mehrspurigen Perther Stadtumgehung ausgebaute A9. In Pitcairngreen geht es kurz links, dann aber wieder rechts weiter nach *Moneydie*, wo die B8063 gekreuzt wird. Nach Überwindung eines weiteren Hügels mündet die Nebenstraße bei *Bankfoot*, einem kleinen Ort etwas abseits der Hauptstraße A9, dann links auf die B867, die kurz vor Birnam zur A9 stößt.

Birnam und das auf der anderen Tay-Seite liegende **Dunkeld** bilden quasi das Tor zum Hochland, zwei seit Anbeginn des Highland-Tourismus bedeutende Städtchen, in denen die traditionelle Einflußsphäre der Dukes of Atholl (s. Etappe 22) beginnt. Der größte Teil von Dunkeld gehörte früher dieser Familie, die Anfang des 20. Jh. den ersten Vorsitzenden des National Trust for Scotland stellte. Als Folge dieses Postens verfügt der Trust heute in Dunkeld über rund 40 restaurierte Gebäude, die im wesentlichen um 1700 entstanden sind. Das einzige noch ältere Bauwerk des Ortes ist die in der Reformationszeit größtenteils zerstörte Kathedrale, die später teilweise wieder aufgebaut wurde.

Information: The Cross, Dunkeld PH8 0AN, ✆ (01350) 727688, ganzj.
Verkehrsverbindungen: Eisenbahnstation Birnam an der Hochlandstrecke Perth – Inverness.
Camping: Erigmore House ****, 1 Park Lane, Herts, ✆ (01442) 233111, 50 Standpl., Waschm., Mitte März-Okt.; Inver Mill Farm, Inver, ✆ (01350) 727477, 50 Standpl., April-Okt.
Fahrradvermietung: Dunkeld Cycles, Tay Terrace, ✆ (1350) 728744.

In Dunkeld nehmen Sie erneut die A9, die Sie aber nach ca. 4 km wieder nach links auf die B898 verlassen können. Diese Straße bleibt stetig auf der Westseite des River Tay und macht in Ermangelung einer Brücke einen Bogen nach Westen, bis sie hinter Balnaguard auf die A827 trifft. Biegen Sie rechts ein, überqueren Sie den Tay und fahren wieder ostwärts, bis in Logierait noch vor dem River Tummel links eine Nebenstraße abzweigt, auf der Sie am Westufer des Flusses nach Norden fahren; erst unmittelbar bei Pitlochry kommen Sie zu einer Brücke über den Fluß.

Pitlochry, 2500 Einw., Tayside Region (Perthshire), ist ein schön gelegener Urlaubsort zwischen Grampian Mountains und dem River-Tummel-See Loch Faskally. Der See ist zur Sicherung der Versorgung des Landes mit wohlschmeckenden Edelfischen mit einer Lachsleiter versehen worden, die den Lachsen die Wanderung zu ihren Laichplätzen ermöglicht. Ein Beobachtungsraum bietet Besuchern unmittelbaren Unterwassereinblick in das Geschehen. Die Umgebung ist ausgesprochen reich an Naturschönheiten jeder Art und bietet gute Wandermöglichkeiten. Eine eher konventionelle Touristenattraktion ist das 10 km nördlich liegende Blair Castle (s. Etappe 22). Für die „Sommerfrischler" inszeniert Pitlochry allerlei Unterhaltung, u.a. in einem eigens dafür gebauten Theater mit täglich wechselndem Spielplan; Besichtigungen einer Whiskybrennerei und einer Tweedmanufaktur sind möglich.

Information: 22 Atholl Road, Pitlochry PH16 5BX, ✆ (01796) 472215 & 472751, ganzj.
Verkehrsverbindungen: Eisenbahn-Hauptstrecke Perth-Inverness.
Jugendherberge: Braeknowe, Knockard Road, ✆ (01796) 472308, 74 Betten, ganzj.
Camping: Faskally Caravan Park ****, ✆ (01796) 472007, 200 Standpl., Waschm., Mitte März-Okt., 3 km nördlich an der A924; Milton of Fonab, ✆ (01796) 472882, 154 Standpl., Waschm., März-Okt.
Fahrradvermietung: Atholl Mountain Bikes, Old School Park, ✆ (01796) 473553 & 481646; Escape Route, Moulin Road, ✆ (01796) 473859; Mr. Leaman, 11 Toberargan Rd., ✆ (01796) 472239.

Eine interessante Variante zur Fortsetzung der Strecke ist die Fahrt nach Rannoch und weiter mit der Eisenbahn (s. Etappe 20); dazu wählen Sie in Pitlochry die an der Westseite von Loch Faskally beginnende Nebenstraße längs der River-Tummel-Seen vorbei am Queen's View zur B846 nach Tummelbridge, weiter westwärts bis *Kinloch Rannoch*, dort links auf die Nebenstraße an der Südseite von Loch Rannoch entlang bis Bridge of Gaur. Die B846 bringt Sie als Sackgasse zur Bahnstation.

Etappe 20:
Stirling – Doune – Dunblane – Kinbuck – Braco – Comrie – Crieff – Aberfeldy – Weem – Logierait – Pitlochry (120 km)

Eine Strecke ins zentrale Hochland, die über Etappe 52 (ab Comrie) oder eine Eisenbahnverbindung (s.u., Aberfeldy) Abwandlungen in Richtung Westen zuläßt.

Sie beginnt in Stirling auf der A84 nach **Doune**, dem Standort eines ausgesprochen interessanten Automuseums, das 2 km nordwestlich an der A84 liegt. Eine umfangreiche private Kollektion meist repräsentativer Benzinkutschen kann dort April-Okt. täglich 10-17 h besichtigt werden. Dagegen ist die örtliche Burgruine des 14. Jh. eher touristischer Standard.

Von Doune aus bringt Sie die A820 nach *Dunblane*, wo Sie links auf der A9 Rchtg. Perth fahren.

Information: Stirling Road, Dunblane FK15, ✆ (01786) 824428, Mai-Sept.

Wenn die Hauptstraße zum Dual Carriageway wird, geht links die B8033 über Kinbuck nach Braco ab. In diesem Örtchen nehmen Sie die A822 Rchtg. Crieff und kommen kurz darauf an dem Zugang (Fußweg) zu einem Römerfort vorbei. Dann biegt links die B827 ab, eine ruhige Nebenstraße durch hübsche Berge (in Gegenrichtung ungünstiger, weil deutlich steiler) nach **Comrie**. (Anschluß an Etappe 52 Rchtg. Fort William ist hier möglich.) Wegen der Schönheit der Strekke sollten Sie diesen Weg auch dann wählen, wenn Sie die „Touristenattraktion" von Comrie, das *Scottish Tartans Museum*, eigentlich nicht interessiert. Dort gibt es solche Obskuritäten wie Kaiser Wilhelm II. im Schottenrock zu besichtigen (Ostern-Sept. täglich, ansonsten nur werktags). Von Comrie bringt Sie die A85 in die östlich gelegene Stadt **Crieff**, den Standort der ältesten Whiskybrennerei Schottlands, der Glenturret Distillery. Der Brennerei ist ein Whiskymuseum angeschlossen; Besichtigungen des Betriebs sind ganzjährig (im Sommer tägl.) möglich (Eintritt). Um die Besucherströme richtig auszunutzen, hat sich Crieff zudem ein *Visitor Centre* mit den üblichen Andenkenläden etc. zugelegt.

Information: High Street, Crieff PH7 3HU, ✆ (01764) 652578, ganzj.
Unterkunft: Braincroft Bunkhouse, By Comrie, Crieff, ✆ (01764) 670140, 56 Betten, ganzj.
Camping: West Lodge, Lawers, Comrie, ✆ (01764) 670354, 20 Standpl., Waschm., April-Okt., 2 km östl. von Comrie an der A85; Crieff Holiday Village, Turret Bank, Crieff, ✆ (01764) 653513, 36 Zeltstandpl., Waschm., ganzj., abseits der A85 nahe bei Crieff.
Fahrräder: Crieff Cycle Centre, Leadenflower Road, Crieff, ✆ (01764) 652599 (Geschäft) oder abends 654091, auch Übernachtung möglich, 6 Betten.

Von Crieff aus geht es in die Berge, wo die Straßen dünner gesät, aber auch meist weniger stark befahren sind. Die A822 schlängelt sich zwischen Bergketten hindurch nach Milton, dort geht es über die A826 geradewegs nach **Aberfeldy**, einem kleinen Städtchen, das dank seiner schönen Umgebung als Ferienort eine gewisse Bedeutung erlangt hat. Es liegt zwischen Bergen am Ufer des River Tay, dessen Ursprungssee, einer der größten der südlichen Highlands, ganz in der Nähe endet. Loch Tay kann auf Uferstraßen auch vollständig umrundet werden, was ab Aberfeldy eine Strecke von rund 80 km bedeutet. Auf halbem Weg, nämlich in *Killin* am anderen Ende des Lochs, gibt es eine Jugendherberge (s. Etappe 52).

Information: The Square, PH15 2DD, ganzj., ✆ (01887) 820276.
Unterkunft: Dunolly House Activity Centre, Taybridge Drive, Aberfeldy, ✆ (01887) 820298, 60 Betten, ganzj.
Camping: Aberfeldy ****, Dunkeld Road, ✆ (01887) 820662, 102 Zeltstandpl., Waschm., April-Okt.; Kenmore ***, ✆ (01887) 830226, 60 Zeltstandpl., Waschm., März-Okt., Waschm., am Nordostende von Loch Tay.
Fahrradvermietung: Perthshire Mountain Bikes, Pier Road, Kenmore, ✆ (01887) 830291 tagsüber und 830414 abends; Aberfeldy Mountain Bikes, Taybridge Drive, ✆ (01887) 820298, nur im Sommer.

In Aberfeldy kreuzen Sie auf der B846 Rchtg. Tummel Bridge den River Tay. Falls Sie die unten beschriebene Variante nicht wählen möchten, biegen Sie auf der nördlichen Flußseite in Weem rechts auf eine Nebenstraße ab, die immer am Fluß entlang zur A827 führt; im Örtchen Logierait nehmen Sie die links abzweigende, auf der Westseite des River Tummel entlangführende Nebenstraße nach **Pitlochry** (s. Etappe 19).

Die Variante läßt die Haupttouristenroute über Pitlochry rechts liegen und nutzt statt dessen eine Eisenbahnverbindung aus; allerdings eine Strecke, bei der nur wenige Räder transportiert werden können und Reservierung zumindest im Sommer deshalb unbedingt erforderlich ist (s. *Verkehrsverbindungen*).

Dazu bleiben Sie in Weem auf der B846 und überqueren die Hügelkette nach Tummelbridge. Dort fahren Sie auf der gleichen Straße westwärts weiter bis *Kinloch Rannoch*, wo Sie auf die südwärts am Loch Rannoch entlang führende Straße wechseln.

Camping: Tummel Bridge ****, ✆ (01882) 634221, 40 Standpl., April-Okt.

Am Westende des Sees kommen Sie zurück zur B846, die als Sackgasse nach **Rannoch** zum Bahnhof führt. Dort haben Sie Anschluß an eine der schönsten Eisenbahnstrecken durch die Highlands, die Route Glasgow – Crianlarich – Fort William (West Highland Line), eine Strecke, die durch Bergregionen führt, in denen es keine Straßen gibt und die man also nur mit dem Zug durchfahren kann. Die Anschlüsse von Rannoch in Richtung Fort William (Fahrzeit 1 Std.) erfolgen werktags jeweils um 9.17, 10.57, 15.25 und 21.06 h, sonntags nur abends; in Richtung Crianlarich und Glasgow (Fahrzeit 2½ Std.) werktags jeweils 8.28, 13.01 und 18.40 h, sonntags nur 18.40 h. Überprüfung dieser Fahrplanangaben ist natürlich erforderlich – und die vorherige (!) Reservierung für die Fahrräder, wenn Sie nicht ein paar Tage auf eine Transportmöglichkeit warten möchten, da der Bahnhof in Rannoch über kein Personal verfügt. Mit den genannten Verbindungen haben Sie Anschluß an die Etappen der Strecken Glasgow – Tarbert – Crianlarich – Bridge of Orchy – Fort William, also eine Vielzahl von Anknüpfungspunkten.

Etappe 21:
Stirling – Balfron – Drymen – Rowardennan – Fähre Inverbeg – Tarbet (65 km)

Die Durchführung der Etappe bis zum Ende ist abhängig vom Fährverkehr in Rowardennan (s.u.); ansonsten ist eine Umrundung des Loch Lomond über Balloch erforderlich, da es am Ostufer des Sees keine durchgehend befahrbare Straße gibt.

Die Strecke beginnt in Stirling auf der A811 Richtung Westen, der für etwa 10 km gefolgt wird. Ca. 3 km hinter dem links abseits der Straße liegenden Ort

Gargunnock geht links eine Nebenstraße ab, die über die Ausläufer einer Hügelkette führt, die B822 kreuzt und das Örtchen Balfron erreicht. An der Gabelung am Ortseingang halten Sie sich rechts, fahren durch bis zur A875 (Hauptdorfstraße), biegen links ein und nach wenigen Metern wieder rechts ab. Nach knapp 3 km wählen Sie an einer T-Mündung die nach rechts führende Straße, die nach ca. 1 km auf die A81 stößt.

Information: Trossachs Discovery Center, Main Street, Aberfoyle, ✆ (01877) 382352, April-Okt.
Camping: Cobleland, Forestry Commission, Aberfoyle, ✆ (01877) 382392, 100 Standpl., April-Okt., keine Dauercamper, 6 km nördlich abseits der A81.
Fahrradvermietung: Trossachs Holiday Park, Aberfoyle, ✆ (01877) 382614; Wheels, Invertrossachs Road, Callander, ✆ (01877) 31100, auch Übernachtung.

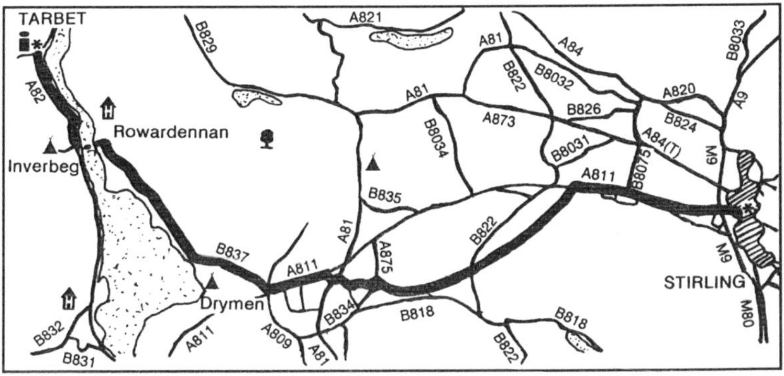

Kreuzen Sie die Hauptstraße etwas nach rechts versetzt; nach einigen hundert Metern folgt erneut eine T-Mündung, an der Sie rechts zur wenige Meter entfernten A811 fahren. Links einbiegend bringt Sie diese Straße geradewegs nach *Drymen*, einem kleinen Städtchen nahe der Südostecke von Loch Lomond. Die weiterführende B837 zum Ostufer beginnt hier; da sie für Autofahrer eine Sackgasse ist, gibt es darauf keinen Durchgangsverkehr. Kleine Urlaubsorte wie Milton und Balmaha werden durchfahren, bis die mittlerweile unklassifizierte Straße in *Rowardennan* ein Ende nimmt.

Dieses Örtchen besteht eigentlich nur aus ein paar Unterkunftsstätten, die außer für Loch-Lomond-Touristen vor allem für Bergwanderer von Interesse sind, da hier der Ausgangspunkt für den Aufstieg auf den Ben Lomond ist. Außerdem führt ein Fußweg am See entlang bis Inversnaid, der aber für Radtouristen nicht nutzbar ist. Dennoch ist Rowardennan im Sommer keine Fahrrad-Sackgasse, da vom Hotel in Rowardennan eine Personen- und Fahrradfähre über den See zum Inverbeg Inn betrieben wird. Sie verkehrt im allgemeinen Ostern-Sept. immer um 10, 14 und 18 h, ab Inverbeg jeweils 30 Minuten später wieder zurück; ein Hinweisschild sagt Ihnen Näheres. Wer sicher gehen will, daß der Betrieb auch durchgeführt wird, kann den Betreiber Mr. R. Nichol unter ✆ (01360) 870273 vorher dazu befragen; Gruppen können unter dieser Nummer ggf. auch einen Sondertransport buchen.

Bei Fahrten in Gegenrichtung reicht es gewöhnlich, am Inverbeg Inn ein Hinweisschild für den Fährmann am gegenüberliegenden Ufer zu drehen, damit dieser zu den vorgesehenen Zeiten auch wirklich kommt.

Jugendherberge: Rowardennan, ✆ (01360) 870259, 80 Betten, 30.1.-1.11., 1 km nördlich des Bootpiers.
Camping: Millarochy Bay, ✆ (01360) 870236, 140 Standpl., Waschm., März-Okt., bei Balmaha am See; Cashel Campsite, ✆ (01360) 870234, 135 Standpl., Waschm., Ostern-Okt., 5 km nördlich von Balmaha am Rand des Rowardennan Forest, direkt am Seeufer.

Wenn Sie nach Inverbeg übergesetzt haben, haben Sie folgende Anschlußmöglichkeiten: entweder direkt an Etappe 45 Richtung Glasgow, oder über die geradeaus durch das Glen Douglas führende Nebenstraße nach Craggan zur Etappe 46 nach Inveraray, oder Sie fahren auf der A82 rechts weiter nach **Tarbet** (= Etappe 45 in umgekehrter Richtung), dem Etappenziel. Im Sommer ist Tarbet einer der Haltepunkte der Ausflugsdampfer über den See.

Information: Main Street, Tarbet, Dunbartonshire, ✆ (01301) 702260, April-Okt.
Eisenbahnstation an der Strecke Glasgow-Oban/Fort William.
Jugendherberge: Loch Lomond, Arden, Alexandria, ✆ (01389) 850226, 160 Betten, ganzj., etwas abseits der A82 13 km südlich von Inverbeg.
Camping: Inverbeg Holiday Park ****, ✆ (01436) 860267, 25 Zeltstandpl., Waschm., März-Okt., Fahrradvermietung.

Etappe 22:
Pitlochry – Dalwhinnie – Kingussie – Aviemore – Carrbridge (100 km)

Nordwärts ins Spey Valley Richtung Inverness. Anschluß ist außerdem Rchtg. Fort William möglich, aber für diesen Fall ist die in Etappe 20 beschriebene Variante über Rannoch (Eisenbahn) empfehlenswerter.

Die Etappe beginnt in Pitlochry auf der A924 Rchtg. Inverness, der Sie für etwa 2 km bis zur B8079 folgen. Ca. 10 km nördlich von Pitlochry kommen Sie an **Blair Castle** vorbei, dessen Besitzer sich vergeblich bemühen, mit dem Etikett „meistbesuchtes Herrenhaus Großbritanniens" Touristen zu vergraulen: kaum jemand läßt auf der Standardroute nach Inverness das Schloß rechts liegen. Der Duke of Atholl, dem das weiße Schloß gehört, macht das Beste daraus und erlaubt gegen entsprechendes Entgelt April-Okt. tägl. 10-17 h Besuchern den Zutritt in die 32 öffentlich zugänglichen Räume seiner Residenz. Und jeweils Ende Mai trommelt der Herzog die *Atholl Highlanders* zum Zapfenstreich zusammen: die sind dank eines königlichen Privilegs von 1845 die einzige Privatarmee des Vereinigten Königreichs und bestehen fast ausschließlich aus Angestellten des Dukes.

Camping: Blair Castle *****, ✆ (01796) 481263, 283 Standpl., Waschm., April-Mitte Okt., Fahrradvermietung, in Blair Atholl.
Fahrradvermietung: Atholl Mountain Bikes, Old School Park, ✆ (01796) 473553.

Von nun an geht's bergauf: hinauf zum Pass of Drumochter, anfangs noch auf der B8079 (= alte Führung der A9), später auf dem Radweg Rchtg. Inverness, der ebenfalls auf der alten Streckenführung der Hauptstraße verläuft, aber nicht auf der Karte eingezeichnet ist; die A9 ist auf der Steigungsstrecke (gut 300 m Höhenunterschied) größtenteils zum Dual Carriageway ausgebaut. Diese Bergüberquerung ist sehr langgezogen, erst etwa 45 km von Pitlochry entfernt ist die Kuppe erreicht. Dann geht es wieder – nun auf der A9 – hinab; die erste links abzweigende Straße, die A889 Rchtg. Fort William, bringt Sie in das Örtchen *Dalwhinnie* (Eisenbahnstation). Nach der Überquerung der Eisenbahnlinie biegen Sie rechts ab auf eine parallel zu Eisenbahn und A9 verlaufende Nebenstraße, die durch das Glen Truim vorbei am Crubenmore Lodge zurück zur A9 führt, die bei Etteridge erreicht wird. Von dort geht es hinab ins Tal des River Spey.

Das **Spey Valley** ist eine jener Gegenden Schottlands, die der Massentourismus voll und ganz erobert hat. Die Städte des Tals sind seit über hundert Jahren stetig zu Urlaubsorten ausgebaut worden, in denen sowohl im Winter (Skilaufen) als auch im Sommer viel Trubel herrscht. Die hintereinander aufgereihten Touristenattraktionen zeigen deutlich die wirtschaftliche Orientierung der Region. In *Kingussie*, der ersten Stadt, die die A9 erreicht, gibt es das Highland Folk Museum, ein volkskundliches Museum mit einer Freilichtabteilung. In *Kincraig*, 5 km weiter, kann der Highland Wildlife Park besucht werden, ein Tierpark mit den Spezies, die früher im Hochland ansässig waren. In

Kartenskizze Etappe 22

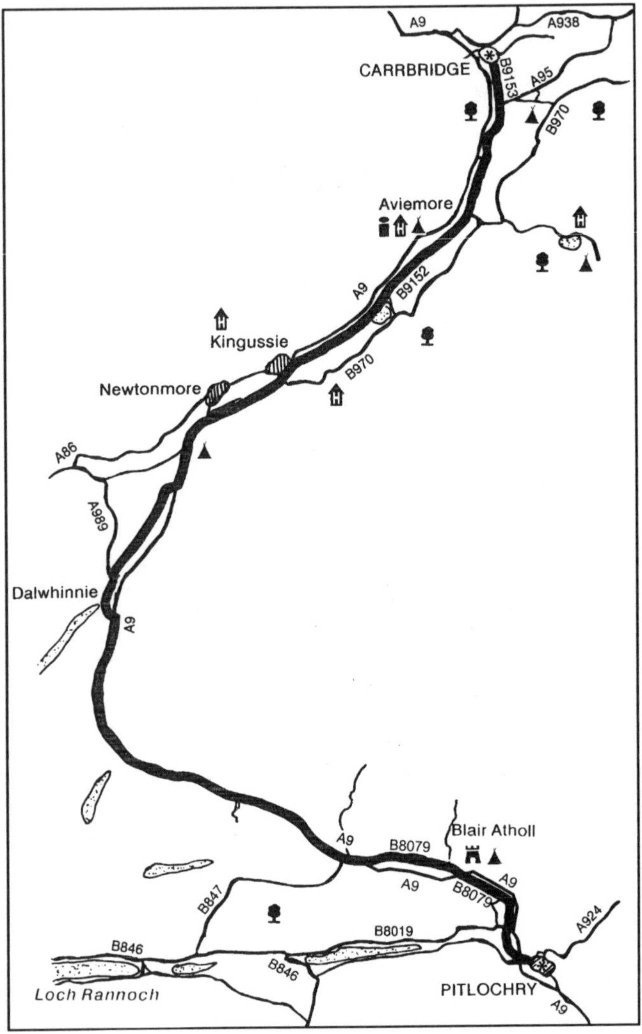

Aviemore ist das eigentliche touristische Zentrum des Tales erreicht; um auch außerhalb der Wintermonate, die für die nahen Cairngorm Mountains skifahrende Gäste bringen, „etwas bieten" zu können, haben irregeleitete Planer die Stadt mit gleich zwei Obskuritäten beglückt: dem *Aviemore Centre*, einem Freizeitzentrum mit allen denkbaren Vergnügungseinrichtungen, und dem Santa Claus Land Theme Park (!), wo der Weihnachtsmann ganzjährig im Einsatz ist. Seriöser und interessanter wird es dann wieder in **Boat of Garten** (s. Etappe 33) mit der dortigen Museumseisenbahn und am Etappenende, **Carrbridge**, wo das Landmark Visitors Centre einen Einblick in das Hochlandleben geben will. Aber auch ansonsten gibt es noch einiges zu sehen, wie diverse Burgruinen und Brücken (z.B. von 1717 in Carrbridge), Kirchen und das Whiskymuseum in Inverdruie bei Aviemore, nicht zu vergessen die wirklich attraktive Natur rings herum.

Information: Grampian Road, Aviemore PH22 1PP, ✆ (01479) 810363 (24-Stunden-Service), ganzj.; weitere Büros in Carrbridge und Kingussie.
Verkehrsverbindungen: Eisenbahnhauptstrecke Perth-Inverness mit Stationen in Newtonmore, Kingussie, Aviemore und Carrbridge; Museumseisenbahn von Aviemore nach Boat of Garten (s. Etappe 33).
Jugendherbergen: Aviemore, 25 Grampian Rd., ✆ (01479) 810345, 114 Betten, Fahrradverl., ganzj.; Loch Morlich, Glenmore, ✆ (01479) 861238, 86 Betten, ganzj., 10 km östl. von Aviemore am Loch Morlich, Vorbuchung oder frühzeitiges Erscheinen sinnvoll, da unmittelbar am Cairngorm.
Unabhängige Hostels: Kirkbeag Hostel, Kincraig, ✆ (01540) 651298, 6 Betten, ganzj.; Bothan Airigh, Insh, Kingussie, ✆ (01540) 661051, 8 Betten, ganzj.; Glen Feshie Hostel, Balacroick House, Kincraig, ✆ (01540) 651323, 14 Betten, ganzj.; Lairds Bothy, High Street, Kingussie, ✆ (01540) 661334, 33 Betten, ganzj.; Craigellachie Lodge, Main Street, Newtonmore, ✆ (01540) 673360, 18 Betten ganzj.; Carrbridge Bunkhouse, Darrachney House, ✆ (01479) 841250, 18 Betten, ganzj.
Camping: Invernahavon, Glentruim Estate, Newtonmore, ✆ (01540) 673534 & 673219, 89 Zeltstandpl., Waschm., März-Okt., 5 km südlich von Newtonmore; Coylumbridge *****, ✆ (01479) 812800, 39 Zeltstandpl., Waschm., ganzj., südl. von Aviemore an der B970; Dalraddy ****, ✆ (01479) 810330, 24 Zeltstandpl., Waschm., ganzj., 5 km südlich von Aviemore an der B9152; Glenmore Forest Park ****, ✆ (01479) 861271, 220 Zeltstandpl., Waschm., im Nov. geschl., am Südufer von Loch Morlich, über die Straße zur JH zu erreichen; Mountain Resort ****, Aviemore, ✆ (01479) 810751, 90 Standplätze, im Nov. geschl.; Campgrounds of Scotland *****, Boat of Garten, ✆ (01479) 831652, 37 Zeltstandpl., ganzj., im Dorf.
Fahrräder: Vermietung (vor allem MTBs) bei zahlreichen Stellen in Kingussie, Newtonmore, Aviemore und Carrbridge; u.a. Aviemore Mountain Bikes, 45a Grampian Rd., ✆ (01479) 811007; Inverdruie Mountain Bikes, Inverdruie, ✆ (01479) 810787; Reparaturen vor allem in Aviemore.

Die Strecke durch das Spey Valley fahren Sie entweder ab Kingussie auf der B9152 parallel zur A9 bis hinter Aviemore, dort nahtlos geradeaus weiter auf der A95 bis hinter Kinveachy, dort geradeaus von der Hauptstraße hinunter auf die B9153 nach Carrbridge. Oder vor Kingussie auf die B970 ausweichen bis Boat of Garten und entsprechend Etappe 33 (s. dort) bis Carrbridge.

Etappe 23:
Dundee – Arbroath – Montrose – Laurencekirk – Stonehaven (73 km)

Die Küstenstrecke Richtung Aberdeen, für die es keine sinnvollen Alternativen zu der Hauptstraßenbenutzung gibt. Eine etwas nördlicher geführte Variante ist Etappe 24.

Die Etappe beginnt in Dundee auf der A92, die geradewegs nach **Arbroath** führt. Das ist der sonnenreichste Ort Schottlands, wenn man den Statistikern glauben darf. Dementsprechend ist der etwa 15.000 Einwohner zählende Fischereihafen auch ein beliebter Urlaubsort geworden. Wahrzeichen der Stadt ist die Abteiruine, ein Bau aus rotem Sandstein in wildgemischten Baustilen, die zu den üblichen Zeiten besichtigt werden kann.

Information: Market Place, Arbroath DD11 1HR, ✆ (01241) 872609, ganzj.
Verkehrsverbindungen: Eisenbahnstrecke Dundee – Aberdeen.
Camping: Woodlands ****, Carnoustie, ✆ (01241) 854430, 106 Standpl., Waschm., April-Okt., auf halbem Weg von Dundee südlich der Streckenführung; Seaton Estate, Arbroath, ✆ (01241) 874762, 20 Standpl., März-Okt.
Fahrräder: Angus Bike Chain, 1 Market Place, ✆ (01241) 875510.

Von Arbroath aus führt die A92 geradewegs weiter zum etwa 22 km entfernten Städtchen **Montrose**, einem weiteren beliebten Ferienort und Nordseehafen. Beim alten Rathaus der Stadt aus dem 18. Jh. gibt es ein Heimatmuseum.

5 km westlich (nahe der A935) kann das 1730 vom berühmten Architekten William Adam entworfene *House of Dun* (in Obhut des National Trust) Mai-Sept. täglich 13.30-17.30 h besichtigt werden.

Information: Bridge Street, Montrose, Angus, ✆ (01674) 672000, April-Sept.
Verkehrsverbindungen: Eisenbahnhauptstrecke Dundee – Aberdeen.
Camping: South Links ****, Traill Drive, ✆ (01674) 672105, 160 Standpl., März-Mitte Okt., in Strandnähe.

Bei der Weiterfahrt bewegen Sie sich auf der A937 in Richtung Binnenland und stoßen bei *Laurencekirk* auf die Hauptstraße A90 nach Stonehaven.

Camping: Dovecot, North Water Bridge, ✆ (01674) 840630, 25 Zeltstandpl., Waschm., April-Okt., südwestl.; East Bowstrip *****, St. Cyrus, ✆ (01674) 850328, 60 Standpl., April-Okt.

Alternativ können Sie allerdings auch auf der A92 bleiben; Laurencekirk hat eine Stadtumgehung, so daß Sie bei Benutzung der Hauptstraße nicht durch den Ort kommen. Welche Strecke Sie auch wählen, Sie müssen stets mit recht viel Verkehr rechnen.

Kartenskizze Etappen 23 & 24

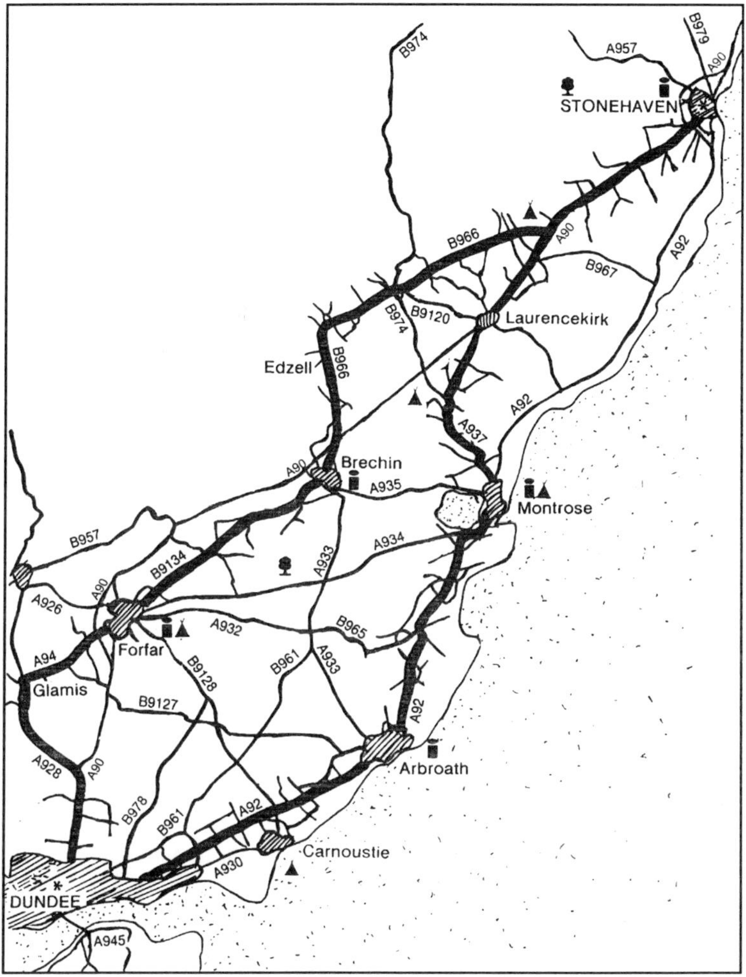

Stonehaven, 7000 Einw., Grampian Region (Kincardineshire), hat durch seine relative Nähe zur Öl-Boom-Stadt Aberdeen in den letzten Jahren ein paar Scheiben vom wirtschaftlichen Kuchen mitbekommen, ist im übrigen aber lediglich eine kleine Hafen- und Urlaubsstadt. Ältestes Gebäude der Stadt ist das Tolbooth von 1620 am Hafen, in dem ein Museum untergebracht ist. Etwa 3 km südlich von Stonehaven steht auf einem Felsen das *Dunnottar Castle*, von der A92 aus zu erreichen, eine zu ihrer Zeit uneinnehmbare Burg (im Winter sa geschl.).

Information: 66 Allardice Street, Stonehaven AB3, ✆ (01569) 762806, Ostern-Okt.
Verkehrsverbindungen: Eisenbahnhauptstrecke Dundee – Aberdeen.

Etappe 24:
Dundee – Glamis – Forfar – Brechin – Edzell – Stonehaven (87 km)

Eine Strecke, die zu etwa einem Drittel auf der vielbefahrenen Hauptstraße A94 verläuft.

Sie beginnt in Dundee auf der nordwärts führenden A90 Rchtg. Forfar, die nach etwa 5 km links auf die A928 nach **Glamis** verlassen wird. Dieses Dorf hat mit gleich zwei Einrichtungen am schottischen Tourismus regen Anteil: dem Glamis Castle und dem Angus Folk Museum. Das Castle ist im 17. Jh. aus älteren Bestandteilen im Baronialstil errichtet worden und somit ein Vorläufer und Vorbild für die Modebauten des 19. Jh. Was wie eine Ritterfilmkulisse aussieht, kann April-Mitte Okt. tägl. 10.30-17.30 h besichtigt werden; die Parkanlagen sind unabhängig vom Schloß zugänglich. Nach Glamis Castle hatte Shakespeare übrigens sein Macbeth-Drama verlegt. Im gleichnamigen Dorf unterhält der National Trust das Volkskundemuseum der Region Angus, untergebracht in sechs Cottages aus dem frühen 19. Jh. und zu besichtigen Mai-Sept. täglich 11-17 h.

Von Glamis aus nehmen Sie die A94, die hier noch nicht den Massenverkehr Dundee-Aberdeen zu bewältigen hat, Rchtg. Forfar. Kurz vor dieser benachbarten Marktstadt kreuzt die A94 die Umgehungsstraße A90, und Sie erreichen geradeaus **Forfar**, wo Sie einen Einblick in die Kunst der Dudelsack-Herstellung bekommen können. Zum Entsetzen mancher kirchentreuer Schotten wird hier seit dem 16. Jh. der Wochenmarkt sonntags (!) abgehalten.

Information: East High Street, Forfar, Angus, ✆ (01307) 467876 , April-Sept.
Camping: Lochside ****, Forfar Country Park, ✆ (01307) 464201, 74 Standpl., April-Okt.

Fahren Sie geradeaus durch die Stadt hindurch und auf der B9134 weiter nach **Brechin**, einem alten Städtchen am South Esk River. Die Kathedrale der Stadt aus dem 12. Jh. ist im 19. Jh. erneuert worden; in der Nähe steht einer der in Schottland eher seltenen keltischen Rundtürme, der etwa 1000 Jahre alt ist. Das örtliche Castle stammt in seiner heutigen Form aus dem 18. Jh.

Information: St. Ninian's Square, Brechin, ✆ (01356) 623050, April-Sept.
Camping: Eastmill ****, Trinity, Breachin, ✆ (01356) 622487, 65 Standpl., Waschm., April-Okt.
Fahrradvermietung: Christies Cycles, 14 Damacre Rd., ✆ (01356) 623402.

Ab Brechin nehmen Sie die B966 über die A94 hinweg und kommen nach wenigen Kilometern durch **Edzell**, ein hübsches, gut erhaltenes Dorf, in dessen Nähe das gleichnamige Castle steht, dessen schöner Renaissancegarten mit den Burgresten täglich 9.30-19.00 h zugängl. ist, so erst nachmittags. Außerdem gibt es beim Ort ein kleines volkskundliches Museum („The Retreat"), Juni-Sept. tägl. 12-18 h.

Die Strecke führt auf der B966 durch *Fettercairn* (viktorianisches *Fasque House*, Mai-Sept. außer fr) und weiter über die Ausläufer der Hügel, bis diese Straße ca. 13 km vor Stonehaven auf die A90 stößt. Die letzten Kilometer müssen Sie schließlich auf dieser Hauptstraße radeln, um nach **Stonehaven** (s. Etappe 23) zu gelangen; im Nahbereich der Stadt ist die Streckenführung kurzzeitig mit einer neuen Umgehungsstraße identisch.

Etappe 25:
Glen Shee – Braemar – Ballater – Banchory (100 km)

Über den höchsten Straßenpunkt Großbritanniens nach „Royal Deeside".

Die Etappe beginnt im Tal von Glen Shee als Anschluß an Etappe 18 und führt auf der A93 die berühmte Paßstraße *Devil's Elbow* hinauf. Die Spitze dieser Paßstraße, die beachtliche Steigungen aufweist, ist der höchste Punkt, den man auf einer Straße der britischen Inseln erreichen kann. Nach gut 30 km Fahrt durch eine faszinierende Berglandschaft kommen Sie in Braemar ins Tal des River Dee. Etwa 4 km vor Braemar können Sie dabei links auf eine Nebenstraße ausweichen, die auf der anderen Seite des Clunie Water ins Tal hinab führt.

Braemar, 800 Einw., Grampian Region (Aberdeenshire) ist der Anfang von *Royal Deeside*, so benannt aufgrund des Umstandes, das seit über hundert Jahren die britische Königsfamilie im Tal des River Dee ihre Sommerferien verbringt. Es ist in der Tat eine äußerst sehenswerte Angelegenheit, leider in der Hauptsaison aber völlig überlaufen. Braemar selbst hat ein Castle (zu besichtigen April-Okt.), ein Cottage, in dem Stevenson die „Schatzinsel" schrieb, ein Kunsthandwerkszentrum und – auf der nördlichen Flußseite – *Invercauld House*, ein im 15. Jh. begonnenes Herrenhaus. Das wichtigste Ereignis in Braemar ist das Royal Highland Gathering, die berühmtesten aller schottischen Hochlandspiele, jährlich am ersten Septemberwochenende abgehalten und außer mit über 20.000 Zuschauern mit der Anwesenheit der königlichen Familie – bzw. deren Resten – „aufgewertet". Dementsprechend sollte man sich an diesem Wochenende, falls man am Rummel teilnehmen möchte, nur

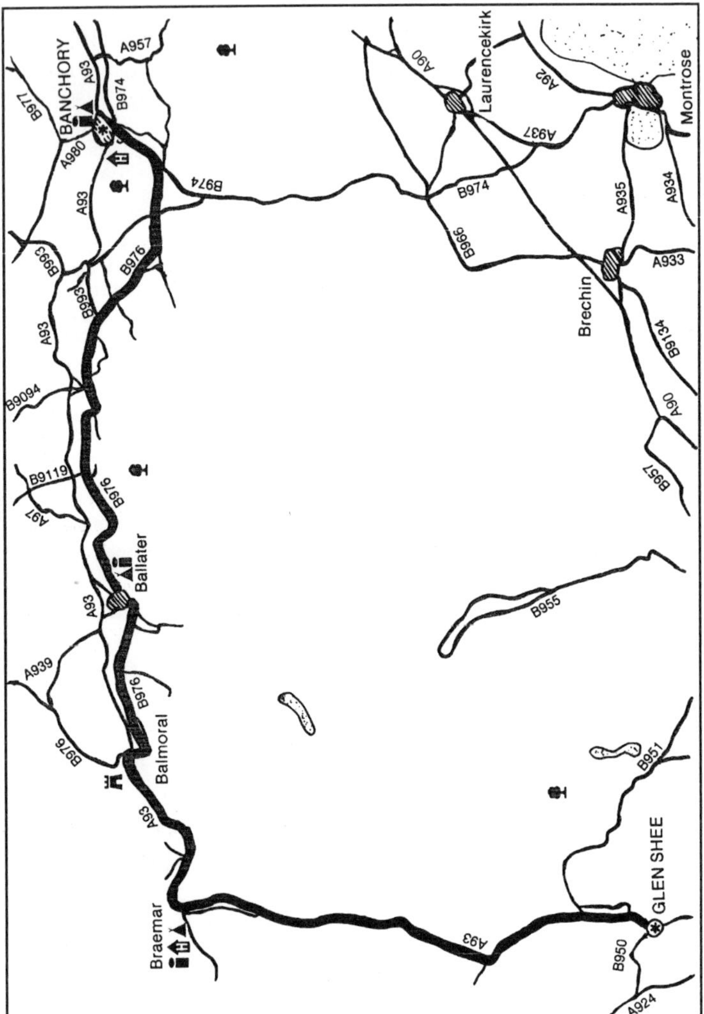
BANCHORY
A957
A93
B974
B977
A980
A93
B974
B993
B976
B993
A93
B9094
B9119
B976
A97
Ballater
A93
A939
B976
Balmoral
B976
A93
Braemar
A93
GLEN SHEE
B950
A924
B951
B955
Laurencekirk
A90
A92
Montrose
A937
B974
A935
A934
B966
A933
Brechin
B9134
A90
B957

mit vorbestellten Quartieren ins Deetal wagen! Auch Camping – selbst Wildcampen – ist spontan dann nicht möglich.

Information: The Mews, Braemar AB3 5YE, ✆ (01339) 741600, März-Nov.
Jugendherbergen: Corrie Feragie, 21 Glenshee Road, Braemar, ✆ (01339) 741659, 64 Betten, ganzj., am südöstl. Ortsrand; Inverey Hostel, kein Telefon, 17 Betten, kein Lebensmittelverkauf, 15.5.-4.10., winzige, spartanische Herberge etwa 7 km westlich von Braemar.
Unterkunft: Braemar Rucksack's, 15 Mar Road, ✆ (01339) 741517, 26 Betten, ganzj.
Camping: Invercauld, Glenshee Road, ✆ (01339) 741373, 15 Zeltstandpl., Waschm., Dez.-Okt.

Fahren Sie weiter auf der A93 durch das Tal des River Dee. Nach etwa 15 km kommen Sie am Sommersitz der königlichen Familie, **Balmoral Castle**, vorbei, dem Musterbeispiel des viktorianischen Baronialstils – Zinnen, Türmchen und Treppengiebel, soweit das Auge blickt. Das Castle dient nach wie vor ausschließlich als Privathaus, während die Parkanlagen bei Abwesenheit der Blaublütler zugänglich sind; Erkennungszeichen: bei aufgezogener Fahne ist der Zutritt verboten. In der Nähe des Schlosses befindet sich mit der *Crathie Church* ein hübscher Kontrast zur Schnörkelpracht des Schlosses (April-Okt.); in den Sommermonaten frequentieren Teile der Königsfamilie diese Kirche zum Sonntagsgottesdienst, was entsprechend viele Fotofreunde und Repräsentanten der Regenbogenpresse anlockt (Prinz Charles kommt allerdings nicht mehr, seitdem die Liturgie nicht mehr im mittelalterlichen Englisch gehalten wird!). In Höhe der Kirche verlassen Sie die A93, kreuzen den River Dee und fahren auf der anderen Flußseite auf der B976 weiter nach *Ballater*, einem populären Ferienort, in dem Sie Anschluß an Etappe 32 Rchtg. Inverness bekommen können.

Information: Station Square, Ballater AB3 5RB, ✆ (01339) 755306, Mai-Okt.
Camping: Ballater, ✆ (01339) 755727, 66 Standpl., Waschm., April-Okt., am Nordufer des River Dee; Drummie Hill, Tarland, ✆ (01339) 881388, 40 Zeltstandpl., Waschm., April-Okt., ca. 8 km nördlich von Aboyne an der B9119.
Fahrräder: Wheels & Reels, 2 Braemar Rd., ✆ (01339) 755864, auch Vermietung; *nur Vermietung:* Making Treks, Tullich Road, ✆ (01339) 755865.

Bleiben Sie auf der weniger befahrenen Südseite des River Dee, und fahren Sie auf der B976 entlang der Hügelausläufer geradewegs bis Banchory, dem Etappenziel; etwa 5 km vor der Stadt ist diese Straße mit der B974 vereint.

Banchory, 4000 Einw., Grampian Region (Kincardineshire), schließt den Reigen der Ferienorte an dieser Strecke. Etwa 5 km östlich an der A93 (ggf. auch bei der Weiterfahrt bis dort zu benutzen) befindet sich eine der schönsten Schloßpark-Anlagen des Deetals, *Crathes Castle* aus dem 16. Jh. Der Besitz befindet sich heute in Obhut des National Trust, der u.a. die Stallanlagen zu einer Unterkunft für Jugendgruppen u.ä. ausgebaut hat. Der Park ist ganzjährig 9.30 h-Sonnenuntergang zugänglich, das Schloß Ostern-Okt. 11-17.30 h. Ein weiteres Schloß des National Trust ist *Drum Castle*, auf halbem Weg nach Aberdeen nördlich der A93 und somit abseits der in Etappe 26 empfohlenen Strecke gelegen. Es ist ein befestigter Turmbau aus dem 13.

Jh., der später mehrfach ergänzt wurde. Der dazugehörige Park ist ganzjährig bis Sonnenuntergang zu durchwandeln, das Schloß erfordert den üblichen Eintritt (Mai-Sept. tägl. 14-17.30 h).

Information: Bridge Street, Banchory AB3 3YA, ✆ (01330) 822000, Ostern-Okt.
Unterkunft: The Wolf's Hearth, Tornaveen, bei Banchory, ✆ (01339) 883460, 12 Betten, ganzj.
Camping: Banchory Lodge, Dee Street, ✆ (01330) 822246, 25 Standpl., Waschm., April-Okt., 200 m vom Zentrum Banchorys; Campfield ****, Glassel, ✆ (01339) 882250, 10 Zeltstandpl.,Waschm., April-Sept., 6 km nordwestlich an der A980; Silver Ladies ****, Strachan, ✆ (01330) 822800, 103 Standpl., viele Dauercamper, April-Okt.
Fahrradvermietung: Monster Bikes, Station Rd., ✆ (01330) 825313.

Etappe 26:
Banchory – Maryculter – Aberdeen (30 km)

Die Anschlußstrecke in die „Hauptstadt" des schottischen Ölbooms.

Sie beginnt in Banchory auf der B974, kreuzt die A957 und führt geradeaus auf der B9077 nach *Maryculter*, dem Standort des Märchenparks „Storybook Glen" (März-Okt. tägl., im Winter nur am Wochenende), und weiter bis Aberdeen, das am südlichen Stadtrand unmittelbar an der Dee-Brücke aus dem 16. Jh. erreicht wird (South Deeside Road/Leggart Terrace; *in Gegenrichtung:* A92 aus Aberdeen nach Süden, rechts in Anderson Drive einbiegen und gleich wieder links auf Leggart Terrace/South Deeside Road).

Aberdeen, 200.000 Einw., Grampian Region (Aberdeenshire), ist die drittgrößte Stadt Schottlands und dank der Etablierung der Ölförder-Verwaltung und -Versorgung eine der florierendsten Städte Großbritanniens. Auch die Arbeitslosenrate ist weniger hoch als im Rest des Landes, obwohl die meisten Öl-Arbeitsplätze von zugereisten Spezialisten eingenommen werden. Aberdeen ist eine alte Stadt, die darauf stolz ist, ihre Stadtgeschichte fast lückenlos seit dem 12. Jh. mit Dokumenten belegen zu können, angefangen mit der Stadtrechtsurkunde von 1179. Das Stadtbild beherrschen aber keine mittelalterlichen Gebäude, sondern die im 18. und 19. Jh. errichteten zahlreichen Granitbauten. Granit wurde in der Umgebung Aberdeens seit mehreren hundert Jahren abgebaut und in alle Welt exportiert; erst vor etwa 30 Jahren schloß das letzte Bergwerk wegen Unrentabilität. Aus dem widerstandsfähigen heimischen Baustoff wurden die meisten Gebäude der Innenstadt errichtet, was Aberdeen den Titel der granitenen Stadt eintrug. Das Glitzern dieses Werkstoffs im Sonnenlicht inspirierte Lokalpatrioten zur Variante „Silberne Stadt"; bei Regen löst sich der gute Eindruck allerdings in Richtung grau in grau auf. Das imposanteste der Granitgebäude ist zweifellos das Marischal College der Universität, aber auch das alte Rathaus (Town House) ist sehenswert. Zu den älteren Bauten zählen das Provost Ross's House in der Shiprow von 1593, das heute dem National Trust gehört und ein gratis (ganzj.

mo-so 10-17 h) zugängliches Maritimes Museum enthält, das Provost Skene's House von 1545 am Fuß des neuen Rathauses und die St. Marchar's Cathedral aus dem 14./15. Jh. im nördlichen Vorort Old Aberdeen. Wer lieber etwas mehr Leben um sich haben möchte, dürfte auf dem Fischmarkt (mo-fr jeweils 7.30-9.30 h) in der South Market Street (in Bahnhofsnähe) oder auf dem Flohmarkt (freitags 8-13 h) am Castle Gate Market besser aufgehoben sein. Übrigens ist Aberdeen für verregnete Sonntage nicht als Aufenthaltsort zu empfehlen: die sehenswerten Gebäude sind dann allesamt geschlossen.

Information: St. Nicholas House, Broad Street, Aberdeen AB9 1DE, ✆ 632727, ganzj.
Telefonvorwahl: 01224
Verkehrsverbindungen: Eisenbahn in Richtung Dundee und Inverness; Flugplatz (nordwestlich) mit regem Binnenverkehr und größtem Helikopterflugplatz der Welt; Fähren zu den Orkneys und Shetlands.
Herberge: King George VI Memorial Hostel, 8 Queens Road, ✆ 646988, 112 Betten, ganzj., an der A944 Rchtg. Alford westlich des Stadtzentrums. *Unabhängiges Hostel:* Scottish Agricultural College, Bucksburn, ✆ 711195, ganzj.
Camping: Hazlehead ****, ✆ 647647, 30 Zeltstandpl., Waschm., April-Sept., 3 km westlich der Stadt an der A944; Lower Deeside Holiday Park, Maryculter, ✆ 733860, 45 Standpl., Waschm., ganzj., bei einem Hotel auf halber Etappenstrecke.
Fahrräder: Cycling World, 460 George Street, ✆ 632994; Alpine Bikes, 70 Holburn Street, ✆ 211455 (auch Verleih); Street Cyclery, 34 St. Andrews Street, ✆ 658156.

Unterwegs im Hochland

Kartenskizze Etappen 26 – 29

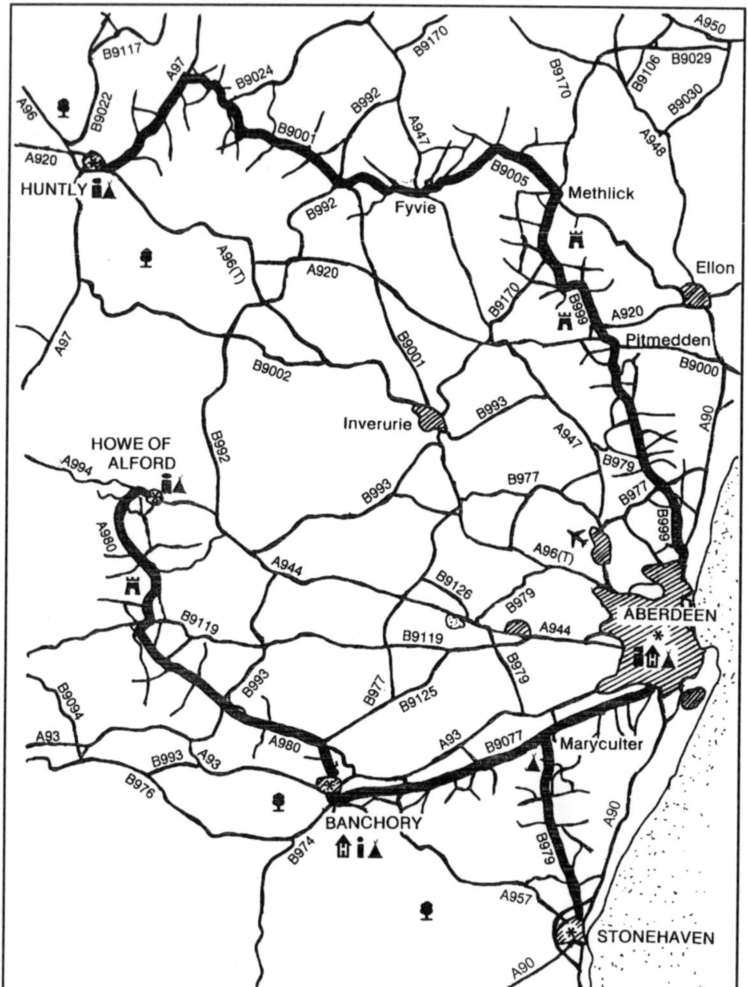

Etappe 27:
Banchory – Howe of Alford (35 km)

Der erste Teil der Strecke Richtung Elgin und Inverness auf einer weniger bergigen Strecke als Etappe 32 (Ballater – Tomintoul).

Für die Etappe wird fast durchgehend die A980 benutzt, die vorbei an Campfield nach Nordwesten führt. Hinter Lumphanon fahren Sie einen Berg hinauf und kommen bei Kintocher am *Craigievar Castle* vorbei, einem Beispiel gemäßigten Baronialstils aus dem 17. Jh. mit Renaissance-Innenausstattung, das heute dem National Trust gehört. Die zugehörigen Parkanlagen sind ganzjährig und gratis zugänglich, das Schloß nur Mai-Sept. 14-18 h (Juli/Aug. ab 11 h).

In **Alford**, am Etappenende (Anschluß Etappe 31), das über einen kurzen Abstecher ostwärts auf der A944 erreicht wird, gibt es zwei interessante und preisgekrönte technische Sehenswürdigkeiten, nämlich das *Grampian Transport Museum* mit Abteilungen für Straße und Schiene (täglich April-Okt.) und die vom Eisenbahnmuseum zu einem Park führende einzige Schmalspureisenbahn des schottischen „Festlands“ (in Betrieb Juni-August täglich, April/Mai/ Sept. nur am Wochenende). Außerdem ist in einem früheren Viehmarkt ein *Heritage Centre* eingerichtet worden (April-Okt. tägl.).

Information: Im Eisenbahnmuseum, ✆ (01975) 562052, April-Okt.
Camping: Haughton *****, Montgarrie Road, ✆ (01975) 562107, 62 Zeltstandpl., Waschm., Fahrradvermietung, April-Okt.

Für direkten Anschluß an Etappe 31 können Sie ggf. westlich von Alford direkt links auf die A944 einbiegen.

Etappe 28:
Stonehaven – Maryculter – Aberdeen (30 km)

Zur Vermeiden der Hauptstraße A92 (Dual Carriageway) benutzt diese Etappe ab Stonehaven die B979 nach Norden, die am nördlichen Stadtrand von Stonehaven von der A92 abzweigt. Bei *Maryculter* (s. Etappe 26) gelangen Sie ins Tal des River Dee. Hier trifft die Strecke auf die B9077, die Sie rechts geradewegs nach **Aberdeen** (s. Etappe 26) bringt.

Etappe 29:
Aberdeen – Pitmedden – Methlick – Fyvie – Gordonstown – Bogniebrae – Huntly (83 km)

Durch sanft hügeliges Gebiet im Bogen Richtung Inverness. Diese Etappe läßt die einförmigen Städte der Nordostküste absichtlich rechts liegen. Es gibt aber im gesamten Streckenverlauf weder Jugendherbergen noch registrierte Campingplätze.

Die Strecke beginnt in Aberdeen auf der A92 Rchtg. Peterhead, die zuerst den River Don überquert und dann durch den Vorort Bridge of Don führt. Danach biegt von der Hauptstraße die B999 links ab und führt geradewegs nach **Pitmedden**. Bei diesem Ort befinden sich die gleichnamigen Gartenanlagen aus dem 17. Jh., ergänzt durch allerlei Ausstellungen zu formalen („französischen") Gärten, Ackerbau und zum bäuerlichen Leben der Region (Mai-Sept. täglich 10-17.30 h).

Bei der Weiterfahrt auf der B999 kommen Sie 1 km nördlich von Pitmedden an der Zufahrt zum *Tolquhon Castle* vorbei, das ganzj. täglich 9.30-16.30 h geöffnet ist. Nach weiteren ca. 2 km vollführt die B999 eine scharfe Linkskurve (von hier aus direkte Zufahrt zum Haddo House, s.u., möglich über geradeaus führende Nebenstraße bis zur B9005, dort links, später erneut links in die Zufahrt zum Haus), verläuft durch Tarves, knickt scharf rechts ab und vereinigt sich mit der B9170 nach *Methlick*. Etwa 3 km südöstlich dieses Örtchens befindet sich ein schönes georgianisches Herrenhaus in Obhut des National Trust, **Haddo House**, dessen Parks ganzj. bis Sonnenuntergang betreten werden können; das Haus ist Mitte April-Okt. tägl. 14-18 h, Juni-Aug. ab 11 h, zu besichtigen.

Nachdem Sie nördlich von Methlick den River Ythan überquert haben, biegen Sie links auf die B9005 nach **Fyvie** ab. Bei diesem Dorf befindet sich eines der schönsten Schlösser der Grampian Region (National Trust). Die ältesten Teile stammen aus dem 13. Jh., zu besichtigen April-Okt. tägl. 14-18 h, Juni-Aug. ab 11 h; die örtliche Kirche stammt aus dem 12. Jh.

Von Fyvie wählen Sie die Nebenstraße über Gordonstown (diesen Ortsnamen gibt es in der Gegend mehrere Male) zur B9001, in die Sie rechts einbiegen. Die Straße führt geradewegs über Badenscoth nach Bogniebrae, wo sie auf die A97 nach Huntly trifft.

Huntly, 4000 Einw., Grampian Region (Aberdeenshire), ist Marktstadt und Bezirkszentrum für das Gebiet von Strathbogie und wegen seiner zentralen Lage im Osten Schottlands ein günstiger Ausgangspunkt für Ausflüge in die Umgebung. Der Stolz der Stadt ist die Ruine von Huntly Castle, einem Renaissanceschloß von etwa 1600, im Norden gelegen und tägl. 9.30-18.00 h zugänglich, sonntags ab 14.00 h, im Winter kürzer.

Information: 116 High Street, ✆ (01309) 672938, Mitte Mitte April-Okt.
Verkehrsverbindungen: Eisenbahn nach Inverness und Aberdeen.
Camping: Huntly Castle, The Meadow, ✆ (01466) 794999, Waschm., April-Okt., 90 Plätze.
Fahrradvermietung: Huntly Cycle Centre, 7 Granary Street, ✆ (01466) 793508; Huntly Nordic Ski Centre, Hill of Haugh, ✆ (01466) 794428.

Etappe 30:
Huntly – Dufftown – Rothes – Elgin (60 km)

Die Verbindung durch den Moray District (in etwa frühere Grafschaft) zur Küstenstrecke Richtung Inverness. Der Moray District ist jener Teil Schottlands, in dem weltbekannte Whiskybrennereien so dicht beeinander liegen, daß findige Tourismuswerber sie zum Malt Whisky Trail kombiniert haben. So ist es fast unvermeidlich, daß zwei der Distilleries auch an dieser Etappe liegen.

Die Strecke beginnt in Huntly auf der A920, die auf dem Weg nach Osten fast 200 m Höhenunterschied überwindet. In **Dufftown**, einem Städtchen von etwa 1700 Einwohnern, befindet sich die Glenfiddich Distillery, so benannt nach einem nahe gelegenen Tal. Die Brennerei ist die eine von nur zwei existierenden in Schottland mit eigener Flaschenabfüllung; sie kann ganzjährig besichtigt werden (Mai-Sept. auch am Wochenende), ein Gratisumtrunk gehört natürlich dazu. Es gibt in Dufftown außerdem sieben weitere Whiskybrennereien. Glenfiddich liegt an jener Straße, die im Norden des Ortes von der A941 zum *Balvenie Castle* führt. Die im 13. Jh. begonnene Burg kann April-Sept. mi-sa 9.30-18.00 h, sonntags ab 14 h, besichtigt werden. 3 km südöstlich von Dufftown befindet sich die von der A941 aus zugängliche Burgruine von *Auchindoun Castle* aus dem 15. Jh. auf einem Hügel am River Fiddich; der Besuch ist aber eher etwas für Spaziergänger, da der Weg hinauf in schlechtem Zustand ist und die Ruine wegen Baufälligkeit ohnehin nur von außen betrachtet werden darf.

Information: Clock Tower, The Square, ✆ (01340) 820501, April-Okt., schriftliche Anfragen nach Elgin (s.u.).
Herberge: Pitglossie Cottage, Dufftown, ✆ (01340) 821069, 6 Betten.
Camping: Aberlour Gardens *****, ✆ (01340) 871586, 30 Standpl., Waschm., April-Okt., 6 km nordwestlich; Craigellachie *****, Elchies, ✆ (01340) 810414, 20 Standpl., ganzj., 6 km nordwestlich an der A941.

Die Etappe verläuft weiter auf der A941 geradewegs weiter nach **Rothes**, wo eine weitere Brennerei, die Glen Grant Distillery, Mitte April-Ende Sept. mo-fr 10-16 h (Juli/Aug. auch sa) Besucher empfängt.

In Rothes verlassen Sie die A941 und fahren rechts auf der B9015 durch das Tal des River Spey weiter, bis links die B9103 Rchtg. Lossiemouth abzweigt. Auf dieser Straße erreichen Sie die A96 etwa 4 km vor Elgin.

Elgin, 20.000 Einw., Grampian Region (Moray), ist eine alte Bischofsstadt und Verwaltungssitz der früheren Grafschaft. Die Kathedrale, im 14. Jh. samt der Stadt von einem übellaunigen (und unehelichen) Königssohn bereits einmal abgebrannt und später wieder aufgebaut, zerfiel nach der Reformation sehr stark und diente im 18. Jh. als „Steinbruch" für neue Gebäude. Die Reste sind zugänglich 9.30-18.00 h, so ab 14 h, im Winter kürzer. Vor allem in der High Street sind in Elgin noch einige alte Gebäude aus dem 17. und 18. Jh. erhalten, und auch das örtliche Museum und die Touristeninformation sind hier zu finden. Eine ganze Reihe von teils baufälligen Burgruinen in der Nähe ergänzt den Reigen alter Gemäuer für historisch Interessierte; bemerkenswertes Beispiel: das normannische *Duffus Castle*, ca. 5 km nordwestlich (14. Jh., permanent gratis zugänglich).
Das Moray Motor Museum in der Bridge Street verfügt über eine Sammlung von Oldtimern und Motorrädern (April-Okt., tägl. 11-17 h).
In der Umgebung: Ca. 12 km östl. bzw. ca. 5 km abseits der Etappenführung existiert in *Fochabers* (Pringle Church, High Street) ein Folk Museum mit einer kleinen Sammlung von Kutschen und Kostümen (tägl.).

Information: 17 High Street, Elgin IV30 1EG, ✆ (01343) 542666, ganzj.
Verkehrsverbindungen: Eisenbahn nach Inverness und Aberdeen.
Unterkunft: Saltire Hostel, Pluscarden Road, ✆ (01343) 550624, 16 Betten, ganzj., an der Führung von Etappe 34.
Camping: Burnside ****, Fochabers, ✆ (01343) 820511, 85 Zeltstandpl., Waschm., April-Okt., 15 km östlich ca. 6 km abseits der Etappenführung; Silver Sands Leisure Park ****, Covesea West Beach, Lossiemouth, ✆ (01343) 813262, 140 Standpl., Waschm., April-Okt., 12 km nördlich.
Fahrräder: A. Junner & Co., 51 South Street, ✆ (01343) 542492; weitere Reparatur- und Mietmöglichkeit in Lossiemouth.

Etappe 31:
Howe of Alford – Dufftown – Rothes – Elgin (78 km)

Quer durch die Berge des Districts Strathbogie auf der Strecke Rchtg. Inverness.

Die Etappe beginnt in Howe of Alford auf der A944, die sich anfangs im Tal des River Don zwischen Bergen hindurch schlängelt und dann in die A97 mündet. Etwas südlich dieser Einmündung liegt *Kildrummy Castle*, eine Burgruine, die April-Sept. tägl. besichtigt werden kann; die dazugehörigen Parks sind (gegen separate Eintrittsgebühr) April-Okt. zugänglich.

Nach ca. 12 km durchfahren Sie den Ort Lumsden und biegen 3 km danach bei einem kleinen Fluß links auf die B9002 ab. Diese Nebenstraße überquert die Ausläufer eines Berggebietes und trifft dann auf die A941, auf der Sie geradewegs **Dufftown** (s. Etappe 30) erreichen; ca. 3 km vor diesem Städtchen kommen Sie am Weg zum *Auchindoun Castle* vorbei.

Kartenskizze Etappen 30 – 32

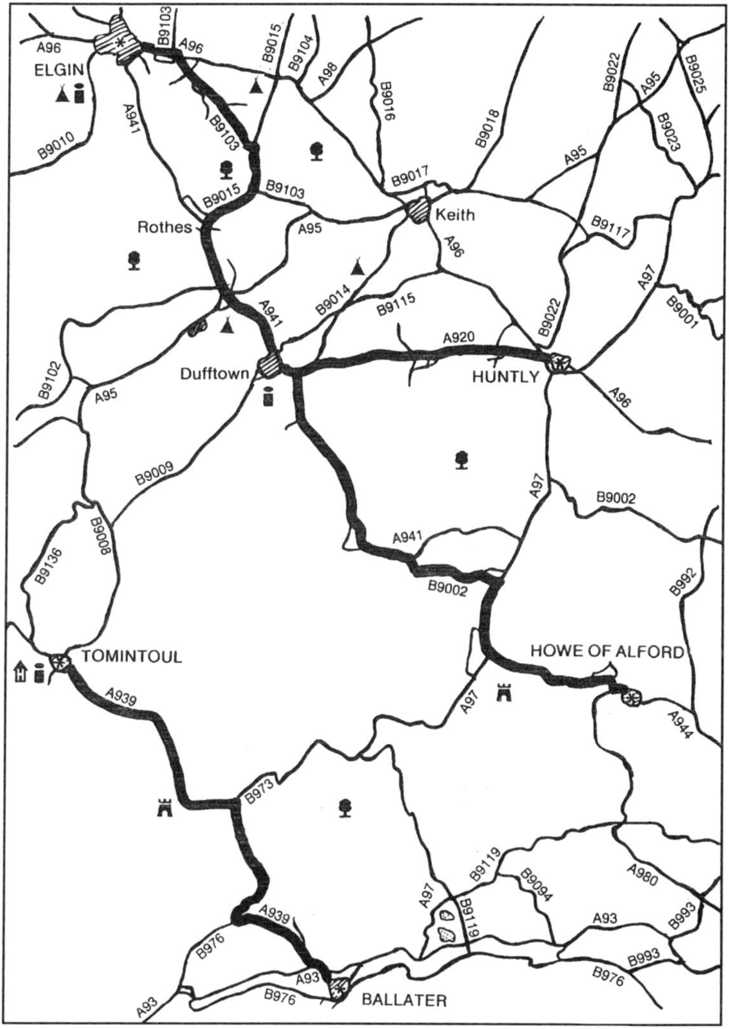

(*In der Umgebung:* Etwa 8 m nordöstlich kann *Drummuir Castle* aus dem 19. Jh. besucht werden [Mai-Sept., nur sonntagnachmittags].)

Von dort an entspricht die Streckenführung der Etappe 30 (s. dort), der Sie über *Rothes* nach **Elgin** folgen.

Etappe 32:
Ballater – Tomintoul (39 km)

Der erste Teil der Strecke vom Dee-Tal ins Spey-Tal mit Anschluß nach Inverness.

Für diese Etappe wird durchgehend ab Ballater die A939 benutzt, die hier über die steilsten Strecken der Grampian Mountains führt. Sie müssen sich also auf etliche wadenstärkende Steigungen einstellen. Bei Cock Bridge befindet sich neben der Straße *Corgarff Castle*, das früher der Bewachung der Lecht-Paßstraße diente und heute zu besichtigen ist (April-Sept. tägl. 9.30-18.00 h, sonntags ab 14 h).

Unterkunft: Jenny's Bothy, Dellachuper, Corgarff, Strathdon, ✆ (01975) 651446, 6 Betten, ganzj.

Ohne nennenswerte Siedlungen oder Unterschlupfmöglichkeiten zu passieren, kommen Sie im höchstgelegenen Ort des schottischen Hochlandes an.

Tomintoul, 320 Einw., Grampian Region (Moray), besteht eigentlich nur aus einer einzigen Straße mit einem zentralen Dorfplatz. Dort findet sich die Touristeninformation mit einem kleinen Heimatmuseum. Viele Touristen kommen durch Tomintoul auf dem Weg ins 10 km nördlich gelegene Tal von *Glenlivet* mit der bekannten Whiskybrennerei (zu besichtigen April-Okt. mo-sa 9.30-16.30 h, wo es außer einer weiteren Distillery noch eine kleine Burgruine und jede Menge Natur gibt.

Information: The Square, ✆ (01807) 580285, April-Okt., Post nach Elgin richten.
Jugendherberge: Main Street, ✆ (01807) 580282, 38 Betten, 15.5.-1.11., einfaches Haus am Nordende der Dorfstraße; *unabhängig:* Bunk House, The Square, ✆ (01807) 548105, 20 Betten.

Zwischen Whisky und Nordseeöl: die Highlands

Nördlich des schottischen Industriegürtels der Lowlands erstreckt sich über etwa die Hälfte der Fläche Schottlands das Hochland. Der Eindruck geografischer Einheit dieser Region täuscht jedoch: faktisch wird das Hochland durch das Great Glen, das Tal von Inverness über Loch Ness und Loch Lochy bis Fort William, nicht nur topografisch, sondern auch wirtschaftlich und kulturell deutlich geteilt.

Südöstlich dieser Linie liegen die umfangreichen Berggebiete Schottlands mit dem Ben Nevis bei Fort William als höchstem Gipfel Großbritanniens. Diese Region ist es gleichzeitig, die die Mehrzahl der Schottlandbesucher anzieht: die Standardroute führt von Edinburgh über Stirling durch die Grampian Mountains, evtl. mit einem Abstecher nach Aberdeen, bis Inverness, fügt allenfalls einen Ausflug nach Ullapool ein und kehrt über Fort William und Glen Coe zurück nach Edinburgh. Diese Route orientiert sich an zwei Kriterien: autogerechte Straßen mit mittleren Distanzen und viele konventionelle Sehenswürdigkeiten an der Strecke. Sie ignoriert beträchtliche Steigungen und beurteilt die Steilheit von Bergen nach der Enge der Serpentinenkurven, setzt schmale Straßen mit ungeeigneten gleich und vernachlässigt alles, das abseits der beschilderten Strecke liegt. Kurz: diese Standardroute ist für Fahrradtouristen denkbar ungeeignet. Glücklicherweise gibt es nördlich der Spitzen der Grampian Mountains genügend Ausweichmöglichkeiten auf fahrradfreundliche Nebenstraßen, aber eine Überquerung des Bergmassivs unmittelbar nördlich der Lowlands, also über Pitlochry, Braemar oder Crianlarich, ist nur auf breit ausgebauten Fernstraßen möglich.

Erst danach beginnt abseits der Hauptstraßen das Fahrradreise-Paradies auf kleinen, ruhigen Nebenstraßen, auf denen sich per Rad jeder Zielort besser erreichen läßt als auf den höhennivellierten Hauptstrecken.
Im östlichen Hochland gibt es nördlich des Dee-Tales ausreichend solche fahrradfreundlichen Nebenstrecken, die von den Etappenbeschreibungen dieses Buches extensiv genutzt werden. Im zentralen Hochland ist das zwar problematischer, da aber die Verkehrsströme dort geringer sind, stellt sich die Frage auch weniger. Zudem gibt es vereinzelt Möglichkeiten, in einige der schönsten Regionen mit Querverbindungen per Eisenbahn oder Personen-/Fahrradfähre vorzudringen, die Autotouristen verschlossen sind (s. Etappe 21 Stirling-Tarbet bzw. Variante bei Etappe 20 via Rannoch).

Nordwestlich des Great Glen verändert sich die Situation grundsätzlich: es gibt nur noch wenige Straßen, zu denen selten Alternativen bestehen, gleichzeitig werden alle Strecken schmaler, gewundener, abwechslungsreicher, fahrradgerechter, während die Infrastruktur stetig weitmaschiger wird. Wer im äußersten nordwestlichen Hochland unterwegs und nicht aufgrund seiner Ausrüstung in Bezug auf Übernachtung und Verpflegung autark ist, muß frühzeitig für das Dach überm Kopf, die leiblichen Genüsse und (Fahrrad-)Ersatzteile vorsorgen.

Die Einsamkeit, die automobilen Touristen erst bei einer Panne bewußt wird, sorgt bei Fahrradreisenden schon beim stundenlangen Durchfahren weitgehend menschenleerer Gebiete für das Bewußtsein evtl. mangelhafter Ausrüstung.

Mit entsprechender Vorsorge gehören die nordwestlichen Highlands aber zu den intensivsten, positivsten Erlebnissen einer Schottland-Fahrradreise. Nirgendwo ist das Erfahren der Natur so eindringlich wie hier, nirgends ist die Belästigung durch Auspuffgase und knatternde Motoren so selten; unschlagbar sind die Qualitäten der Streckenführung auf „naturbelassenen" Straßen fernab moderner Fernstraßenplanungen.

Ein wenig Routen-Planung ist hingegen vonnöten, denn frühzeitig werden die Richtlinien gesetzt für einen sinnvollen Reiseverlauf. Wer über Glasgow gen Norden fährt, sollte sich möglichst weit westlich halten. Wer das südöstliche Hochland durchradelt, kommt ab Inverness ohne kräftezehrende Gegenwindstrecke nicht mehr zur Westküste. Es gibt jedoch diverse Möglichkeiten, mit Hilfe von Eisenbahnstrecken und/oder Fähren der Straßenplanung ein Schnippchen zu schlagen und auf elegante Weise zum Ziel der Wünsche vorzudringen. Die wichtigsten dieser Varianten sind bereits in der Etappen-Übersichtskarte angedeutet und in den entsprechenden Beschreibungen ausgeführt.

Papageitaucher auf Staffa

Etappe 33:
Tomintoul – Nethy Bridge – Boat of Garten – Carrbridge – Ferness – Clephanton – Culloden – Inverness (98 km)

Vom Zentrum der Grampian Mountains ins Spey Valley und weiter zur Metropole der Highlands.

Die Etappe beginnt in Tomintoul auf der A939 Rchtg. Grantown-on-Spey, führt über eine Bergkette und zweigt auf halbem Weg hinunter ins Tal auf eine Nebenstraße ab, die nach *Nethy Bridge* führt.

Unterkunft: Station Bothy, 20 Betten; Nethy House, 64 Betten; beide in Nethy Bridge, Vorbuchung erforderlich unter ✆ (01479) 821370.

Dort trifft die Strecke auf die B970, die Sie links (Rchtg. Aviemore) einschlagen. Nach wenigen Kilometern nehmen Sie rechts eine Zufahrtstraße nach **Boat of Garten**, einem kleinen Ferienort, von dem aus eine Museumsbahn („Strathspey Railway") mit Dampfloks Ende Juni-Ende Aug. die Verbindung nach Aviemore aufrecht erhält, und zwar täglich außer freitags nachmittags mit fünf Fahrten je Richtung, an Wochenenden verkehrt die Bimmelbahn bis Ende Okt.

Camping: Boat of Garten, ✆ (01479) 831652, 70 Standpl., ganzj.

Boat of Garten ist das nördliche Ende der Haupttouristengegend im Spey Valley (s. Etappe 22), zu der auch **Carrbridge** noch zu zählen ist. Diesen Ort erreichen Sie von Boat of Garten über eine Nebenstraße zur A95 (links einbiegen), von der vor der Eisenbahnhauptstrecke dann die B9153 nach Carrbridge (s. Etappe 22) abzweigt. Von dort aus wählen Sie die A938 Rchtg. Grantown-on-Spey, verlassen die Hauptstraße aber nach etwa 3 km auf die links über die Hügel führende B9007 Rchtg. Forres. Nach ca. 10 km gibt es die Möglichkeit zu einem lohnenden Abstecher zum Lochindorb-See mit einer kleinen Insel, auf der eine Burgruine steht. Nach weiteren 10 km treffen Sie in Ferness auf die A939, auf die Sie links (Rchtg. Nairn) einbiegen. Nach etwa 5 km können Sie links auf einer Nebenstraße nach **Cawdor** fahren, wo abseits der Hauptstraßen ein nettes, nicht zu großes Castle samt Zugbrücke in einem Park steht, zu besichtigen Mai-Sept. tägl. 10.00-17.30 h. Das Haus ist noch in Privatbesitz.

Unterkunft: Speyside Backpackers, 16 The Square, Grantown on Spye, ✆ (1479) 873514, 27 Betten.

Von Cawdor aus gelangen Sie über die B9090 zum Dörfchen Clephanton, wo Sie links auf der B9006 Rchtg. Inverness weiterfahren. Die Straße kommt nach etwa 10 km am Schauplatz der Schlacht von *Culloden Moor* (1746) vorbei; wo heute ein Kiefernwald steht, befand sich damals ein ebenes Moor, in dem die Schotten ihre letzte Schlacht gegen die Engländer schlugen und verloren – die Erbfolge der Königshäuser löste das Problem der Feindschaft bekanntlich später, zumindest was die militärische Seite anging. In einem Cottage, das als einziges Gebäude der Zeit überlebte, hat der National Trust eine Gedenkstätte eingerichtet, die sich den Luxus von audiovisuellen Vorführungen u.a. in Gälisch (!) leistet. Ein Stück des Schlachtfeldes ist in den ursprünglichen moorigen Zustand zurückversetzt worden. Das Gelände ist jederzeit zugänglich, das Cottage samt Ausstellung im Sommer 9.30-18.30 h (sonst kürzer).

Camping: Culloden Moor Caravan Club Site *****, Newlands, ✆ (01463) 790625, 100 Standpl., April-Okt., ca. 2 km östlich der Gedenkstätte an der B9006.

Über die B851 und eine Nebenstraße kommt man von Culloden zum südlich des River Nairn gelegenen Gelände der *Clava Cairns*, der größten Ansammlung prähistorischer Grabstätten in Großbritannien, ca. 3500 Jahre alt.
Von Culloden führt die B9006 geradewegs nach Inverness, das über den Straßenzug Perth Road – Culcabock Road erreicht wird.

Inverness, 44.000 Einw., Highland Region (Inverness-shire), schmückt sich mit der Bezeichnung „Hauptstadt des Hochlandes". Wenn man das Hochland ein wenig enger faßt, so ungefähr wie die Verwaltungsregion, stimmt das sogar, denn Inverness ist die einzige Stadt der Region mit einer vollständigen Infrastruktur. Nicht nur eine komplette Verkehrsanbindung ist gegeben, sondern auch die Versorgung mit Waren aller Art, die es in abgelegeneren Gebieten des Hochlandes nicht mehr gibt. So ist Inverness die letzte Möglichkeit, Ersatzteile für das Fahrrad zu erhalten, die über Schläuche, Reifen, Pedale, Lenker und Speichen hinausgehen. Im nordschottischen Hochland gibt es fast keine Fahrradgeschäfte mehr (ausgenommen Orkney und Shetland); die Ersatzteilversorgung übernehmen dort meistens Sport- oder Haushaltsgeschäfte.
Inverness wurde von den englischen Heeren nach der verlorenen Schlacht von Culloden weitgehend dem Erdboden gleichgemacht. Dementsprechend gibt es praktisch keine älteren Gebäude, vom Glockturm des Cromwell's Fort in der Shore Street, dem Dunbar's Hospital und dem Abertarff House einmal abgesehen. Selbst das Castle, das so mittelalterlich wirkend auf einem Hügel thront, ist ein Verwaltungsbau aus dem 19. Jh. Auch sonst hat Inverness außer ein paar netten Ausblicken am Ufer des River Ness touristisch nicht viel zu bieten. Die meisten Gäste kommen hierhin entweder auf der Standardroute (Inverness als nördlichster Punkt vor der Rückfahrt via Loch Ness) oder als Zwischenhalt vor der Fahrt in das nördliche Hochland. Da Inverness auch Eisenbahnknotenpunkt für die Strecken nach Kyle of Lochalsh und Wick/Thurso ist, sind im Sommer beachtliche Zahlen von Interrailern hier anzutreffen.

Information: Castle Wynd, Inverness IV2 3BJ, ✆ 234353 (24-h-Service), 🖷 710609, ganzj.
Telefonvorwahl: 01463.
Verkehrsverbindungen: Eisenbahn nach Glasgow, Edinburgh, Aberdeen, Kyle of Lochalsh und Wick/Thurso, Flugplatz Dalcross (Binnenverkehr) 10 km nordöstlich.
Jugendherberge: Millburn, Victoria Drive, ✆ 231771, 166 Betten, ganzj., in der Nähe der Burg gelegen; *private Hostels:* Inverness Student Hostel, 8 Culduthel Road, ✆ 236556, 57 Betten, ganzj.; Eastgate Backpackers, 38 Eastgate, ✆ 718756, 38 Betten; „Bazpackers", 4 Culderthel Rd., ✆ 717663, 28 Betten; HoHo Hostel, 23a High Street, ✆ 221225, 85 Betten, April-Oktober.

Kartenskizze Etappen 33 & 34

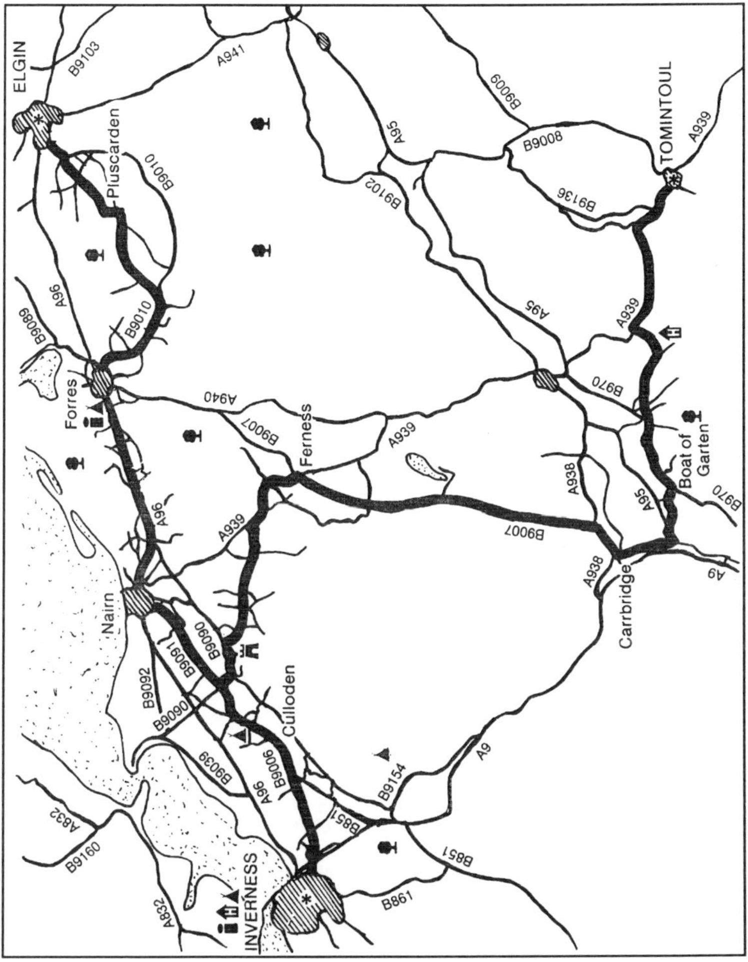

Camping: Bught Park ****, ✆ 236920, 90 Standpl., Waschm., April-Sept., am südl. Stadtrand an der A82; Bunchrew ***, ✆ 237802, 100 Standpl., Waschm., April-Dez., 5 km westlich von Inverness an der A862; Auchnahilin, Daviot, ✆ (01463) 772286, 80

Zeltstandpl., April-Okt., 10 km südöstlich an der B 9154.
Fahrradvermietung (Auswahl): Barneys Bike Hire & Shop, 35 Castle Street, ✆ 232249; Boyds Bikes, Drumchardine Street, ✆ 831679.

Etappe 34:
Elgin – Pluscarden – Forres – Nairn – Clephanton – Culloden – Inverness (78 km)

Durch den Moray District zur „Hauptstadt des Hochlandes".

Sie verlassen Elgin auf der „Pluscarden Road", der B901. Wenn die Landstraße nach ca. 2 km eine Linkskurve vollführt, radeln Sie geradeaus auf einer Nebenstraße zur **Pluscarden Abbey**. Der im wesentlichen aus dem 15. Jh. stammende Bau dient seit 1948 wieder den ursprünglichen geistlichen Zwecken, kann aber dennoch im allgemeinen täglich bis 20.30 h (gratis) besichtigt werden. Fahren Sie geradeaus weiter auf der Nebenstraße, bis diese wieder auf die B9010 mündet, die geradewegs nach Forres führt.

Forres, 9050 Einw., Grampian Region (Moray), war im Mittelalter Standort einer bedeutenden Burg, von der allerdings nichts übriggeblieben ist. Dafür gibt es in der Nähe der Stadt einige frühgeschichtliche Denkmäler; das bedeutendste ist der *Sueno's Stone* am Nordostrand der Stadt (an der B9011), ein piktischer Skulpturenstein von 7 m Höhe, der seit 1992 mit einem Schutzbau versehen, aber nach wie vor jederzeit frei zugänglich ist. Eine völkerkundliche Sammlung kann im Falconer Museum, Tolbooth Street, betrachtet werden.
In der Umgebung: 2 km südlich von Forres empfängt die frühere viktorianische Dallas Dhu Distillery, jetzt reines Museum, April-Sept. tägl. 9.30-18.30 h (Winter kürzer) Besucher in ihren Räumen.

Information: High Street, ✆ (01309) 672938, schriftl. Anfragen nach Elgin.
Verkehrsverbindungen: Eisenbahn nach Inverness und Aberdeen.
Unterkunft: Sherston House, Hillhead, Forres, ✆ (01309) 671087; Morven, Caroline Street, ✆ (01309)673788.
Camping: Riverview Leisure, Mundole Court, ✆ (01309) 673932, 60 Standpl., April-Okt., 2 km westlich abseits der A96; Findhorn Bay, ✆ (01309) 690203, 30 Zeltstandpl., Waschm., Fahrradvermietung, April-Okt., 6 km nordöstlich von Forres.
Fahrräder: WM Stuart, 32 High Street, ✆ (01309) 672432.

Von Forres aus nehmen Sie die A96 Rchtg. Nairn. Nach etwa 6 km kommen Sie am **Brodie Castle** vorbei, einem Schloß des 17.-19. Jh. mit schöner Innenausstattung, das dem National Trust gehört, zugänglich April-Sept. täglich 11-18 h, sonntags ab 14 h. Auf der anderen Seite der A96 befindet sich in der Nähe auf der Tearie Farm das Darnaway Visitor Centre, in dem die Arbeitsweise eines modernen Landgutes vorgeführt wird; geöffnet Mai-Mitte Sept. täglich 10-17 h. Juli/Aug. (mi/do/so) werden vom Visitor Centre aus auch Besichtigungen des *Darnaway Castles* durchgeführt (13 und 15 h), dessen ältester Teil die eichengetäfelte Randolph's Hall ist. Deren Stichbalkenkonstruktion gibt es in Schottland ansonsten nur noch einmal, im Parlamentsgebäude in Edinburgh.

Hinter dem Örtchen *Auldearn* (Kirche von 1757) biegen Sie links auf die B9101 ab, kreuzen die A939 und fahren immer geradeaus weiter (Straße wird zur B9090) nach **Cawdor** (Castle), wo der Anschluß an Etappe 33 (s. dort) hergestellt wird. Entsprechend der dortigen Beschreibung fahren Sie über Clephanton und Culloden bis **Inverness**, dem Etappenziel.

Etappe 35:
Dumfries – Kirkton – Penpont – Mennock – Wanlockhead – Abington (70 km)

Der erste Teil der Strecke nach Glasgow; auf diesem Teilstück werden fast ausschließlich Nebenstraßen benutzt, wobei vor allem gegen Ende einige Steigungen zu überwinden sind. Mit der Wahl dieser Etappe ist die Fahrt über Glasgow nahezu unvermeidlich.

Die Strecke beginnt in Dumfries auf der A701 Rchtg. Moffat, von der Sie kurz nach der Kreuzung mit der A75 links auf eine Nebenstraße abbiegen, die über Kirkton und Dalswinton führt, eine Eisenbahnlinie überquert und dann auf die A76 trifft. Fahren Sie einige hundert Meter nach links (über den Fluß) und dann rechts wieder auf eine Nebenstraße zum Rand einer Hügelkette hinauf. Bei den ersten Einmündungen anderer Straßen halten Sie sich stets rechts und fahren somit nordwärts oberhalb des Flußtales; nach etwa 10 km erreichen Sie das Örtchen **Penpont**.

Camping: Penpont Floors, ✆ (01848) 330470, 20 Standpl., Waschm., April-Okt., 250 m östlich des Ortes (A702).

Kreuzen Sie in Penpont die A702, und fahren Sie auf der Nebenstraße geradeaus weiter, bis Sie nach etwa 15 km rechts über den Fluß zur parallel verlaufenden A76 bei Mennock gelangen können.

Als Variante gibt es die Möglichkeit, ca. 5 km nördlich von Penpont rechts und nach ca. 3 km links abzubiegen, wodurch Sie am *Drumlanrig Castle* vorbeikommen, einem rosafarbenen Sandsteinbau von 1680, der Mai-Aug. täglich 11-16 h, so ganzj. 13-16 h zu besichtigen ist. Vom Schloß aus bringt Sie die nordwärts führende Nebenstraße zurück zur Streckenführung (s.o.).

Auf der A76 fahren Sie nach rechts durch Mennock und biegen dann links auf die B797, eine Paßstrecke bemerkenswerter Schönheit, nach *Wanlockhead* (Dumfries & Galloway) und *Leadhills* (Strathclyde) ab. Der Name des zweiten Ortes sagt bereits aus, worum es in dieser Gegend früher ging: um Blei, genauer um Bleiminen. Seit dem frühen 18. Jh. wurde in den Bergen Blei abgebaut, womit die Bergwerkstradition früherer Zeiten (Gold- und Silberabbau) fortgesetzt wurde. Eine der Mitte des 19. Jh. stillgelegten Minen und allerlei frühindustrielles Zubehör sind zu einem bemerkenswerten Museum zusammengestellt worden, das in Wanlockhead, dem höchstgelegenen Dorf Schottlands (April-Okt. tägl. 10.00-16.30 h) zu sehen ist.

Jugendherberge: Lotus Lodge, Wanlockhead, ✆ (01659) 74252, 28 Betten, 20.3.-1.11., einfache Herberge im Ortszentrum.

Folgen Sie der B797 durch die Berge nach **Abington**, dem Etappenziel; kurz vor dem Ort stoßen Sie dabei auf die vierspurig ausgeführte A74.

Information: Welcome Break, ✆ (01864) 502436, ganzj., an der A74 nordwärts.
Camping: Murray Place, Crawford, ✆ (01864) 502258, 25 Standpl., Waschm., April-Okt., 5 km südlich gelegen.

Etappe 36:
Dumfries – Milton – Castle Douglas (26 km)

Eine Kurzetappe im Rahmen der Strecken durch den Südwesten Schottlands.

Sie beginnt in Dumfries auf der A711 Rchtg. Dalbeattie, die Sie aber schon nach 2 km, im Vorort Cargenbridge auf der Hügelkuppe hinter der ICI-Fabrik, nach rechts auf eine Nebenstraße verlassen (Beschilderung ist sehr versteckt angebracht). Auf dieser gelangen Sie über Lochfoot (bei einem hübschen See gelegen) nach Milton; hier haben Sie ggf. Gelegenheit zu einer Abkürzung nach St. John's Town of Dalry (Etappe 38/39), indem Sie rechts nach Crocketford abbiegen, dort für 100 m die A75 benutzen und über die ruhige Hügelstrecke der A712 nach Balmaclellan und zur A713 radeln.

Camping: Park of Brandedleys *****, Crocketford, ✆ (01556) 690250, 80 Standpl., Waschm., März-Okt.

Ansonsten folgen Sie der Nebenstraße ab Milton über Haugh of Urr (Kreuzen der B794) zur alten Führung der A75 unmittelbar vor Castle Douglas (die Hauptstraße verläuft als Umgehungsstraße nördlich an der Stadt vorbei).

Castle Douglas, 3000 Einw., Dumfries & Galloway Region (Kirkcudbrightshire), ist ein im 18. Jh. entstandenes Landstädtchen, in dessen Nähe zwei „Crannogs", frühgeschichtliche Befestigungen auf Inseln in Seen, ebenso existieren wie das *Threave Castle*, eine Burg aus dem 14. Jh. auf einer Insel im River Dee. Mit einem Boot kann man sich übersetzen lassen; Trip und Zutritt sind 9.30-18.30 h (April-Sept., im Winter kürzer) zu haben. Im Gegensatz zu den Angaben mancher Reiseführer befinden sich die Parks von Threave Gardens nicht bei der Burg, sondern südlich nahe der A75; die Anlage gehört dem National Trust, der im Herrenhaus des Geländes eine Gartenbauschule betreibt. Die umfangreichen Parkanlagen sind ganzj. bis Sonnenuntergang geöffnet, eine abgeteilte Sektion samt Gewächshäusern nur 9.00-17.30 h.

Kartenskizze Etappen 35 & 36

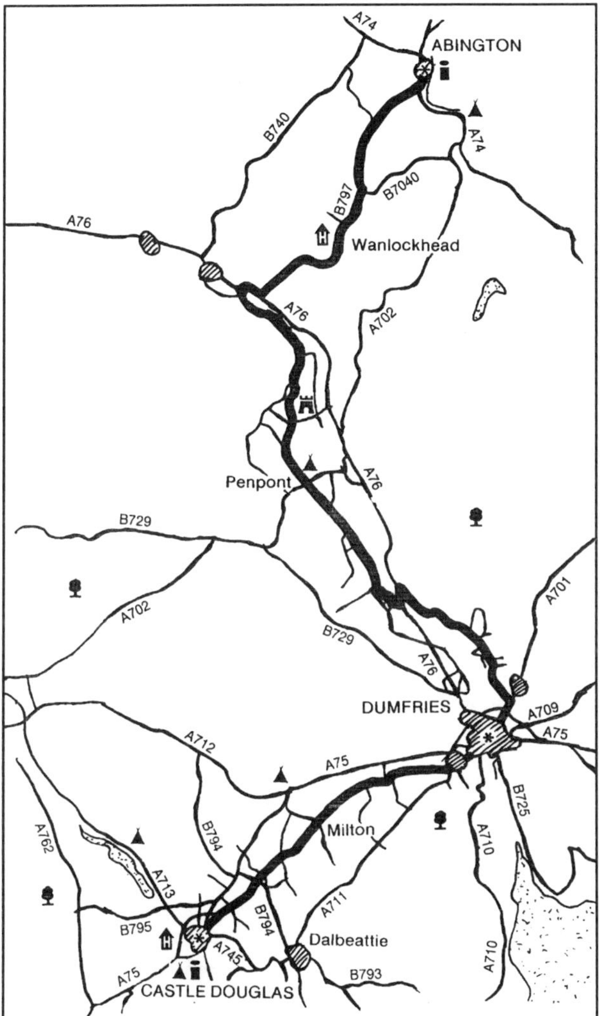

Information: Markethill, Castle Douglas DG7 2JQ, ✆ (01556) 502611, April-Okt.
Herberge: Galloway Sailing Centre, Loch Ken Parton, Castle Douglas, ✆ (01644) 420626, 11 km nordwestlich.
Camping: Lochside Park ****, ✆ (01556) 502949, 161 Standpl., Waschm., 1.4.-21.10., am Carlingwark Loch; Loch Ken Holiday Centre *****, Parton, ✆ (01644) 470282, 80 Standpl., Waschm., Ostern-Anf. Nov., 11 km nordwestlich.
Fahrräder: Ace Cycles (ctc-empfohlen), 11 Church Street, ✆ (01556) 504542.

Etappe 37:
Castle Douglas – Kirkcudbright – Gatehouse-of-Fleet – Creetown – Newton Stewart – Penninghame Forest -
a) Drumlamford – Barrhill (90 km)
b) Glenluce – Barrhill (110 km)

Eine Strecke in zwei Varianten durch die Südwestecke Schottlands; wie die meisten Küstenstrecken ist sie in weiten Teilen von sehr vielen Campingplätzen gesäumt, weshalb hier nur diejenigen aufgeführt sind, die nahe bei beschriebenen Städten liegen.

Die Etappe beginnt in Castle Douglas auf der B736 nach Süden und biegt nach ca. 3 km rechts auf die B727 nach Kirkcudbright ab.

Kirkcudbright, 3000 Einw., Dumfries & Galloway (Kirkcudbrightshire), ist die ehemalige Grafschaftshauptstadt und mit bunten Häusern, breiten Straßen und einem schönen Hafen gesegnet. Der Ort hat eine aktive Künstlerkolonie; einige der Resultate können im *Broughton House* von 1720 (Ostern-Okt., tägl.) betrachtet werden. Die Ruine des *MacLellan Castle* (ca. 1580) ist im Sommer tägl. 9.30-18.30 h zu durchstreifen. Ein paar dekorative Bauten aus früheren Jahrhunderten ergänzen das Stadtbild. Wer es lieber weniger historisch mag, sollte dem Kraftwerk mit Lachs-Leiter am *Tongland Loch*, einem eher kleinen Stausee nördlich der Stadt, einen Besuch abstatten.

Information: Harbour Square, Kirkcudbright DG6 4HY, ✆ (01557) 330494, April- Okt.
Camping: Silvercraigs Road, ✆ (01557) 330123, 50 Standpl., Waschm., Ostern-Okt., direkt beim Ort; Brighouse Bay *****, Borgue, ✆ (01557) 870267, 120 Standpl., Waschm., ganzj., südwestlich; Seaward *****, Dhoon Bay, ✆ (01557) 331079, 20 Standpl., Waschm., März-Okt., südwestlich.
Fahrräder: W. Law, 19 St. Cuthbert Street, ✆ (01557) 330579.

In Kirkcudbright wählen Sie die A755 Rchtg. Gatehouse-of-Fleet, die nach einigen Kilometern die A75 kreuzt und als B727 geradeaus **Gatehouse-of-Fleet** erreicht. Das ist ein Ferienort, in dem Sie die Hauptstraße verlassen, falls Sie nicht das 2 km südlich gelegene *Cardoness Castle* aus dem 15. Jh. besuchen möchten.

Information: Car Park, Gatehouse-of-Fleet, Kirkcudbrightshire, ✆ (01557) 814212, April-Okt.

Camping: Mossyard *****, ✆ (01557) 840226, 30 Standpl., Waschm., April-Okt.; Auchenlarie Holiday Farm, ✆ (01557) 840251, 70 Standpl., März-Okt.
Fahrradvermietung: Beswick, 8-10 High Street, ✆ (01557) 840206, täglich.

Nehmen Sie nun die alte Militärstraße B796 (später unklassifiziert) nach **Creetown** (2 Campingplätze), wo Sie wieder auf die Hauptstraße treffen. Dieses Örtchen kann ein *Gem Rock Museum* aufweisen (Ostern-Okt. 9.30-18.00 h, im Winter kürzer), das sowohl natürlich geformte als auch bearbeitete Steine und Mineralien enthält.

In Ermangelung anderer Straßen bleiben Sie bis *Newton Stewart* auf der A75. Hier kann ein Heimatmuseum (York Road) besucht werden (April-Okt. tägl., Juli-Sept. auch so).

Information: Dashwood Square, Newton Stewart DG6 6DQ, ✆ (01671) 402431, Ostern-Okt.
Jugendherberge: Minnigaff, ✆ (01671) 402211, 36 Betten, 20.3.-1.11., im Norden der Stadt auf der östlichen Flußseite.
Camping: zwei Plätze der Forestry Commission: Caldons, ✆ (01671) 840218, April-Okt., Waschm., 160 Standpl.; Talnotry, ✆ (01671) 402240, 60 Standpl., April-Okt.
Fahrräder: Crozier, 48 Queen Street, ✆ (01671) 404070, Belgrano, 6 Church Lane, ✆ (01671) 403307, beide auch Vermietung.

In Newton Stewart fahren Sie auf der A714 Rchtg. Barrhill weiter. Achtung: Falls Sie an der JH starten, müssen Sie zuerst auf die andere Flußseite, da die Nebenstraße am Ostufer keinen Übergang hat, der einen Anschluß an die folgende Streckenführung ermöglicht; diese Straße ist nur als Abkürzung für den direkten Weg nach Ayr sinnvoll zu nutzen. Von der A714 zweigt nach 3 km, bei Calloch, links die B7027 ab, die durch den Penninghame Forest geradewegs bis **Barrhill** führt, wo das Etappenende der Streckenvariante **a)** erreicht ist.

Die 20 km längere Variante **b)** knickt mitten im Waldgebiet links auf die Nebenstraße nach **Glenluce** ab. Die dortige Ruine des *Castle of Park* ist nur von außen zu betrachten; wer der eindrucksvollen Abteiruine einen Besuch abstatten möchte, sollte schon 2 km nördlich von Glenluce rechts abbiegen zur Abtei. Diese ist im Sommer täglich, sonst an Wochenenden zugänglich. Zudem ist ein *Motor Museum* zu besichtigen (ganzj. tägl.; Nov.-Feb. mo/di geschl.).

Camping: Cock Inn, Auchenmalg, ✆ (01581) 500227, 40 Standpl., Waschm., März-Okt., 8 km südlich von Glenluce an der A747; Whitecairn Farm, ✆ (01581) 300267, 10 Standpl., Waschm., März-Okt.; Glenluce *****, ✆ (01581) 300412, 35 Standpl., Waschm., März-Okt.

Entweder von Glenluce oder der Abtei aus nehmen Sie die Nebenstraße, die in weiten Teilen parallel zur Eisenbahnstrecke nordwärts nach **Barrhill** (Eisenbahnstation an der Strecke Stranraer-Glasgow) führt, wo das Etappenende erreicht ist.

Kartenskizze Etappen 37 & 38

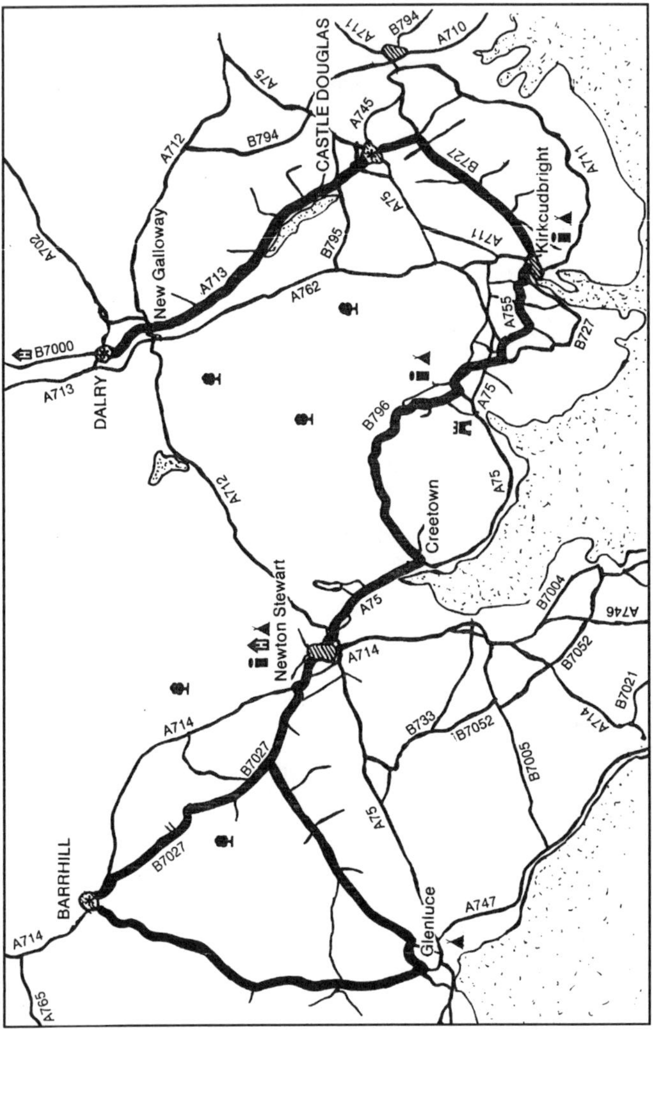

Etappe 38:
Castle Douglas – New Galloway – Dalry (29 km)

Das erste Teilstück der direkten Verbindung Richtung Ayr entlang von Loch Ken.

Die Strecke benutzt durchgehend die A713; da der Verkehr aus Richtung Kirkcudbright und Gatehouse-of-Fleet eine Parallelstraße auf der anderen Seite des Sees zur Verfügung hat, brauchen Sie nicht mit starkem Autoaufkommen zu rechnen. Vielmehr können Sie die Strecke voll und ganz genießen, passieren das Dorf New Galloway und erreichen Dalry, mit vollem Namen **St. John's Town of Dalry** genannt, ein recht hübsches Straßendorf an einem steilen Hügel.

Jugendherberge: Kendoon, ✆ (01644) 460680, beschränkter Lebensmittelverkauf, 40 Betten, 20.3.-4.10., schön gelegen an der B7000 6 km nördlich von Dalry an der Streckenführung von Etappe 39.

Etappe 39:
Dalry – Carsphairn – Dalmellington – Patna – Tarbolton – Irvine (80 km)

Eine Strecke in die Hauptgebiete des Burns Country.

Sie beginnt am Ostrand von St. John's Town of Dalry auf der B7000 vorbei an der Jugendherberge Kendoon nach *Carsphairn* (kleines *heritage centre*), wo die Nebenstraße auf die A713 mündet. In Ermangelung von Nebenstraßen fahren Sie auf dieser Straße immer geradeaus nach **Dalmellington**. An der Strecke Rchtg. Patna ist bei *Waterside* ein industrielles Museum in alten Eisen- und Ziegelei-Betrieben im Aufbau. Außerdem gibt es an einer stillgelegten Eisenbahnstrecke ein kleines Dampflokomotivenmuseum (Scottish Industrial Railway Centre, Minnivey, Info: ✆ [01292] 531144), das April-Okt. tägl. geöffnet ist.

Hinter Patna biegen Sie von der stetig stärker befahrenen A713 rechts ab auf die B730, die Sie vorbei am unerfreulichen Ballungsgebiet von Ayr geradewegs nach Irvine bringt; die letzten ca. 2 km in die Stadt dient die zum Dual Carriageway ausgebaute A71 Ihren Reifen als Untergrund. Unterwegs können Sie in *Tarbolton* den „Bachelor's Club“ besuchen, wo der Freundeskreis um Burns in einem Haus des 17. Jh. eine Diskussionsrunde unterhielt.

Camping: Middlemuir Holiday Park, Tarbolton, ✆ (01292) 541647, 20 Zeltstandpl., Waschm., März-Okt.

Auf kurzen Teilstücken ist die B730 identisch mit der A70 (nördlich von Drongan) und der A719 (2 km hinter Tarbolton), führt aber im übrigen als ruhige Binnenlandstrecke fernab vom Stadtverkehrsstreß zum Etappenziel **Irvine**, einer modernen Industrie- und Satellitenstadt, die aus einem Fischerort hervorgegangen ist.

Information: New Street, Irvine, © (01294) 313886, ganzj.

Etappe 40:
Barrhill – Old Dailly – Maybole – Ayr – Irvine (50 km)

Nordwärts zu den Hauptstätten des „Burns Country".

Die Etappe beginnt in Barrhill auf der A714 Rchtg. Girvan, der Sie etwa 10 km weit folgen, bis rechts eine Nebenstraße über Pinmore und Tormitchell nach Penkill abzweigt. In Penkill trifft die Straße auf die B734, auf der Sie aber nur wenige hundert Meter nach links (Old Dailly) fahren. Biegen Sie dann rechts ab Rchtg. (New) Dailly und an der nächsten Abzweigung links hinunter ins Tal des Water of Girvan. Auf der anderen Seite des Flusses stoßen Sie auf die B741, in die Sie rechts einbiegen. (Etwas links von der Einmündung steht Killochan Castle [Privathaus]). Fahren Sie auf der B741 Rchtg. (New) Dailly und kreuzen Sie dabei zweimal die Eisenbahnlinie (Abstecher nach Kirkoswald und Culzean möglich, s.u.); wenn nach etwa 4 km die B741 rechts über den Fluß abzweigt, verlassen Sie sie geradeaus auf eine Nebenstraße nach Maybole. Unmittelbar darauf liegen rechts die beiden Dalquharran Castles (aus dem 15. und 18. Jh., beides Ruinen). Folgen Sie der Nebenstraße, die die Eisenbahn erneut zuerst über- und später unterquert, geradewegs bis *Maybole*, einem kleinen Städtchen, in dem Sie auf die A77 stoßen.

Camping: Walled Garden, Kilkerran Estate, Maybole, © (01655) 740323, 10 Zeltstandpl.

Südwestlich von Maybole liegen zwei in Obhut des National Trust befindliche Sehenswürdigkeiten recht unterschiedlichen Charakters. An der A77, 6 km von Maybole, steht in Kirkoswald das *Souter Johnnie's Cottage*, das Heim einer von Robert Burns literarisch verwerteten Figur, in dem ein recht originelles Museum eingerichtet ist; im Garten sind einige lebensgroße Figuren aus den Dichtungen aufgestellt. Das Cottage ist geöffnet April-Okt. tägl. außer fr 12-17 h. Falls Sie aus Maybole nach Kirkoswald fahren (oder umgekehrt), kommen Sie auf halbem Weg an den Ruinen der *Crossraguel Abbey* vorbei, die außer freitags zu den üblichen Zeiten besichtigt werden können (Donnerstagnachmittag geschlossen). Von Kirkoswald aus können Sie über eine Nebenstraße zur Küstenstraße A719 gelangen. Auf dem Weg Rchtg. Maybole liegt zwischen Straße und Küste **Culzean Castle**, ein prachtvolles Schloß aus dem 18. Jh. in nicht minder schönem Park, das der meistbesuchte Besitz des National Trust for Scotland ist. Der Park ist für Nicht-Autotouristen ganzjährig und gratis zugänglich, das Schloß April-Okt. täglich 10.30-17.30 h.

Information: Culzean Castle, © (01655) 760274.
Camping: Culzean Castle, © (01655) 760627, 90 Standpl., April-Okt., Waschm., im Schloßpark.

Kartenskizze Etappen 39 & 40

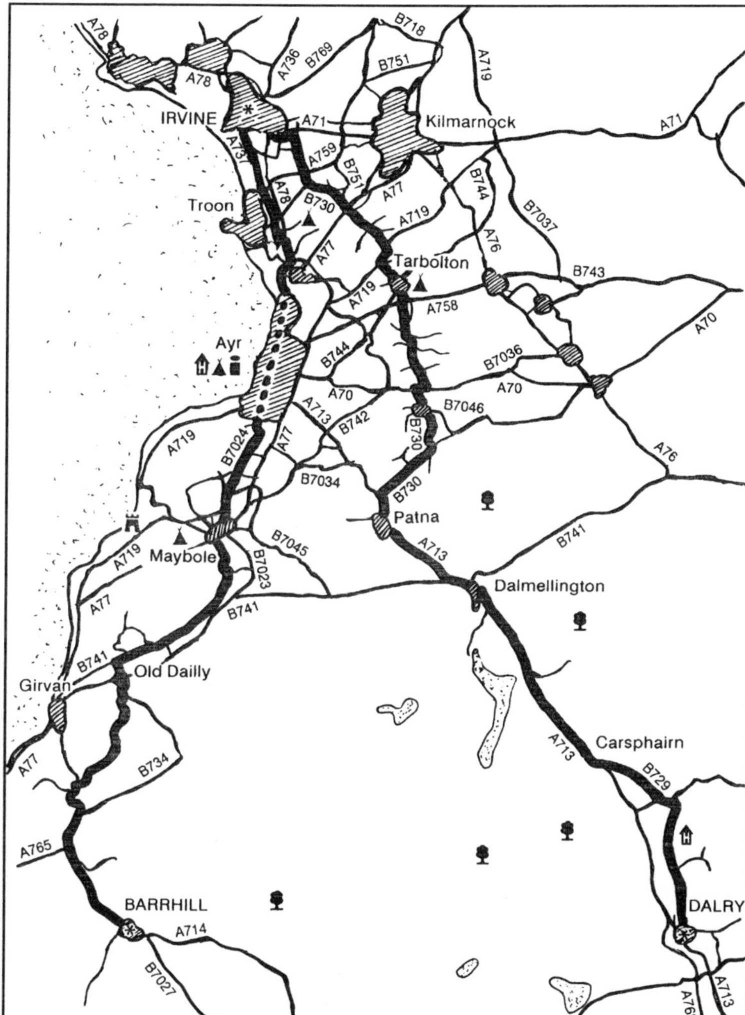

Falls Sie schon bei der Fahrt Rchtg. Maybole einen Abstecher nach Kirkoswald und Culzean machen möchten, so biegen Sie hinter Killochan Castle nach der ersten Eisenbahnüberquerung links ab auf eine Nebenstraße nach Kirkoswald, dort dann wenige Meter links auf der A77 und gleich wieder rechts zur A719, dort rechts Rchtg. Culzean. Nach einem Besuch nehmen Sie die jeweilige Hauptstraße (A719 ggf. bis Ayr, dabei Abstecher zur Ruine Dunure Castle möglich; A77 bis Maybole) zur Weiterfahrt nach Ayr.

Ayr, 45.000 Einw., Strathclyde Region (Ayrshire) ist das Zentrum des Burns Country, d.h. jener Gegend in Südwestschottland, in der die Tourismuswerbung hundertprozentig auf den Dichter Robert Burns abgestellt ist. Burns verknüpft sein gesamtes Leben mit Ayrshire: er ist hier geboren, hat die meiste Zeit seines Lebens hier gelebt, im Dialekt der Grafschaft geschrieben (weshalb selbst Engländer ein Wörterbuch bei der Lektüre benötigen) und auch die Handlung seiner Werke in Ayrshire spielen lassen. Dementsprechend ist die Umgebung von Ayr gepflastert mit Erinnerungsstätten an den Dichter und die Handlungsstätten seiner Werke; nur Dumfries, wo er starb und begraben liegt, kann noch ein wenig mithalten. U.a. existiert im südlichen Vorort von Ayr, Alloway, im Geburtshaus ein Museum, und ein halbes Dutzend weiterer Erinnerungsstätten befindet sich allein in Ayr, darunter ein Museum im Tam o'Shanter Inn, wo Burns' berühmtestes Gedicht spielt. Für Freunde des Dichters ist Ayr samt Umgebung somit ein Pflichtprogramm, während es ansonsten nahezu keine touristischen Attraktionen gibt. Eine ausführliche Zusammenstellung der Burns-Stätten („Burns Heritage Trail") ist von den Touristeninformationen zu beziehen.

Information: Burns Statue Square, Ayr KA7 1BG, ✆ (01292) 288688, ganzjährig.
Verkehrsverbindungen: Eisenbahn nach Glasgow und Stranraer; Flughafen Prestwick (Überseeflugplatz für Glasgow) unmittelbar nördlich.
Jugendherberge: Craigweil Road, ✆ (01292) 262322, 60 Betten, 27.2.-1.11., im Sommer Mahlzeitenzubereitung, in Strandnähe.
Camping: Sundrum Castle, Coylton, ✆ (01292) 570057, 52 Zeltstandpl., Waschm., 5 km südlich nahe der A70; einige Plätze südlich an der Küste.
Fahrräder: AMG Cycles, 55 Dalblair Rd., ✆ (01292) 287580, auch Vermietung; Carrick Cycles, 87 Main Street, ✆ (01292) 269822.

Für die etwa 20 km lange Strecke bis **Irvine**, einer modernen Industrie- und Satellitenstadt, die aus einem Fischerort hervorgegangen ist (s. Etappe 39), wird im wesentlichen die A78 benutzt, eine unattraktive, aber weitgehend unvermeidliche Strecke. Bei Troon können Sie sie auf die parallel verlaufende alte Trasse der A78 (jetzt A759) verlassen, sobald die neue Streckenführung zum *Dual Carriageway* wird. Hinter Barassie biegen Sie zu Anfang des erneuten Dual Carriageways links auf die Parallelstraße nach Gailes ab, die am Ortsrand von Irvine auf die Zufahrt zur Stadt trifft.

Etappe 41:
Irvine – Stewarton – Glasgow (42 km)

Eine Strecke, die nur empfohlen werden kann, falls Sie unbedingt über Glasgow fahren möchten. Die Streckenführung ist recht unattraktiv, da der gesamte Bereich zur Industriezone um Glasgow gehört.

(Als deutlich längere Alternative [55 km] gibt es einen beschilderten touristischen Rad- und Fußweg, der sich aus allerlei Treidelpfaden, stillgelegten Bahntrassen, Feldwegen und kleineren Straßen zusammensetzt und von Irvine über Kilvinning, Glengarnock, Lochwinnoch und Johnstone nach Paisley führt; die Routenbeschreibung erstreckt sich über drei Faltblätter, die bei den Tourismusstellen der Region erhältlich sind.)

Die Etappe beginnt in Irvine auf der A736 (Hauptstraße Rchtg. Glasgow), die Sie aber schon kurz hinter dem Stadtrand auf die B769 verlassen, die durch *Stewarton* geradewegs nach **Glasgow** (s. Etappe 12) leitet.

Achten Sie in Stewarton darauf, daß Sie die innerörtlich mit der A735 identische Straße im Ortszentrum wieder auf die B769 verlassen (faktisch geradeaus durch den Ort fahren).

Südlich von Girvan (Etappe 40)

Kartenskizze Etappen 41 & 42

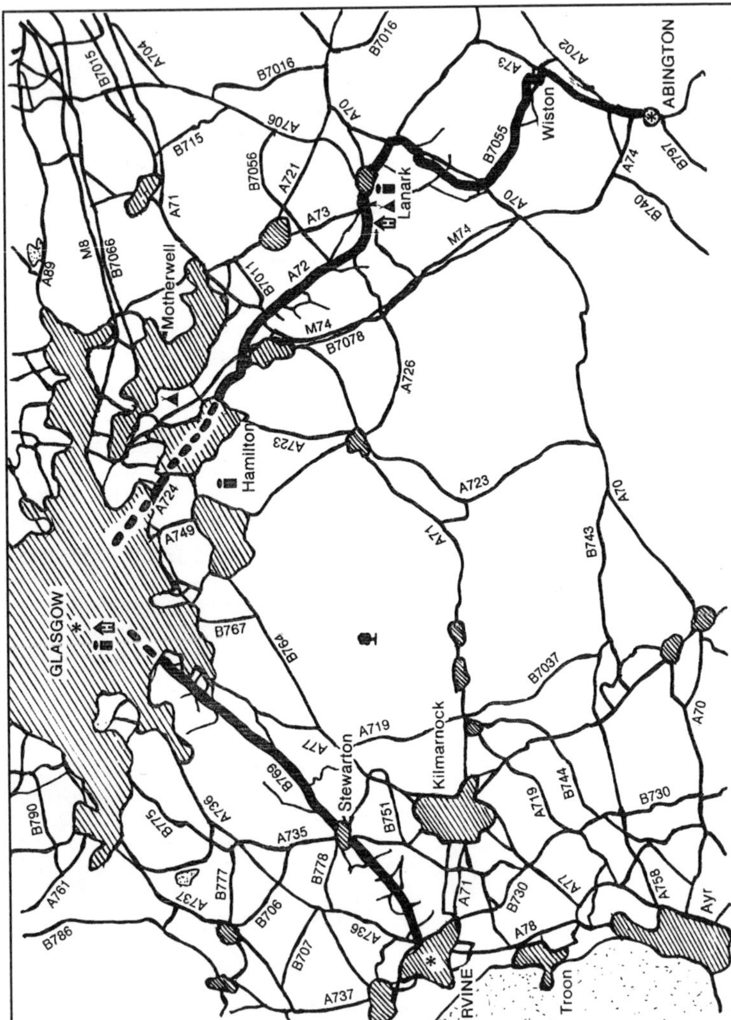

Etappe 42:
Abington – Wiston – Lanark – Hamilton – Glasgow (60 km)

Entlang der Spuren frühindustrieller Entwicklung.

Die Etappe beginnt in Abington auf der Zufahrtstraße zur A73 Rchtg. Lanark (anfangs identisch mit der A702), bis links die B7055 abzweigt. Auf dieser Straße fahren Sie durch das Dörfchen Wiston, folgen dem Flußtal des Garf Water durch die Tinto Hills und treffen auf die A70. Vom Hang des Tinto ist übrigens ein Farmhaus des 17. Jh. in das nahe Marktstädtchen **Biggar** versetzt und dort als *Convenanter Museum* eingerichtet worden, um die Lebensweise jener Presbyterianer darzustellen, die eine von England unabhängige Kirche erkämpften.

Information: 155 High Street, Biggar, Lanarkshire, ✆ (01899) 221066, Ostern-Okt.
Camping: Biggar Caravan Site, ✆ (01899) 220319, 12 Standpl., Waschm.

Kreuzen Sie die A70; von der folgenden Nebenstraße biegen Sie nach ein paar hundert Metern rechts auf eine andere Nebenstraße ab, die parallel zur A70 und zum Douglas Water nordwärts führt. Nach einigen Kilometern endet diese Straße wieder an der A70, auf der Sie nach links fahren. Nach ca. 2 km überqueren Sie links den Fluß (gemeinsame Strecke mit der A73) und erreichen über die A73 das Städtchen *Lanark*, im 17. Jh. ebenfalls eine Hochburg der Convenanter.

Bemerkenswerter ist aber die Siedlung **New Lanark** im Süden der Stadt. Hier war Ende des 18. Jh. eine Baumwollfabrik mit 2000 Beschäftigten entstanden, die im Jahr 1800 einen Manager mit bemerkenswerten Ideen erhielt: Robert Owen. Er war seiner Zeit in sozialreformerischer Weise weit voraus und schuf eine Reihe von Einrichtungen, die den Arbeitern in ihrer Siedlung das Leben lebenswerter machen sollte, nach Owens Meinung eine grundlegende Voraussetzung für Produktivität und Effektivität. Er eröffnete eine Schule, eine Kantine und einen genossenschaftlich organisierten Dorfladen und sorgte damit weltweit für Aufsehen. Die Siedlung mit ihren Sandsteingebäuden hat nicht zuletzt aufgrund ihres Rufes bis heute überlebt und ist mittlerweile – äußerlich weitgehend unverändert – dem Wohnstandard des 20. Jh. angepaßt worden. Sie ist kein Museum, obwohl die zahlreichem Besucher und die Filmteams, die hier eine authentische Kulisse für Historienfilme suchen und finden, manchmal den gegenteiligen Eindruck erwecken können; in gewissen Abständen werden einzelne renovierte Häuser zeitweise zur Besichtigung freigegeben.
Nahe bei New Lanark ist bei einem Wasserfall des River Clyde ein Naturschutzgebiet eingerichtet worden, das in jedem Fall einen Besuch wert ist.

Information: Horsemarket, Ladyacre Road, Lanark ML11 7LQ, ✆ (01555) 661143, ganzj.
Verkehrsverbindungen: Eisenbahn nach Glasgow.
Jugendherberge: Wee Row, New Lanark, 64 Betten, ✆ (01555) 666710.
Camping: Newhouse, Ravenstruther, ✆ (01555) 870228, 10 Standpl., Mitte März-Mit-

te Oktober., nordöstlich von Lanark.
Fahrradvermietung: WM Withers & Co, Unit 1, Loch Garage, Lanark, ✆ (01555) 665878.

Für die restliche Strecke müssen leider durchgehend Hauptstraßen benutzt werden – die Nähe der Industriemetropole macht sich bemerkbar. Und zwar ab Lanark zuerst die A72 bis *Hamilton*, eigentlich schon ein Vorort von Glasgow.

Information: Roadchef Service Area, M74 Northbound, near Hamilton, ✆ (01698) 285590, ganzj.
Camping: Strathclyde Park ****, 366 Hamilton Road, Motherwell, ✆ (01698) 266155, 250 Standpl., Waschm., April-Okt., auf der anderen Seite der M74.
Fahrräder: MGB Ralton Cycle Centre, 6 Avon Street, Hamilton, ✆ (01698) 284926.

Von hier nutzen Sie dann die A724 ins Stadtzentrum von **Glasgow** (s. Etappe 12), wo die Etappe endet.

Etappe 43: Isle of Arran

Irvine – Ardrossan – Brodick – Lochranza – Claonaig – Kennacraig (90 km)

Eine Strecke durch „Scotland in miniature", wie Arran auch genannt wird. Wegen der nur saisonal (bis Mitte Okt.) verkehrenden Fähre nach Claonaig kann sie außerhalb üblicher Fahrrad-Reisezeiten nicht befahren werden.

Sie beginnt in Irvine am Ortsausgang beim Golfplatz Richtung Hospital (Abkürzung zur A78, in Gegenrichtung nicht nutzbar) bzw. direkt auf der A78 nach Saltcoats und **Ardrossan**, wo Sie den Staub der unerfreulichen Industriegegend abschütteln können. Mit der Fähre der Caledonian MacBrayne setzen Sie nach Brodick auf der Isle of Arran über. Diese Verbindung verkehrt ganzjährig und auch sonntags mit bis zu 6 Abfahrten täglich; um die für Sie günstigste Abfahrtszeit zu ermitteln, sollten Sie vorher ein Touristeninformationsbüro aufsuchen, falls Sie sich nicht ohnehin den kompletten Fahrplan der Fähren besorgt haben.

Von Brodick aus vollführt diese Etappe eine fast vollständige Inselrundfahrt. Arran ist eine regelrechte Ferieninsel mit wenig Autoverkehr, die sämtliche landschaftlichen Attraktionen Schottlands auf sich vereinigt; die Ostküstenstraße ist dabei deutlich steiler als die an der Westküste. Hohe Berge, idyllische Flußtäler, Hochflächen, steile Klippen, Wälder, malerische Buchten, alles ist vorhanden, garniert mit ein paar Burgen und prähistorischen Stätten. Zudem ist Arran hervorragend für Wanderungen in den Bergen und längs der Küsten geeignet.

In **Brodick**, dem Hauptort der Insel, macht das nördlich gelegene Castle mit angrenzenden Parkanlagen den Anfang in der Riege der Sehenswürdigkeiten. Die Besitzung wurde 1958 als Steuerzahlung dem Finanzminister übergeben, der sie dem National Trust anvertraute. Das Schloß hat einige Teile aus dem 13. Jh., stammt aber im wesentlichen von 1652 und 1844. Der Park besteht aus einem 'französischen' Teil von 1710 und einem Landschaftsgarten des 20. Jh., der bekannt ist für seine prachtvollen Rhododendronbestände. Die Parks sind ganzj. tägl. 9.30 h bis Sonnenuntergang zugänglich, das Schloß Ostern-Sept. tägl. 13-17 h. Als Kontrast empfiehlt sich ein Besuch im *Isle of Arran Heritage Museum* in Brodick, das in aus dem 18. Jh. stammenden Farmgebäuden untergebracht ist und die Lebensweise der Inselbevölkerung dokumentiert. Es ist April-Ende Okt. geöffnet (Mo-Sa), gelegen ca. 2 km südlich des Castles am Ortsrand.

Information: The Pier, Brodick KA27 8AU, ✆ (01770) 302140, ganzj.
Camping: Glen Rosa Farm, ✆ (01770) 302380, 35 Standpl., ganzj., 3 km nördlich vom Fähranleger an der B880.
Fahrräder: Brodick Cycles, Ian B. Leader, Roselynn, ✆ (01770) 302460, Vermietung; Vermietung auch bei Mini Golf Cycle Hire, ✆ (01770) 302272, gute Auswahl; sowie bei Brodick Boat & Cycle Hire, ✆ (01770) 302868.

Die Strecke um die Insel benutzt durchgehend die A841, die fast vollständig der Küstenlinie folgt. Es gibt Variationsmöglichkeiten über die zwei Binnenlandstraßen, die aber jeweils über die Berge führen und in West-Ost-Richtung günstiger zu befahren sind. Die Straße verläuft anfangs in Südrichtung durch das recht große Dorf *Lamlash* (Bootsausflüge zur vorgelagerten Holy Island möglich), vorbei an der Whiting Bay und oberhalb von **Kildonan**, einem kleinen Seebad mit benachbarter Burgruine. Auf diesem Streckenabschnitt existieren recht beachtliche Steigungen.

Als Beispiel für die Wandermöglichkeiten auf Arran sei hier eine ca. 5 km lange Strecke empfohlen, die in Whiting Bay (Jugendherberge, s.u.) beginnt und endet: entlang dem Gleneshdale River zum Gleneshdale Wasserfall, darum herum und auf der anderen Talseite wieder hinunter. Voraussetzung sind solides Schuhwerk, die Bereitschaft zum Balancieren über Steine im Flußbett und ca. 90 Minuten Zeit.

Jugendherberge: Whiting Bay, ✆ (01770) 700339, 48 Betten, 27.2.-1.11., direkt an der Straße am südlichen Ortsrand.
Camping: Middleton, Lamlash, ✆ (01770) 600251 & 600255, 40 Zeltstandpl., Waschm., April-Okt., im südlich. Vorort Cordon an der Lamlash Bay; Breadalbane Lodge, Kildonan, ✆ (01770) 820210, 30 Zeltstandpl., Waschm., ganzj., in Kildonan an der Küste.
Fahrradvermietung: Whiting Bay Hires, Whiting Bay, ✆ (01770) 700382.

Bei Kildonan schwenkt die A841 westwärts und führt (bei bis zu 150 m Höhenunterschied) oberhalb der Küste entlang. Einige hundert Meter südlich der Straße befindet sich bei Torrylin ein 5000 Jahre alte Ganggrab; kurz vor dem Fußweg dorthin hat die A841 ein kurzes, steiles Gefälle (ca. 20 %). Im Bogen führt die Straße weiter an der Küste entlang nach **Blackwaterfoot**. Die A841 ist an der Westküste der Insel von etlichen frühgeschichtlichen Stätten gesäumt; die zwei beeindruckendsten sind die Steinkreise im Machrie Moor, etwa 5 km nördlich von Blackwaterfoot und fast 2 km östlich der Straße (Zufahrtweg beschildert), und der Auchagallon Stone Circle beim gleichnamigen Ort, recht nahe an

Kartenskizze Etappen 43 & 44

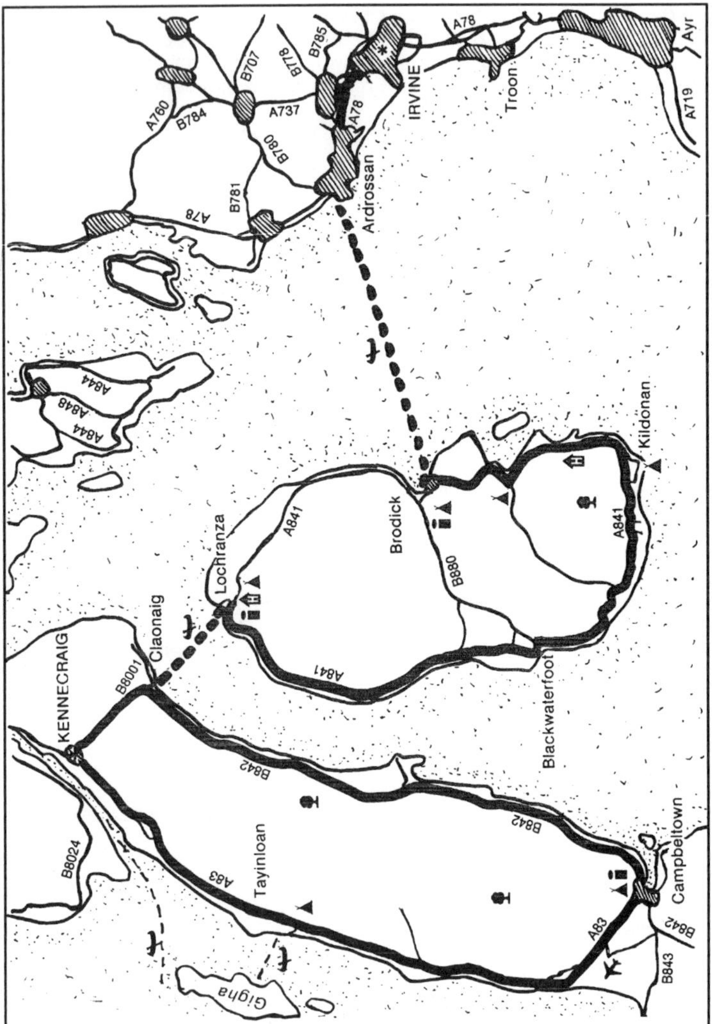

der Strecke, aber von dort nicht beschildert: auf die Nebenstraße zur B880 Blackwaterfoot – Brodick achten. Das Nordende der Straße und der Insel ist in **Lochranza** erreicht, dem zweiten Fährhafen der Insel. Die Verbindung nach Claonaig (s. Hinweis zu Beginn der Etappenbeschreibung) verkehrt 8-10 mal täglich, so daß keine lange Wartezeit einzuplanen ist. Lochranza Castle ist die kleine Ruine eines ehemaligen königlichen Jagdschlosses, gelegen auf einer beim Ort befindlichen Landzunge.

Jugendherberge: ✆ (01770) 830631, 68 Betten, 1.2.-3.1., am Ostrand des Ortes.
Camping: Lochranza Golf, ✆ (01770) 830273, 60 Standpl., Waschm., Ostern-Mitte Okt.

Eine halbe Stunde dauert die Überfahrt nach Claonaig, von wo Sie die B8001 über einen Hügel (100 m Höhenunterschied) zum Etappenende nach **Kennacraig** bringt; Kennacraig ist kein Ort, sondern lediglich der Fähranleger Richtung Islay. Falls Sie die Umrundung der Kintyre-Halbinsel (Gegenrichtung der Etappe 44) gleich anschließen möchten, wenden Sie sich in Claonaig nach links auf die B842.

Etappe 44: Kintyre-Halbinsel

Kennacraig – Campbeltown – Claonaig – Kennacraig (110 km)

Eine Rundstrecke um die langgezogene Halbinsel von Kintyre; wem die Strecke an der Ostküste zu steil ist, sei die Rückfahrt auf der Straße empfohlen, die auch auf dem Hinweg benutzt wird.

Und zwar ist dies die A83, die an der Westküste der Halbinsel entlang bis Campbeltown führt. Auf halbem Weg, in *Tayinloan*, gibt es eine Fährverbindung zum Inselchen **Gigha** (bis zu 6 mal täglich). Auf der Insel kann der Park von *Achamore House* besucht werden (April-Okt. tägl. 10 h bis Sonnenuntergang).

Camping: Point Sands *****, ✆ (01583) 441263, 60 Zeltstandpl., Waschm., April-Okt., an der A83 in Tayinloan; Muasdale, ✆ (01583) 421207, 20 Zeltstandpl., Waschm., April-Okt., ca. 7 km südlich von Tayinloan.

Nach reichlich 50 km erreicht die A83 **Campbeltown**, die einzige Stadt der Halbinsel. Der Ort selbst hat nicht viel zu bieten, aber von hier aus läßt sich ein hübscher Ausflug auf den kleinen Nebenstraßen nach Süden machen. Die Südküste von Kintyre ist von etlichen Höhlen gesäumt; eine Sackgasse führt zum schlagerbesungenen *Mull of Kintyre*, wo seit 1788 ein Leuchtturm Schiffe vor den Klippen warnt.

Information: The Pier, Campbeltown PA28 6EF, ✆ (01586) 552056, ganzj.
Verkehrsverbindungen: tägliche Flüge nach Glasgow.
Camping: Peninver, Craigview, ✆ (01586) 552262, 6 Standpl. (!), Waschm., April-Okt., 7 km nördlich von Campbeltown an der B842; Machrihanish, East Trogidal, ✆ (01586) 810366, 90 Zeltstandpl., März-Sept., westlich via B843 erreichbar.
Fahrräder: A. Elder, 27 Longrow, ✆ (01586) 554316.

Von Campbeltown aus fahren Sie auf der B842 entlang der Ostküste nach Norden. Diese Strecke weist sehr viele steile, wenn auch meist kurze Steigungen und Gefälle auf; wer seine Waden schonen will, kann alternativ wieder auf der A83 zurückfahren. Bei *Saddell* befindet sich die Ruine einer Abtei aus dem 12. Jh. Die Strecke passiert nach etwa 20 km das Örtchen *Carradale*.

Camping: Carradale Bay ****, ✆ (01583) 431665, 60 Standpl., April-Sept., Waschm., am Pier.

Nördlich dieses Ortes führt die Etappe durch ein Flußtal und ein Waldgebiet, bevor die B842 wieder die Küste erreicht. In **Claonaig**, dem Fährhafen nach bzw. aus Lochranza (Arran), trifft die Straße auf die B8001 zurück nach **Kennacraig**, womit der Kreis geschlossen ist.

Etappe 45:
Glasgow – Dumbarton – Balloch – Tarbet (61 km)

Zuerst auf einer ausgeschilderten Fahrradroute zum Loch Lomond, dann entlang der Westseite des Sees nach Norden. Als Alternative bietet sich die A809 von Glasgow nach Drymen an, wo Sie auf die Streckenführung der Etappe 21 (s. dort) treffen.

Gut die Hälfte der Strecke verläuft auf dem Loch Lomond to Glasgow Cycleway, einer weitgehend auf früheren Bahntrassen und Flußuferwegen geführten Route, die nur auf kurzen Teilstücken Autostraßen nutzt. Der Cycleway ist ausdrücklich auch für Wanderer und Rollstuhlfahrer gedacht und richtet sich vorrangig an des Stadtverkehrs ungeübte Radfahrer. Angesichts der deutlich schöneren Streckenführung ist er jedoch grundsätzlich die beste Route zum Loch Lomond – falls er nicht gerade mal wieder mit Glasscherben 'vermüllt' ist. Bei der Glasgower Fremdenverkehrsinformation ist ein sehr brauchbares Faltblatt mit Routenskizzen und Erläuterungen erhältlich; die Besorgung wird nachdrücklich empfohlen.

Vom Glasgower Zentrum aus folgt die Etappe anfangs dem Nordufer des River Clyde westwärts. Der *Cycleway* beginnt etwas westlich des „Scottish Exhibition and Conference Centre“ an einer Fußgängerbrücke über die A814 Rchtg. Dumbarton, bleibt ca. 1½ km nördlich der Straße, unterquert diese und zielt parallel zur *South Street* und zum River Clyde nordwestwärts. Der *Clyde Tunnel* wird unweit dessen Auftauchen an der Erdoberfläche überquert; an dieser Stelle besteht eine Anschlußmöglichkeit zur *Dumbarton Road*. Autofrei geht es nun weiter durch das alte Hafengebiet Glasgows, mit wechselnder Distanz zum Fluß, bis in den Vorort *Clydebank* (Museum im Rathaus, tägl. geöffn.), an dessen Südostrand der Weg kurzfristig auf einer Straße verläuft. Innerörtlich werden Sie zudem zweimal auf wenigen Metern genötigt, Ihren Drahtesel zu schieben, da der *Cycleway* hier auf Fußwegen geführt ist.

Nun orientiert sich die Route am *Forth and Clyde Canal*, auf dessen Treidelpfad Sie geradewegs nach **Dumbarton** gelangen. Diese Stadt wird von einem Felsen überragt, der Befestigungen aus dem 17./18. Jh. trägt (ganzj. zu besichtigen).

Innerstädtisch sind hier erneut Straßen zu benutzen, bis südlich des westlichen Bahnhofs *Dalreoch Station* die Radroute zum Westufer des *River Leven* schwenkt, den sie nordwärts vorbei an der Industriestadt *Alexandria* bis zum Urlaubsort **Balloch** begleitet. Das ist der wichtigste der Urlaubsorte am Loch Lomond; die Nähe zur Industrieregion um Glasgow sorgt dafür, daß hier an Wochenenden und in der Ferienzeit reger Betrieb herrscht. Außerdem gehen die Ausflugsdampfer des Loch Lomond von hier aus auf ihre „Seereise". Der Park des örtlichen Castles aus dem 19. Jh. ist frei zugänglich; auf dem Gelände befinden sich außerdem spärliche Reste einer älteren Burg.

Information: Balloch Road, Balloch G83, ✆ (01389) 753533, April-Okt.
Jugendherberge: Loch Lomond, Arden, ✆ (01389) 850226, 160 Betten, Anf. März-Okt., Mahlzeitenzubereitung, Fahrradverm., 2 km nördl. von Balloch abseits der A82.
Camping: Tullichewan *****, Old Luss Road, Balloch, ✆ (01389) 759475, 30 Zeltstandpl., Waschm., Fahrradvermietung, im Nov. geschlossen.

Unter Ausnutzung der Fähre von Rowardennan nach Inverbeg können Sie ab Balloch alternativ auf die A811 nach Drymen ausweichen und von dort die Etappe 21 benutzen. Ansonsten fahren Sie zur A82 und auf dieser immer am Westufer von Loch Lomond entlang nach Norden, vorbei am *Rossdhu House* aus dem 18. Jh. (teilweise zu besichtigen Ostern-Sept. tägl. außer di 10.30-18.00 h, sonntags ab 12 h), über **Inverbeg** (Fähre nach Rowardennan, Jugendherberge, s. Etappe 21) zum Etappenende nach **Tarbet**. Diese Strecke bietet zwar viele schöne Ausblicke auf den See und das dahinter liegende Trossach-Gebiet, wird aber leider auch von recht vielen Autofahrern genossen.

Information: Main Street, Tarbet, ✆ (01301) 702260, April-Okt.

Etappe 46:
Glasgow – Dumbarton – Helensburgh – Garelochhead – Arrochar – Inveraray (100 km)

Zubringerstrecke zur Westküste des Hochlandes, ab Arrochar auch als Anknüpfung an Etappe 21 nutzbar.

Sie beginnt in Glasgow entsprechend Etappe 45 auf dem *Cycleway*, dem bis **Dumbarton** gefolgt wird. Dort verlassen Sie die Fahrradroute und radeln auf der A814 ins 12 km entfernte Urlaubsstädtchen **Helensburgh**, einen Ort mit recht nettem Stadtbild aus dem 19. Jh. und einem architektonischen Kleinod der Jahrhundertwende, dem *Hill House* in der Upper Colquhoun Street. Es gehört dem National Trust, der ganzj. tägl. 13-17 h Besucher hineinläßt.

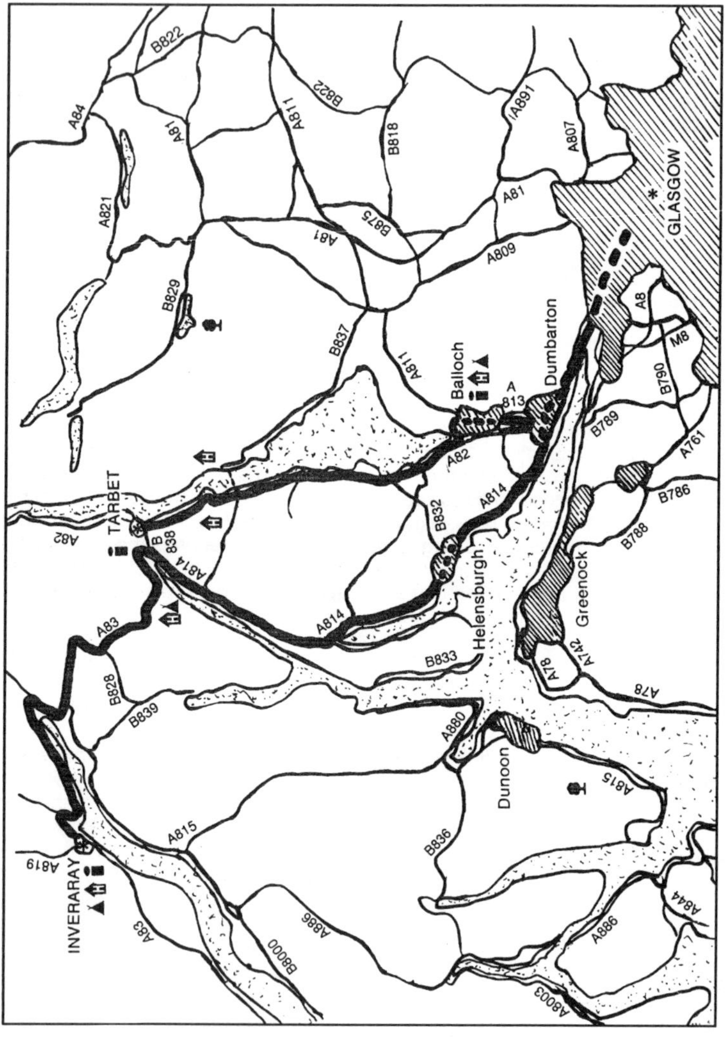
INVERARAY
TARBET
Balloch
Dumbarton
GLASGOW
Helensburgh
Greenock
Dunoon
A84
A821
B822
A81
A811
B818
A891
A807
B875
A809
B829
B837
A8
M8
B790
A813
B789
A761
A82
B832
A814
B838
B786
B788
A83
A742
A78
B833
B828
B839
A880
A815
B836
A819
A886
B8000
A8003
A844

Information: The Clock Tower, Helensburgh G84, ✆ (01436) 672642, April-Okt.
Verkehrsverbindungen: Eisenbahn nach Glasgow, Oban und Fort William; manchmal saisonal Privatfähren nach Gourock und Rosneath (Infobüro).

Die A814 schlängelt sich immer am Gare Loch entlang, umgeht Garelochhead unter Vermeidung des Anstiegs in den Ort, führt hinab zum Loch Long und daran entlang nach **Arrochar**. Gleich hinter diesem Ort beginnt die Berglandschaft der Highlands, und dementsprechend gibt es hier schon recht viel Andrang von Bergwanderern und anderen Naturfreunden. Arrochar ist Anknüpfungspunkt für alle, die Etappe 21 (ab Tarbet) Richtung Westen fortsetzen möchten. In Tarbet existieren auch ein saisonal geöffnetes Touristeninformationsbüro und eine Eisenbahnstation.

Information: Glen Croe, ✆ (01301) 702432, April-Okt.
Jugendherberge: Ardgartan, ✆ (01301) 702362, 60 Betten, Mahlzeitenzubereitung, nur im Januar geschl., modernes Haus 5 km westlich am Loch.
Camping: Ardgartan Loch Long Campsite ***, ✆ (01301) 702293, 160 Standpl., April-Sept., abseits der Straße 4 km hinter Arrochar.

In Arrochar fahren Sie links auf der A83 weiter, die durch die Täler Glen Croe und Glen Cinglas führt. Der höchste Punkt zwischen den beiden Tälern liegt immerhin 250 m hoch (= Höhenunterschied); er trägt den bezeichnenden Namen „Rest and be thankful“. (Statt der zeitweise vielbefahrenen A 83 kann ein Feldweg links der Straße gewählt werden, der am Parkplatz des Forestry Offices [Infomaterial dort] beginnt und teils eine anspruchsvolle Steigung bis zur Paßhöhe aufweist). Von dort aus geht es dann wieder hinunter auf Meereshöhe, die bei *Cairndow* erreicht wird. Dort gibt es im *Strone Garden* Gelegenheit zum Spaziergang; der Park verfügt u.a. über den höchsten Baum Großbritanniens (56 m hoch). Die A83 verläuft um das Loch Fyne herum geradewegs nach Inveraray.

Inveraray, 500 Einw., Strathclyde Region (Argyll), ist der Sitz des Campbell-Clans, einst der mächtigste Schottlands und seit dem Massaker von Glen Coe mit schlechtem Ruf behaftet. Der königstreue Clanchef stieg im Lauf der Jahrhunderte zum Duke of Argyll auf. Im 18. Jh. ließ der dritte Duke die gesamte Ortschaft neu aufbauen, samt Schloß und Park. Die musterhafte klassizistische Stadtanlage steht heute größtenteils unter Denkmalschutz. Während die städtischen Besitzungen der Argylls mittlerweile in staatlichen Besitz übergewechselt sind, gehört das Schloß nach wie vor den Campbells; die von einem Brand 1975 verursachten Schäden konnten mit Hilfe von Spenden der Clan-Mitglieder aus aller Welt beseitigt werden. Die Beiträge der Schloßbesucher im Sommer dürften auch ein wenig geholfen haben; geöffn. Anf. April-Mitte Okt. mo-sa, Juli/Aug. auch sonntags.
Am anderen Ende der sozialen Leiter waren die Bewohner und Gäste des Gerichtsgebäudes und Gefängnisses angesiedelt, in dem seit 1989 eine Art Gefängnismuseum eingerichtet ist: Gerichtssaal, ein restaurierter alter Gefängnistrakt und ein modellhafter neuer zeigen den Strafvollzug im 19. Jh. (April-Okt. tägl. 9.30-18.00 h, im Winter kürzer).
Eine neuere Sehenswürdigkeit von Inveraray ist der fast 90 Jahre alte Drei-

master „Arctic Penguin“ im Hafen, der besichtigt werden kann.
In der Umgebung: Etwas ländlicher geht es im ca. 6 km südwestlich an der A83 gelegenen Ort **Auchindrain** zu, wo eine Art Landwirtschaftsmuseum das bäuerliche Leben des 18. Jh. reproduziert.

Information: Front Street, ✆ (01499) 302063, ganzj.
Jugendherberge: Dalmally Rd., ✆ (01499) 302454, 38 Betten, 20.3.-1.11., im Ort.
Camping: Argyll ****, ✆ (01499) 302285, 60 Standpl., Waschm., April-Okt., 5 km südwestlich von Inveraray an der A83.

Etappe 47:
Inveraray – Lochawe – Taynuilt – Glen Lonan – Oban (65 km)

Zum „Tor zu den Inseln“, wie sich Oban nennt – wegen der vielen Fährverbindungen zu Recht. Eine Strecke, die wegen des kräftigen Auf-und-Ab zahlreiche Höhenmeter aufweist.

Von Inveraray führt die Etappe auf der A819 nordwärts durch das Glen Aray über einen 200 m hohen Paß nach Claddich und weiter nach **Lochawe**. Diese Siedlung trägt den Namen nach dem gleichnamigen, langgestreckten Binnensee, an dessen Nordende sie sich befindet. Loch Awe ist eine Art touristischer Geheimtip, abseits der allgemeinen Touristenrouten gelegen, von Bergen und Wäldern umgeben und weder von Städten noch Sehenswürdigkeiten gesäumt, von der prachtvollen Natur einmal abgesehen. Dennoch ist der See auf – steigungsreichen – Nebenstraßen vollständig zu umrunden, z.B. ab Claddich; wegen der geringen Übernachtungsmöglichkeiten ist das aber nur für Camper zu empfehlen.

In Lochawe treffen Sie auf die A85, der Sie Rchtg. Oban folgen; dabei kommen Sie am Kilchurn Castle (15./17. Jh.) vorbei, das auf einer kleinen Insel im See steht. Die A85 führt entlang dem River Awe durch den Pass of Brander am Fuß des über 1000 m hohen Ben Cruachan; auf halber Höhe des Berges befindet sich ein Stausee, der zur Stromerzeugung genutzt wird. Das in eine künstliche Höhle in den Berg hinein gebaute Kraftwerk kann im Sommer besichtigt werden (Visitor Centre direkt an der A85). Die Paßstraße endet bei **Taynuilt** (Bahnstation an der Strecke Glasgow-Oban), einem Ort am Loch Etive, bei dem auch Ausflugsfahrten auf dem See starten. Ggf. besteht nach Absprache die Möglichkeit, dabei samt Rad zum Nordufer überzusetzen (Anschluß an Etappe 54). Beim Dorf befindet sich mit den *Bonawe Iron Works* ein interessantes Industriedenkmal: eine ungewöhnlich vollständig erhaltene Eisenhütte aus dem 18./19. Jh. (April-Sept.)

In Taynuilt können Sie links auf die Nebenstraße durch das Glen Lonan, ein idyllisches Hochtal, ausweichen, mit anfangs starker Steigung. Diese Straße passiert die *Barguillean Gardens*, einem Park an einem See (April-Okt. tägl.). Nach ca. 13 km kommen Sie zu einer T-Mündung in eine andere Nebenstraße;

fahren Sie rechts und nach etwa 1 km wieder links nach Oban (beschildert; in Gegenrichtung: Rchtg. Taynuilt).

Oban, 7500 Einw., Strathclyde Region (Argyll), ist bereits seit viktorianischer Zeit ein beliebter Ferienort; als Fährhafen zu den Inneren Hebriden und Endpunkt einer schönen Eisenbahnstrecke hat die Stadt diese Einkommensquelle erfolgreich gepflegt. Der Ort liegt sehr dekorativ am Firth of Lorn, eine ganze Reihe von Inseln vor dem natürlichen Hafenbecken in Sichtweite. Die Gebäude der Stadt mit ihren viktorianischen Fassaden zeigen ebenso den Ursprung der Entwicklung wie das kuriose Bauwerk, das die Kulisse auf einem Hügel überragt: eine Art Nachbildung des Kolosseums, die ein reicher Bankier namens McCaig kurz vor der Jahrhundertwende von Arbeitslosen zu seinem Ruhm erbauen ließ – erfolgreich, denn das Gebäude trägt immer noch seinen Namen. Und da man von dort einen schönen Ausblick hat, ist der Weg hinauf auch lohnend. Etwas nordwestlich der Stadt steht die Burgruine von Dunollie Castle (15. Jh., frei zugänglich). Ebenfalls gratis ist der Besuch im örtlichem Museum (so geschlossen), in zwei Fabriken (Glasfabrik, Tweed-Manufaktur) und der Oban Distillery. Es gibt eine große Zahl von Möglichkeiten zu Ausflügen in die Umgebung, sei es per Rad, zu Fuß oder mit dem Schiff; wer Landschaft lieber in geschlossenen Räumen genießt, kommt in der Ausstellung *World in Miniature* am Pier eher auf seine Kosten.
Ein Meerestier-Aquarium ist das *Sealife Centre* (Balcardine, täglich ab 10 h geöffnet).

Information: Argyll Square, Oban PA34 4AN, ✆ (01631) 563122, ganzjährig.
Verkehrsverbindungen: Eisenbahn (West-Highland-Linie) nach Glasgow; Fährverbindungen nach Mull, Coll, Tiree, Colonsay, Lismore, Barra und South Uist.
Jugendherberge: Corran Esplanade, ✆ (01631) 562025, 106 Betten, 1.2-3.1., am Nordteil des Hafens, Fahrradvermietung; *unabhängige Hostels:* Jeremy Inglis, 21 Airds Crescent, ✆ (01631) 565065, 12 Betten, ganzj.; Oban Backpackers, Breadalbane Street, ✆ (01631) 562107, 48 Betten.
Camping: Gallanachmore Farm *****, ✆ (01631) 562425, 150 Zeltstandpl., Waschm., April-Mitte Okt., 3 km südwestlich an der Nebenstraße nach Gallanach; Oban Divers ****, Glenshelleach Road, ✆ (01631) 562755, 2 km vom Ort, 31 Zeltstandpl., März-Nov.
Fahrräder: Oban Cycles, 9 Craigard Road, ✆ (01631) 566996; David Graham, 9-15 Combie Street, ✆ (01631) 562069; beide auch Verleih.

Etappe 48:
Kennacraig – Lochgilphead – Kilninver – Oban (88 km)

Nordwärts zum „Gateway to the Islands“.

Die Etappe beginnt in Kennacraig auf der A83 Rchtg. Tarbert. Falls Sie nicht die dortige Castleruine (15. Jh.) oder das saisonal geöffnete Touristen-Informationsbüro (✆ 01880/820429) besuchen möchten, sollten Sie schon vorher, nämlich

Kartenskizze Etappen 47 & 48

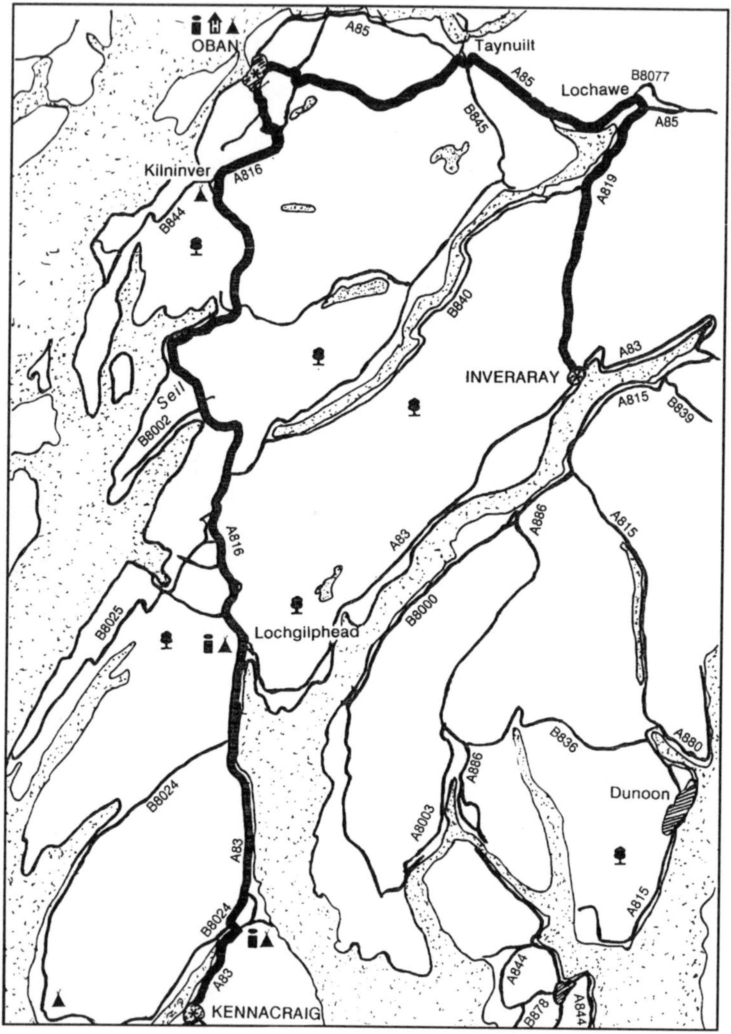

Oban

bei der ersten nach links führenden Straße, abbiegen und zur B8024 wechseln. Das ist eine Abkürzung zurück zur A83 nördlich von Tarbert. Sie können an dieser Stelle auch eine Umrundung der Knapdale-Halbinsel auf der B8024 einschieben, falls Ihnen danach zumute ist.

Camping: Port Ban, Kilberry, ✆ (01880) 770224, 10 Standpl., Waschm., April-Okt., an der B8024 auf der anderen Seite der Halbinsel; West Loch, Escart Bay, ✆ (01880) 820873, 37 Zeltstandpl., März-Okt., 4 km südlich des Hafens.

Ansonsten fahren Sie auf der A83 weiter nach **Lochgilphead**, der ehemaligen Verwaltungshauptstadt der Grafschaft Argyll, einer mäßig interessanten Stadt am Nordende von Loch Gilp.

Information: Lochnell Street, Lochgilphead, ✆ (01546) 602344, April-Okt.
Camping: Lochgilphead *****, Bank Park, ✆ (01546) 602003, 10 Zeltstandpl., Waschm., Fahrradvermietung, April-Okt.
Fahrräder: Ardfern Cycle Hire, Lochgilphead, ✆ (01852) 500662, auch Vermietung.

Die Weiterfahrt erfolgt auf der A816 Richtung Oban. Nach etwa 6 km befinden sich links neben der Straße die Überreste einer Krönungsstätte des frühmittelalterlichen Königreichs Dalriada, **Dunadd**. *Standing Stones* auf einer Wiese und wenig weiter ein Grabhügel folgen auf dem Teilstück bis *Kilmartin*, wo die Reste eines Castles an der Straße stehen. Einige Kilometer weiter, ungefähr in Höhe der rechts abzweigenden B840 (Möglichkeit zur Umrundung von Loch Awe, s. Etappe 47), liegt ebenfalls links neben der A816 *Carnasserie Castle*, früher der Wohnsitz eines Bischofs, der die presbyterianische Liturgie ins Gälische übersetzt hat, heute eine gratis zugängliche Ruine. Wenn die Straße schließlich die Küste erreicht, befindet sich auf einer kleinen Landzunge der Landschaftspark von Arduaine Gardens, zugänglich April-Sept. mo-sa.

Die A816 führt am Loch Melfort entlang nach Kilmelford und dann durch das Binnenland nach *Kilninver*. In diesem Dörfchen können Sie einen Abstecher zur südwestlich gelegenen Insel **Seil** einschieben, die über eine 1791 erbaute Brükke mit dem Festland verbunden ist. Auf Seil gibt es einen weiteren der in dieser Gegend sehr häufigen Parks, die An Cala Gardens, April-Sept. nur mo/ do zugänglich. Zur kleinen Insel **Easdale** verkehrt eine Fähre; auf dieser Schieferinsel ist ein ungewöhnliches volkskundliches Museum eingerichtet worden, das die Lebensweise auf Easdale und benachbarten Inseln im 19. Jh. darstellt (April-Okt. tägl.).

Von Kilninver zum Etappenziel, **Oban** (s. Etappe 47), sind dann noch etwa 12 km zurückzulegen.

Etappe 49: Isle of Mull
Oban – Craignure – Glen More – Balnahard – Gruline – Ensay – Tobermory – Salen – Fishnish – Lochaline – Strontian (140 km)

Eine Rundfahrt über Mull, eine der attraktivsten Inseln vor Schottlands Westküste, mit Anschlüssen nach Fort William und Skye; Ausflüge nach Iona und Staffa möglich.

Die Etappe beginnt in Oban mit einer Seereise, nämlich auf der Fähre der Caledonian MacBrayne nach Craignure (bis zu 6 Abfahrten täglich, ca. £ 3.35 je Strecke, Fahrrad £ 1. Von **Craignure** zum 2 km entfernten Schloß Torosay Castle verkehrt Ostern-Mitte Ok. eine Schmalspureisenbahn. Schloß und Park stammen aus dem 19. Jh.; der Park ist ganzj. und tägl. zugängl., das Schloß Ostern-Mitte Okt. mo-fr, Mai-Sept. täglich 10.30-17.00 h. Etwas südlich kann man über einen Zufahrtsweg *Duart Castle* erreichen, eine Burg aus dem 13. Jh., die Mai-Sept. täglich 10.30-18.00 h Besucher empfängt.

Bed & Breakfast (CTC-empfohlen): Pennygate Lodge, ✆ (01680) 812333.
Camping: Shieling Holidays *****, Craignure, ✆ (01680) 812496, 30 Standpl., Apr.-Okt.

Die Rundfahrt über Mull, eine ziemlich gebirgige Insel, die in diesem Jahrhundert teilweise aufgeforstet worden ist, wird fast ausschließlich über einspurige

Foto rechts: Iona

Straßen mit Ausweichstellen durchgeführt. Die A849 bildet den ersten Teil der Rundstrecke; nachdem auf ihr das Glen More durchquert worden ist, verlassen Sie sie auf die B8035 Rchtg. Salen (bitte nicht mit dem gleichnamigen Ort auf Ardnamurchan, s. Etappe 50, verwechseln). Es gibt auf dieser Strecke wenig Einkehrmöglichkeiten: nur nahe der Abzweigung Richtung Iona ein Hotel (ca. 1 km abseits der Etappenführung).

An dieser Stelle werden Sie feststellen, daß der restliche Verkehr auf der A849 geradeaus weiterfährt, obwohl diese Strecke eine Sackgasse ist. Man erreicht auf ihr **Fionnphort**, einen kleinen Hafen, von dem aus die Personenfähre (nimmt auch Räder mit) zur Insel Iona ablegt, eine Pendelverbindung für 70 p je Strecke (Fahrrad gratis).

Bed & Breakfast (CTC-empfohlen): außer einigen Häusern an der A849 in Fionnphort J & R Wagstaff, Red Bay Cottage, Deargport, ✆ (01681) 700396; Joan Davies, Dungrianach, ✆ (01681) 700417.

Man kann das Rad aber auch in Fionnphort stehen lassen, denn **Iona** ist eine sehr kleine Insel mit nur einem Ort und fast keinen Straßen. Der Grund für den relativ starken Tourismus besteht in der Vergangenheit des Eilandes: von Iona aus christianisierte der irische Missionar Columba mit seinen Gefolgsleuten im 6. Jh. das schottische Hochland. Bis ins hohe Mittelalter war Iona das religiöse Zentrum des Landes und die Begräbnisstätte für über 50 schottische und irische Könige. Die Insel gehört heute dem National Trust, während die noch vorhandenen sakralen Gebäude der schottischen Kirche übereignet wurden. Die ältesten Teile sind die fünf keltischen Hochkreuze des 8.-10. Jh., während die Kapellen, Klöster und Kathedrale erst im zweiten Jahrtausend errichtet wurden. Obwohl die gesamte Anlage ein paar hundert Jahre lang dem Verfall preisgegeben waren, ist sie eindrucksvoll, da sie von der „Community", einem Priester- und Laienorden, der seit 1938 existiert, restauriert wurde. Die meisten Bewohner auf Iona gehören der Community an. Im Kloster kann man auch recht preiswert wohnen (keine Einzelübernachtungen, nur längerer Aufenthalt möglich); ein Begegnungszentrum für Jugendliche ist im Aufbau. Übrigens ist Iona außer mit der Fähre im Sommer auch per Ausflugsboot ab Oban erreichbar, wobei eine Umrundung von **Staffa** dazugehört, einer unbewohnten Felseninsel 10 km nördlich, die ganz aus spektakulär aussehenden Basaltsäulen besteht. Die bekannteste der fünf vorhandenen Höhlen, *Fingal's Cave*, hat angeblich Felix Mendelssohn-Bartholdy zu seiner Hebriden-Ouvertüre inspiriert. Ab Fionnphort/Iona bzw. Oskamull ist mit kleinen Booten auch ein direkter Besuch auf Staffa möglich, ein Ausflug, der wegen der besonderen Eindrücke sehr empfehlenswert ist, aber aufgrund der schwierigen Wegstrecke von 'Fußkranken' nicht wahrgenommen werden kann.

Ob mit oder ohne Ausflug nach Iona, die Weiterfahrt auf Mull erfolgt in jedem Fall über die B8035 Rchtg. Salen, der Sie fast 30 km lang auf einer ausgesprochen eindrucksvollen Strecke folgen. Bei *Killiechronan* können Sie die Inselumrundung um die anstrengendsten Teile kürzen, indem Sie direkt nach Salen

Kartenskizze Etappe 49

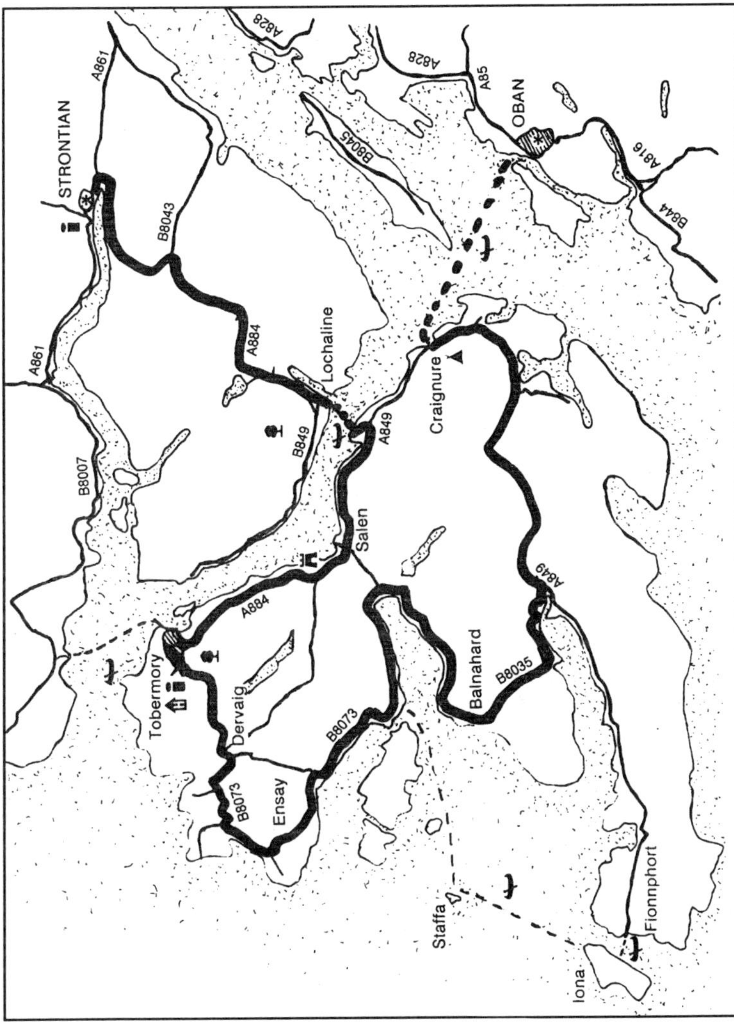

(von dort ggf. über die Hochtal-Nebenstraße nach Dervaig) und von dort entweder nach Tobermory oder zur Fähre nach Fishnish fahren. Ansonsten biegen Sie bei Killiechronan links auf die B8073 ab, eine Straße, die eine ganze Reihe steiler Steigungen aufweist. Nach etwa 10 km passieren Sie die Ortschaft Oskamull, von der aus Boote nach Staffa starten (s.o., Iona). Wiederum gut 20 km Fahrt sind erforderlich, bis Sie auf der B8073 das Dorf Dervaig erreichen. An dieser Strecke kommen Sie am Herrenhaus *Treshnish* vorbei, dessen Park April-Okt. täglich zugänglich ist. Noch vor Dervaig passieren Sie die Druimgigha Farm, einen biodynamischen Betrieb mit Besuchszentrum und Naturlehrpfad. **Dervaig** ist ein hübsches kleines Dorf und Standort des „kleinsten professionellen Theaters in Großbritannien" (so die Selbstdarstellung). Das Ehepaar Hesketh führt hier im Sommer nicht nur vor knapp 40 Zuschauern Stücke auf, sondern besorgt auch das Kulissenschieben und die gastronomische Versorgung der Besucher. Buchung ist deshalb ggf. sinnvoll, ✆ (01688) 400267; das Theater ist erreichbar über die Nebenstraße Rchtg. Salen, die unmittelbar an der Kirche (mit Rundturm) abzweigt.

Etwa 10 km hinter Dervaig endet die B8073 nach einigen weiteren beachtlichen Steigungen in **Tobermory**, dem Hauptort der Insel, mit 800 Einw. nicht gerade riesig, aber aufgrund der vielen Segelboote im Hafen fast zu betriebsam und vor allem sehr hübsch anzusehen; ein wenig Farbe auf Häuserfassaden wirkt da wahre Wunder. Das örtliche Heimatmuseum ist April-Okt. mo-fr jeweils 11-17 h geöffnet.

Information: 48 Main Street, Tobermory PA75 6NT, ✆ (01688) 302182, ganzj.
Verkehrsverbindungen: Fähren nach Kilchoan/Ardnamurchan (Minigoory), Oban, Coll, Tiree.
Jugendherberge: Main Street, ✆ (01688) 302481, 41 Betten, 27.2.-1.11.
Fahrradvermietung: A. Brown, ✆ (01688) 302020.

Falls Sie nicht mit der Fähre nach Kilchoan und weiter über die – recht steigungsreiche, aber landschaftlich äußerst reizvolle – B8007 fahren können oder wollen (Anschluß an Etappe 50 in Salen/Ardnamurchan), nehmen Sie in Tobermory die A848 nach **Salen**. Ca. 2 km vor diesem Dorf steht nahe der alten Brükke über den River Aros das *Aros Castle*, eine Burgruine aus dem 13. Jh., auf Farmgelände gelegen und gratis zugänglich. Etwa 10 km hinter Salen führt nach links eine Zufahrtstraße zur Fähre in Fishnish, mit der Sie nach **Lochaline** auf der Morvern-Halbinsel übersetzen; die Fähre verkehrt mo-sa fast 15 mal, aber sonntags nur 9-18 h. Der Fährpreis liegt bei etwa £ 2 je Strecke, Fahrrad £ 1.

Bei der Weiterfahrt auf der A884 kommen Sie nach 3 km am Nordrand der Bucht, die dem Fährort den Namen gegeben hat, an den Ruinen von *Kinlochaline Castle* (15. Jh.) vorbei; nach ca. 30 km treffen Sie am *Loch Sunart* auf die A861 beim Etappenziel **Strontian**. Anschluß erfolgt über die Etappen 50 (Rchtg. Skye) und 55 (Rchtg. Fort William).

Information: Strontian, Argyll, ✆ (01967) 402131, April-Sept.
Camping: Glenview ****, ✆ (01967) 402123, 35 Standpl., März-Jan.

Etappe 50:
Strontian – Lochailort – Arisaig – Mallaig – Armadale – Broadford (110 km)

Die südliche Zubringerstrecke zur Isle of Skye; ab Fort William ggf. auch per Eisenbahn nach Mallaig anzusteuern. Wie Sie schon an den Namen auf der Landkarte erkennen können, gibt es in dem durchfahrenen Gebiet noch Reste gälischer Traditionen; als Anerkennung sind (offensichtlich nachträglich) häufig gälische Ortsschilder angebracht worden.

Die Etappe beginnt in Strontian auf der A861 Rchtg. Lochailort. Obwohl diese Straße eine von nur zwei existierenden nach Mallaig ist, brauchen Sie nicht mit nennenswertem Verkehr zu rechnen, da die Morvern-Halbinsel südlich der A830 (Fort William-Lochailort) nur über einige relativ unbedeutende Fährverbindungen an den Rest der Welt angeschlossen ist. Sie können sich also voll und ganz dem Naturgenuß hingeben. Auch historische Gemäuer lenken davon nicht ab, denn das einzige nennenswerte Bauwerk ist nach etwa 30 km Fahrt die Ruine von Old Kinlochmoidart House bei Ardmolich, im 18. Jh. bereits zerstört. Zwischen Salen und Lochailort existieren teils beträchtliche Steigungen; in *Acharacle*, einem Angler-Ferienort am Westende von Loch Shiel, werden etliche B&B-Quartiere geboten.

Camping: Resipole ***, ✆ (01967) 431235, 40 Zeltstandpl., ganzj., ca. 4 km vor Salen nördlich der Straße.

Bei **Lochailort** (Bahnstation an der Strecke von Fort William nach Mallaig) treffen Sie auf die A830, der Sie nach links über *Arisaig* geradewegs bis **Mallaig** folgen, dem Fährhafen zur Insel Skye. Im Ort findet sich ein interessantes Heritage Centre (tägl. 10-17 h). Kurz vor dem Streckenende gibt es einige unregistrierte Campingplätze neben der Straße.

Information: Mallaig, ✆ (01687) 462170, Ostern-Sept.
Verkehrsverbindungen: Eisenbahn nach Fort William; Autofähre nach Armadale (Skye), im Sommer bis zu 6 Abfahrten tägl., ca. £ 2.60 je Strecke, Fahrrad gratis. Außerdem Personenfähren zu den Inseln Rhum und Eigg.
Herbergen: SYHA, Armadale, Ardvasar, ✆ (01471) 844260, 42 Betten, Mitte März-Sept., auf Skye nahe beim Fähranleger. *Unabhängig:* Sheena's Backpackers Lodge, Harbour View, Mallaig, ✆ (01687) 462764, 12 Betten, ganzj.; Torrie Shielding, Knoydart by Mallaig, ✆ (01687) 462669, 12 Betten, 800 m vom Inverie Pier.
Camping: Camusdarach, Arisaig, ✆ (01687) 450221, 42 Zeltstandpl., März-Okt., 7 km nach Arisaig; Gorten Sands, Arisaig, ✆ (01687) 450283, 40 Standpl., April-Sept.; Kinloid, Arisaig, ✆ (01687) 450611, 14 Zeltstandpl., April-Okt., gleich beim Dorf.

Nach der halbstündigen Überfahrt nach Armadale können Sie sich gleich wieder an historischen Gemäuern delektieren: das *Armadale Castle* samt Park ist der

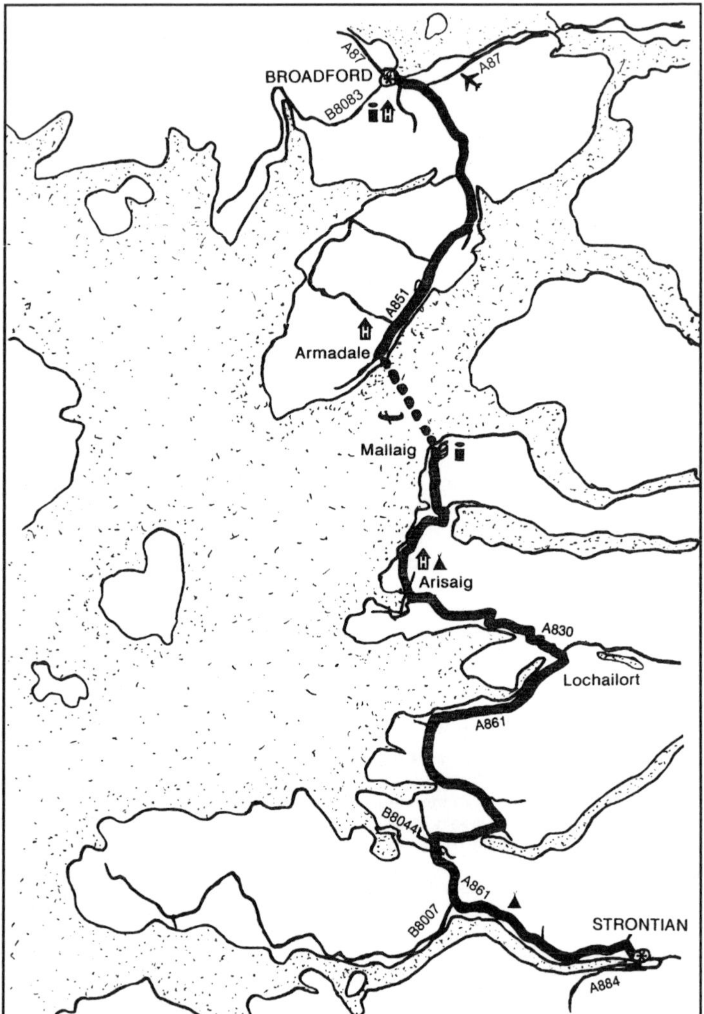
A87
BROADFORD
A87
B8083
A851
Armadale
Mallaig
Arisaig
A830
Lochailort
A861
B8044
A861
B8007
STRONTIAN
A884

historische Sitz des MacDonald-Clans (keine Fleischklopsfabrik!) und beherbergt das wenig interessante Clan-Museum (April-Okt.), Geschäfte, Restaurants (und Luxusappartements für Selbstversorger). Über die A851 fahren Sie nordwärts entlang dem Sound of Sleat; bei Teangue kommen Sie an der Ruine von *Knock Castle* vorbei. Etwa 2 km östlich von **Broadford**, dem Etappenende, treffen Sie auf die A87 aus Richtung Kyleakin.

Information: April-Okt., ✆ (01471) 822361.
Verkehrsverbindungen: werktags Flüge nach Glasgow.
Jugendherberge: ✆ (01471) 822442, 70 Betten, 1.2.-3.1., Fahrradvermietung, nördlich von Broadford an der Bucht.
Fahrradvermietung: Fairwinds Bicycle Hire, Broadford, ✆ (01471) 822270.

Etappe 51:
Tarbet – Crianlarich – Tyndrum – Bridge of Orchy (45 km)

Vom Loch Lomond in die Grampian Mountains.

Die Etappe beginnt in Tarbet auf der einzigen nach Norden führenden Straße, der A82, die durchgehend benutzt wird. Die Strecke führt am Westufer von Loch Lomond entlang bis *Ardlui* (Camping), dem Nordende des Sees. An dieser Stelle wechselt die Straße von der Strathclyde Region für einige Kilometer in die Central Region über.

Jugendherberge Crianlarich

Crianlarich ist der nächste nennenswerte Ort an der Streckenführung, eine Art Verkehrsknotenpunkt des südlichen Hochlandes: hier trennen sich die Eisenbahnstrecken Richtung Oban und Fort William, die A85 stößt aus dem Osten kommend hinzu, und selbst Wanderer sind hier in größeren Mengen anzutreffen, da der Fernwanderweg *West Highland Way* (von Glasgow nach Fort William) unmittelbar vorbeiführt. Außerdem stellen einige der höchsten Gipfel der Highlands Anforderungen an die Kenntnisse und Fähigkeiten von Bergwanderern, die in Crianlarich einen günstigen Stützpunkt für ihre Aktivitäten finden.

Jugendherberge: ✆ (01838) 300260, 78 Betten, 1.2.-3.1., beim Bahnhof, Waschm./ Trockner.
Camping: Glendochart, ✆ (01567) 820637, 45 Standpl., Waschm., März-Okt., auf halbem Weg von Killin nach Crianlarich an der A85 (s. Etappe 52).

Auf der gemeinsamen Streckenführung von A82 und A85 fahren Sie weiter ins 8 km entfernte Städtchen **Tyndrum**, das sich den Luxus zweier Bahnhöfe leistet – die Eisenbahnstrecken nach Oban und Fort William, seit Crianlarich getrennt verlaufend, halten an verschiedenen Stationen.

Information: Main Street, Tyndrum FK20 8RY, ✆ (01838) 400246, April-Okt.
Camping: Auchtertyre Farm, Tyndrum, ✆ (01838) 400251, 5 Zeltstandpl., Waschm., ganzj.

Falls Sie es bisher noch nicht bemerkt haben, so wird Ihnen jetzt deutlich werden, daß es nun in die Berge geht. Die A82 zielt nordwärts in die Grampian Mountains, wobei Sie bis zum Etappenende Eisenbahn und West Highland Way immer in Sichtweite haben. Gleich hinter Tyndrum verlassen Sie übrigens die Central Region wieder und durchradeln einen Ausläufer der Strathclyde Region. In **Bridge of Orchy**, beim dortigen Hotel mit Erfrischungsmöglichkeit, wird beides noch sichtbarer, da dort erneut eine Eisenbahnstation der Strecke nach Fort William ist und die Bergstiefel der Fernwanderer per Türschild als unerwünscht eingestuft werden. Der Anschluß nach Norden erfolgt über Etappe 53.

Etappe 52:
Comrie – Lochearnhead – Crianlarich – Bridge of Orchy (72 km)

Die Verbindung von Etappe 20 zum westlichen Hochland.

Die Etappe beginnt in Comrie auf der Nebenstraße über Rachonzie (beschildert), die etwa 4 km westlich zur A85 Rchtg. Oban führt, der Sie westwärts bis zum Loch Earn folgen. Dort weichen Sie auf die Nebenstraße am südlichen Seeufer aus (als „South Lough Earn Road“ beschildert), die allerdings im Vergleich mit der A85 einige kleinere Steigungen aufweist. Am See-Ende müssen Sie noch etwa 1 km rechts auf der A84 fahren, bis in *Lochearnhead* die A85 wieder die Streckenführung übernimmt. Durch das Glen Ogle führt die A85

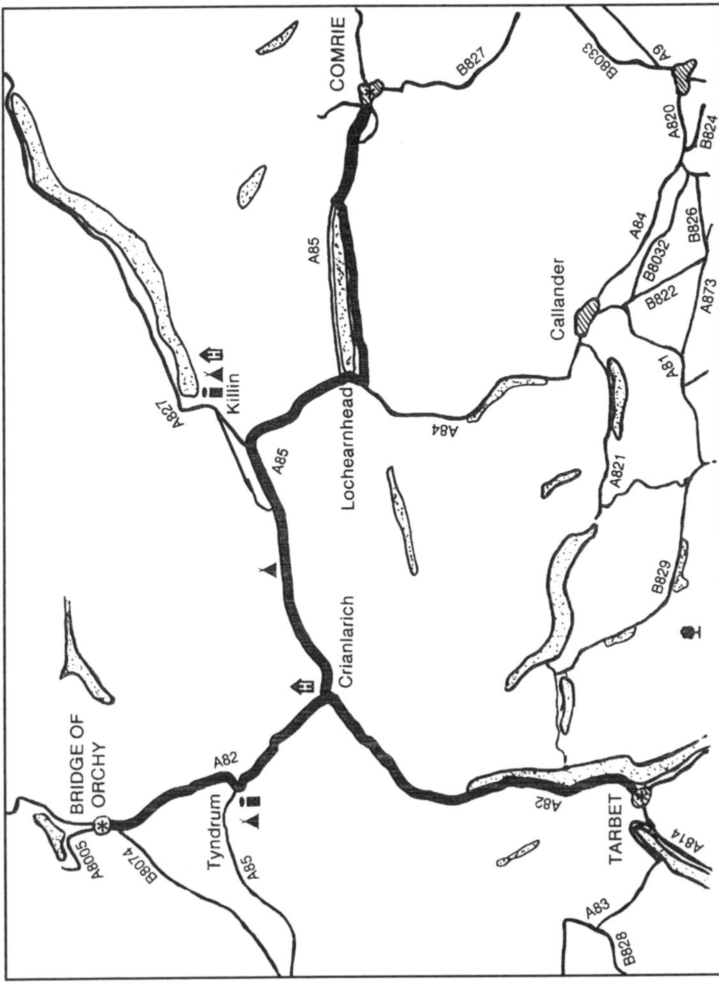
COMRIE
B827
B8033
A9
A820
B824
A84
B8032
B826
B822
A873
Callander
A81
A821
A84
A85
Lochearnhead
Killin
A827
A85
Crianlarich
B829
BRIDGE OF ORCHY
A82
Tyndrum
A85
A8005
B8074
A82
TARBET
A814
A83
B828

nordwärts zum River Dochart. Hier können Sie (ggf. zur Übernachtung) einen Abstecher in das Städtchen **Killin** machen, das etwa 4 km östlich am Ostende von Loch Tay liegt. Die dekorativen Berge im Hintergrund und wildwasserähnliche Flußläufe machen Killin zu einem beliebten Fotomotiv und Urlaubsort.

Information: Main Street, Killin FK21 8UH, ✆ (01567) 820254, April-Sept.
Jugendherberge: ✆ (01567) 820546, 46 Betten, 27.2.-1.11., am Nordrand des Ortes.
Camping: Cruachan, ✆ (01567) 820302, 40 Zeltstandpl., Mitte März-Okt., 5 km östlich an der A827; bei Killin zwei weitere, kleinere Plätze.

Von Killin fahren Sie über die A827 zurück zur Gabelung der A85 und weiter auf der Hauptstraße durch das Glen Dochart nach *Crianlarich*, wo Sie auf die Streckenführung der Etappe 51 nach Tyndrum und **Bridge of Orchy** treffen. Die von der O.S.-Karte vorgegaukelte Nebenstraßenalternative nördlich des River Dochart ist wegen des erforderlichen Umwegs über Killin faktisch leider nicht sinnvoll zu benutzen.

Etappe 53:

Bridge of Orchy – Glencoe – Kinlochleven – North Ballachulish – Corran – Camusnagaul – Fort William (96 km)

Eine Strecke durch eines der schönsten Hochtäler der Highlands; mit Varianten um etwa 20 km verkürzbar.

Von Bridge of Orchy führt sie auf der A82 zum *Rannoch Moor*, einem mit Seen gesprenkelten Hochmoor, und dann weiter ins berüchtigte Tal von **Glen Coe**, dem Schauplatz des blutigen Massakers am MacDonald-Clan. Die Straße, die hier recht lange, aber nicht übermäßig steile Steigungen bewältigt, ist gleich von mehreren Bergschichten eingerahmt; wenn das Wetter es zuläßt, bietet sich somit ein Ausblick, der mit der Vokabel „prachtvoll" höchst unzureichend beschrieben ist. Ein etwas kleineres, von den vorbeirauschenden Autotouristen meist unbemerktes Naturwunder ist dicht neben der Straße zu sehen: in fast baumloser Wildnis ein einsamer Baumstamm, der aus einer Spalte eines freiliegenden Felsblocks herauswächst. Etwas abseits der A82 liegt das Kingshouse Hotel, ein Gasthof aus dem 18. Jh. und angeblich ältestes Inn in Schottland. Kurz vor dem Glen Coe Visitor's Centre des National Trust, wo das Massaker von 1692 erläutert wird (April-Mitte Okt.), biegt eine Nebenstraße rechts ab, die hinunter ins Dorf *Glencoe* führt. In ehemaligen Cottages des Ortes ist ein ausgesprochen anheimelndes Heimatmuseum untergebracht (mo-sa 10.00-17.30 h).

Information: Ballachulish, Albert Rd., ✆ (01855) 811296, April-Okt., westl. von Glencoe an der A82.
Herberge: SYHA, ✆ (01855) 811219, 62 Betten, ganzj., an der Nebenstraße auf dem Hügel oberhalb des Ortes; Glencoe Bunkhouses (unabhängig), Leacantium Farm, ✆ (01855) 811256, 34 Betten, ganzj.; Glencoe Outdoor Centre, ✆ (01855) 811350, 35 Betten, ganzj.
Camping: Red Squirrel, Leacantium Farm, ✆ (01855) 811256, 75 Standpl., ganzj., auch

Hostel (s.o.); Invercoe *****, ✆ (01855) 811210, 60 Standpl., Ostern-Okt., östlich des Ortes an der B863.
Fahrradvermietung: Glencoe Mountain Bikes, Clachaig Inn, ✆ (01855) 811252.

Wenn Sie es eilig haben oder Ihnen die Strecke sonst zu lang wird, können Sie auf der A82 weiter zur Brücke nach North Ballachulish fahren.

Empfehlenswerter ist aber der längere, schöne Weg rund um Loch Leven, der auf der B863 durch *Kinlochleven* zurückgelegt wird. In diesem Ort existiert ein Besucherzentrum mit einer Ausstellung zur Geschichte der hiesigen Aluminiumindustrie (gratis, ganzj., di-so).

Unterkunft: West Highland Lodge Bunkhouse, Kinlochleven, ✆ (01855) 831471, 32 Betten, ganzj.; Blackwater Hostel, Kinlochleven, ✆ (01855) 831253, 40 Betten.

Am Nordufer von Loch Leven fahren Sie weiter nach *North Ballachulish*, erst seit einigen Jahren über eine Brücke mit dem Südufer des Lochs verbunden.

Herberge: Onich Inchree Chalets, Onich, ✆ (01855) 821287, 23 Betten, Waschm., ganzj., ca. 3 km westlich an der Streckenführung.

Dort stoßen Sie wieder auf die A82 Rchtg. Fort William, die Sie aber nach ca. 6 km wieder verlassen können, falls die Zeitplanung es Ihnen ermöglicht (s.u.). Dazu müssen Sie mit der Fähre nach *Corran* zum Westufer von Loch Linnhe übersetzen, dort auf der A861 nordwärts radeln und von *Camusnagaul* wieder die Fähre nach Fort William nehmen. Auf beiden Strecken werden Fahrräder gratis befördert, so daß Sie der Abstecher nur ein paar Pence kostet; die Straße am anderen Ufer ist erheblich schöner und ruhiger als die A82. Allerdings können Sie diese Variante nur wählen, wenn Sie nicht zu spät unterwegs sind; zwar verkehrt die Fähre nach Corran halbstündlich bis gegen 21 h, aber die Verbindung ab Camusnagaul wird zwischen 17 und 18 h letztmalig bedient. Außerdem erhalten Sie per Fähre nach Corran Anschluß an die Etappen über Strontian nach Mull oder Skye.

Welche Variante Sie sich auch aussuchen, Etappenende ist in Fort William.

Fort William, 10.000 Einw., Highland Region (Inverness-shire), ist kurz gesagt ein unattraktives Einkaufs- und Verkehrszentrum. Die günstige Verkehrslage mit Eisenbahnanschluß und Straßen in alle Himmelsrichtungen beschert dem Ort dennoch einen beträchtlichen touristischen Andrang. Das liegt u.a. daran, daß hier nicht nur der Caledonian Canal durch das Great Glen, eine der Standardstrecken von bzw. nach Inverness, beginnt, sondern gleich hinter Fort William der höchste Berg Großbritanniens aufragt, *Ben Nevis*, 1343 m hoch und meist in Wolken versteckt. Über einen Touristenpfad kann man bei gutem Wetter den Gipfel bezwingen, am besten in Gruppen von der JH im Glen Nevis aus.
Außer einem kleinen Museum am Cameron Square hat die Stadt selbst wenig zu bieten; Blickfang auf der High Street ist ein riesiges Sportgeschäft mit Cafeteria und einem in der Tat sehr umfassenden Angebot. Falls Sie Ihre Regenkleidung vergessen haben, ist hier eine günstige Gelegenheit, diesem

Mißstand abzuhelfen.

Information: Cameron Square, Fort William, PH33 6AJ, ✆ 703781, ganzj.
Verkehrsverbindungen: Eisenbahn nach Glasgow und Mallaig; Personen-/Fahrrad-Fähre über Loch Linnhe nach Camusnagaul.
Telefonvorwahl: 01397
Herberge: Glen Nevis, ✆ 702336, 123 Betten, ganzj., 5 km von Fort William im Tal des River Nevis; *unabhängige Hostels:* Ben Nevis Bunkhouse, Achintee Farm, Glen Nevis, Fort William, ✆ 702240, 20 Betten, ganzj.; Fort William Backpackers, Alma Road, Fort William, ✆ 700711, 30 Betten, ganzj.; Calluna, Heathercroft, ✆ (01397) 700451, 22 Betten, 10 min vom Zentrum; The Smiddy Lodge, Station Road, Corpach, ✆ 772467, 26 Betten, ganzj.; Scottish International Backpackers, Farr Cottage, Corpach ✆ 772315, 30 Betten, beide im nordwestlichen Nachbarort.
Camping: Glen Nevis *****, ✆ 702191, 180 Standpl., Waschm., Mitte März-Mitte Okt., Fahrradvermietung, im Glen Nevis nahe der JH.
Fahrradvermietung: Off Beat Bikes, 117 High Street, ✆ 704008, auch Verkauf und Reparatur, Außenstelle am Nevis Range Ski Centre, Torlundy, ✆ 705825.

Etappe 54:
Oban – Connel – Tynribbie – North Ballachulish – Fort William (82 km)

Nordwärts zum Great Glen; fast ausschließlich unter Hauptstraßennutzung. Vermeiden läßt sich letztere teils dann, wenn Sie die Fähre nach Achnacroish auf der Insel Lismore nehmen und vom Nordende der Insel die Personenfähre (Fahrräder werden aber mitgenommen) nach Port Appin auf der Appin-Halbinsel. Da die Fähre von Oban aber nur zwei- bis dreimal täglich (außer sonntags) verkehrt, sollten Sie am Vorabend nach den aktuellen Zeiten erkundigen! Die Personenfähre nach Port Appin fährt alle zwei Stunden.

Der Anfang der Etappe wird in Oban allerdings auf der Nebenstraße (Glencruiten Road) ostwärts aus der Stadt gemacht; die Strecke kreuzt die Eisenbahnlinie und kommt nach etwa 3 km zu einer T-Mündung, an der Sie links nach *Connell* (Bahnstation) fahren. Dort nehmen Sie die A828, die über die schmale Meerenge nach Norden Rchtg. Fort William führt. Nach einigen Kilometern passieren Sie das *Sealife Centre*, ein Meerwasseraquarium (April-Okt., Juli/Aug. jeweils bis 20 h).

Die A828 verläuft um die Bucht von Loch Creran, überquert die Landzunge von Appin und erreicht das Ostufer von Loch Linnhe. Bei Ballachulish überqueren Sie auf einer Brücke Loch Leven und treffen in *North Ballachulish* auf die Streckenführung von Etappe 53 nach **Fort William** (s. dort).

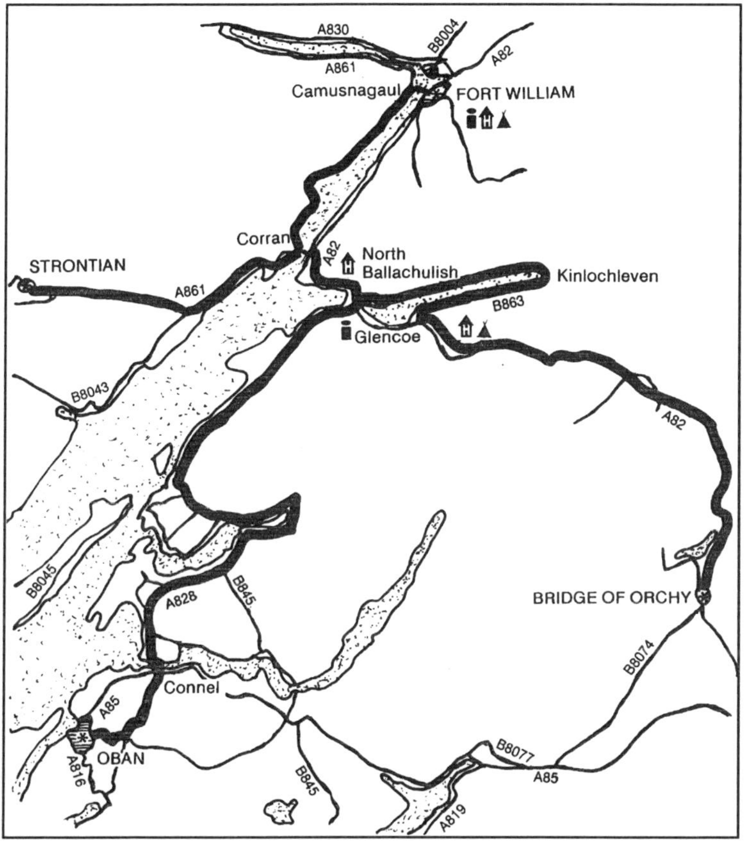

Etappe 55:
Strontian – Corran – Fort William (40 km)

Die Verbindungsstrecke zwischen den südwestlichen Inseln und Halbinseln und dem zentralen Hochland.

Es wird durchgehend die A861 benutzt; eine sehr ruhige Straße über die Morvern-Halbinsel, die nur vereinzelt Gehöfte berührt. Dieser Teil Schottlands gehört den Schafen und den riesigen Rhododendronbüschen, die vor allem am Loch Linnhe die Straße säumen. In **Corran** trifft die Etappe auf die Streckenführung der Etappe 53 (s. dort) nach **Fort William**. Achten Sie auf die dort gegebenen Hinweise zu den Fähr-Verkehrszeiten; notfalls können Sie bei Corran auf die andere Loch-Seite wechseln und auf der A82 weiterfahren. Eine andere mögliche Variante ist der Anschluß an Etappe 53 in umgekehrter Richtung ebenfalls ab Corran.

Wer den Verkehr ganz vermeiden möchte, biegt hinter Ardnastang von der A861 links ab und fährt auf recht ebenen, teilweise geschotterten Wald- und Forstwegen entlang dem landschaftlich reizvollen Loch Shiel nach *Glenfinnan*. Im Ort befinden sich ein Visitors Centre, das Viadukt der West Highland Railway sowie ein Eisenbahnmuseum. Nach Fort William gelangen Sie dann entweder über die A830 oder die A861 (Fährzeiten beachten, s. Etappe 53).

Etappe 56:
Fort William – Loch Laggan – Drumgask – Newtonmore – Kingussie (75 km)

Vom Great Glen zum Spey Valley (Anschluß an Etappe 22).

Die Strecke beginnt in Fort William auf der A82 nach *Spean Bridge*. Falls Sie die kürzere Strecke lieber gegen eine schönere und weniger befahrene eintauschen möchten, können Sie auch der Etappe 57 bis Spean Bridge folgen. Doch von dort an gibt es kein Entrinnen mehr: die A86 als einzige vorhandene Straße ins Spey Valley dient auch dieser Etappe als Strecke. Ein interessanter Abstecher ist bei *Roy Bridge* ins nördlich gelegene Glen Roy möglich, wo durch eiszeitliche Erdbewegungen terrassenförmige Hänge entstanden sind.

Information: Spean Bridge, ✆ (01397) 712576.
Herberge: Aite Cruinnichidh, 1 Achluachrach, Roy Bridge, ✆ (01397) 712315, 26 Betten, ganzj.; Grey Corrie Lodge, Roy Bridge, ✆ (01397) 722236, 28 Betten, ganzj.
Camping: Gairlochy, Spean Bridge, ✆ (01397) 712711, 20 Standpl., Waschm., April-Okt., an der B8004; Stronaba Farm, Spean Bridge, ✆ (01397) 712259, 25 Zeltstandpl., April-Okt., an der A82.
Fahrräder: Nevis Cycles, Pine Cottage, Spean Bridge, ✆ (01397) 712404, März-Okt.

Die A86 führt zwischen teils bewaldeten Hängen hindurch, anfangs am River Spean entlang, dann am Loch Moy, von dem der Fluß gespeist wird, und schließlich längs des Stausees Loch Laggan, der seit 1933 Kühlwasser für die Aluminiumindustrie in Fort William liefert. Etwa 10 km hinter dem Ende von Loch Laggan erreicht die Straße das Tal des River Spey. Dort können Sie unmittelbar nach der Flußüberquerung einen Abstecher über die Nebenstraße zum westlich gelegenen Dorf Crathie und dem dort befindlichen Eisenzeitfort *Dun da Lamh* machen. Außerdem bietet Ihnen die A889 von Drumgask aus Anschluß an

Etappe 22 in umgekehrter Richtung, d.h. nach Pitlochry. Ansonsten bringt Sie die A82 geradewegs nach Newtonmore und **Kingussie**, den ersten Orten der Tourismusregion des *Spey Valley* (s. Etappe 22).

Etappe 57:
Fort William – Gairlochy – Invergarry – Fort Augustus (54 km)

Im Great Glen zu den Ostküsten-Strecken des nördlichen Hochlandes. Die Etappe folgt überwiegend der (ausgeschilderten) „Great Glen Cycle Route"; durchgehendes Ausweichen auf die A82 ist allenfalls bei sehr schlechtem Wetter sinnvoll, da die teils genutzten Forstweg dann aufgeweicht sind.

Die Etappe beginnt in Fort William zwar auf der A82 Rchtg. Norden, biegt jedoch gleich hinter der Brücke über den River Nevis links auf die A830 ab. Im Nachbarort Banavie fahren Sie dann rechts auf der B8004 oberhalb des Caledonian Canal nach Norden, eine zwar leicht hügelige, aber recht schöne Strekke. Alternativ können Sie den Treidelpfad auf der anderen Seite des Kanals nutzen, müssen in diesem Fall aber bei *Gairlochy* den Kanal überqueren.

Von der Brücke bei Gairlochy geht's nordwärts weiter auf der B8005 nach *Clunes*. Hier verlassen Sie die Straße nach rechts auf einen Forstweg am Loch Lochy entlang nach *Laggan*; das letzte Stück vor dem Ort ist wieder befestigte Straße (Camping s. Fort Augustus).

Hier mündet die Radroute in die A82. Die folgenden Teilstücke der beschilderten Route sind jedoch steil und holprig, weshalb Sie besser auf der Straße nach *Invergarry* bleiben, einer etwas abseits liegenden Ansiedlung mit einer spärlichen Burgruine. Dort schwenken Sie mit der A82 rechts und folgen der Hauptstraße bis unmittelbar vor die Brücke über den River Oich (am Nordende des Loch Oich).

Hier treffen Sie wieder auf einen Treidelpfad am Caledonian Canal (Westseite), der Sie geradewegs nach Fort Augustus bringt.

Fort Augustus, 800 Einw., Highland Region (Inverness-shire), ist eine Schleusenstation des Caledonian Canal und Weggabelung für die Strecken am Loch Ness. Zu Zeiten der englisch-schottischen Fehden stand hier eine Festung, die im 19. Jh. in Umkehrung des 'normalen' Ganges zu einer Benedektinerabtei mit angeschlossener Schule um- und ausgebaut wurde; im Sommer manchmal Führungen. An der Kanalbrücke 3 km südlich von Fort Augustus gibt es in einer ehemaligen Schmiede die *Great Glen Exhibtion*, eine geologische Ausstellung zur Entstehung dieses Landeinschnittes quer durch die Highlands, geöffnet Mai-Okt. Und selbstverständlich kann man von Fort Augustus aus auch auf Jagd nach Nessie gehen, denn Kabinenkreuzer für den Kanal und die Seen sind hier ebenso zu buchen wie Ausflugsfahrten.

Information: April-Okt. am Parkplatz, ✆ (01320) 366367, April-Okt.

Kartenskizze Etappen 56 – 58

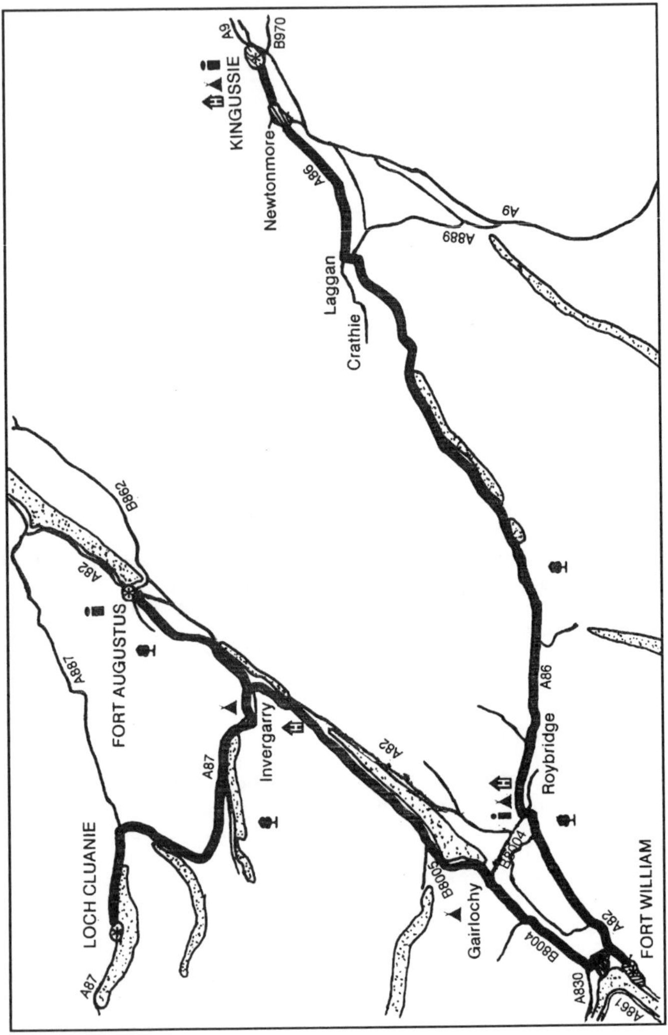

Jugendherberge: Loch Lochy, South Laggan, ✆ (01809) 501239, 68 Betten, 20.3.-1.11., 4 km südlich von Invergarry.
Unterkunft: Fort Augustus Abbey, ✆ (01320) 366233, 50 Betten, ganzj.; Greystones, Station Rd., ✆ (01320) 366736.

Etappe 58:
Fort William – Invergarry – Loch Cluanie (72 km)

Vom Great Glen zur Westküste; Anschluß erfolgt über Etappe 59 oder 60.

Von Fort William folgt die Strecke der Etappe 57 (s. dort) bis **Invergarry** (JH und Camping s. Fort Augustus, Etappe 57), biegt aber dort westwärts ab auf die A87, die am Loch Garry entlang führt, in einer langgezogenen Steigung (fast 300 m Höhenunterschied) Ausläufer einer Bergkette überquert, den Beinneun Forest durchläuft und dann links zum **Loch Cluanie** schwenkt. Das ist ein langgestreckter Bergsee in einer ausgesprochen einsamen Gegend, außer im Gasthof Cluanie Inn am Westende des Sees gibt es hier und auch auf den nächsten 20 km keine Einkehrmöglichkeit (allerdings einige vereinzelte B&B-Häuser zur Übernachtung). Es empfiehlt sich also, für ein Picknick in freier Natur die nötigen Zutaten mitzuführen. Letzte Einkaufsmöglichkeit ist in Invergarry.

Etappe 59:
Loch Cluanie – Shielbridge – Dornie – Strathcarron – Torridon – Kinlochewe – Gairloch (170 km)

Durch das Gebiet von Wester Ross in die nördlichen Highlands.

Die Etappe beginnt am Loch Cluanie auf der A87 Rchtg. Kyle of Lochalsh, der Hauptzufahrtstraße zur Insel Skye, und führt durch das Glen Shiel, meist direkt neben dem River Shiel hinunter nach **Shielbridge**. Das ist eigentlich weniger ein Ort als vielmehr eine Art Versorgungs- und Informationspunkt, denn außer einer Tankstelle und einem auch sonntags geöffneten Laden mit Snackbar gibt es hier eine Touristeninformation. Außerdem zweigen an dieser Stelle die Straßen zur Fähre in Glenelg (s. Etappe 60) und zur JH in Ratagan ab.

Information: April-Okt., ✆ (01599) 511264.
Jugendherberge: Ratagan, ✆ (01599) 511243, 44 Betten, Jan. geschl., Fahrradverm., entweder ab Infostelle über für Autos gesperrten Weg oder über Straße zur Fähre Glenelg bis zur Abzweigung nach Ratagan.
Camping: Shiel Shop, Shielbridge, ✆ (01599) 511221, 65 Standpl., Ostern-Sept., beim Laden an der Brücke; Morvich, Inverinate, ✆ (01599) 511354, 106 Standpl., Waschm., April-Okt., ca. 5 km nordöstlich abseits der weiteren Streckenführung, beschildert.

Folgen Sie der A87 weiter Rchtg. Kyle of Lochalsh am Loch Duich entlang.

Kartenskizze Etappen 59 & 60

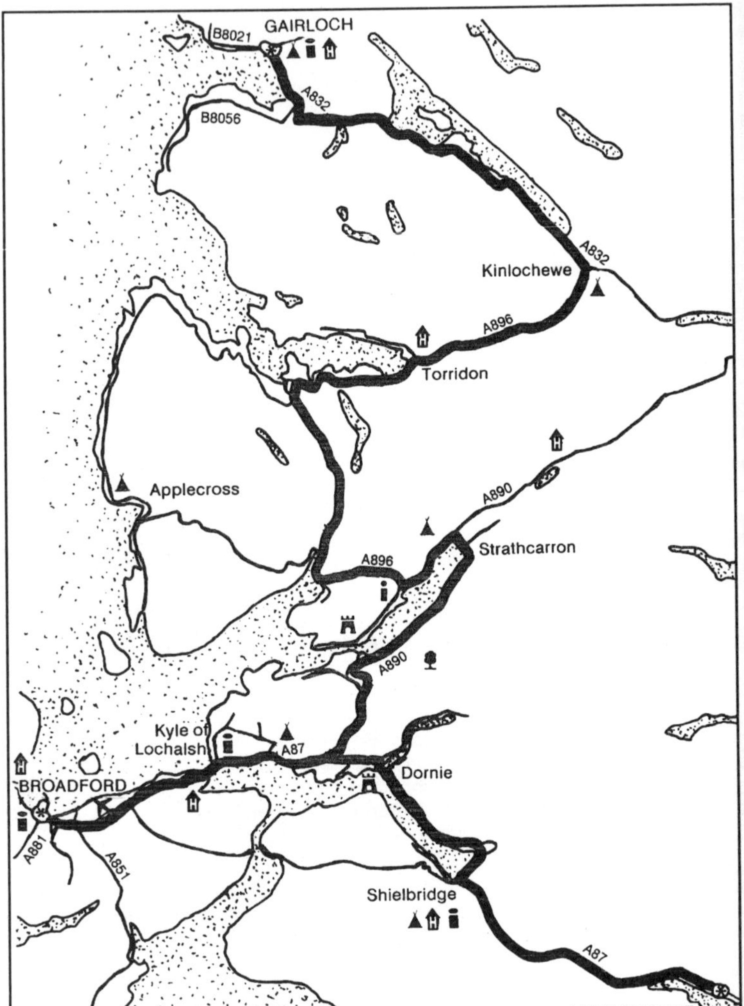

PROHIBITED
LOCOMOTIVES
HEAVY MOTOR CARS
AND
ALL MOTOR VEHICLES
WITH SEATS FOR MORE THAN
15 PERSONS
(EXCEPT VEHICLES BEING USED FOR THE
CONVEYANCE OF GOODS TO OR FROM ANY PREMISES
ON THE ROAD OR FOR THE PURPOSES OF AGRICULTURE
OR FORESTRY IN CONNECTION WITH ANY LAND
ADJACENT TO THE ROAD)

Nach etwa 10 km taucht links von der Straße eine Insel im Loch auf, auf der die angeblich meistfotografierte Burg des Hochlandes steht, **Eilean Donan Castle**, über eine Brücke mit dem Festland verbunden. Das 1220 erbaute Castle beherbergt heute ein Museum des MacRae-Clans und ist selbstverständlich zu besichtigen. Kurz hinter Eilean Donan überqueren Sie bei Dornie einen schmalen Meerarm; nach weiteren ca. 4 km zweigt rechts die A890 ab, führt recht steil (bis zu 10 % Steigung) den Berg hinauf und dann wieder hinab nach *Stromeferry*. Der Name dieses Ortes täuscht etwas: Es gibt keine echte „Fähre" mehr über Loch Carron nach Stromemore, aber immerhin noch ein Ausflugsboot, das ggf. auch Fahrräder mitnimmt. Falls es verkehrt, können Sie damit kräftig abkürzen und stoßen in *Lochcarron* wieder zur Etappenbeschreibung. Dabei passieren Sie **Strome Castle**, eine Burgruine aus dem Mittelalter und eine der wenigen Burgen des National Trust, die man gratis durchstreifen darf.

Ansonsten müssen Sie auf der A890 weiter fahren bis **Strathcarron**, einer Bahnstation an der prachtvollen Eisenbahnstrecke von Inverness nach Kyle of Lochalsh; auf diesem Straßenstück sind etliche kurze und steile Steigungen enthalten. Strathcarron hat übrigens am Bahnhof ein Hotel mit recht ordentlichem Imbißangebot.

Herberge (unabhängig): Achnashellach Hostel, Craig, ✆ (01520) 766232, 24 Betten, ganzj., ca. 11 km nordöstlich von Strathcarron.
Fahrradvermietung: Ross, Plantation Cottage, Strathcarron, ✆ (01520) 722205.

Die Straße kreuzt die Bahnlinie; nach etwa 2 km biegen Sie links auf die A898 Rchtg. Strome Castle und Lochcarron ab. Die langgestreckte Siedlung von *Lochcarron* durchradeln Sie etwa zur Hälfte und fahren dann rechts auf der A896 weiter nach Ardarroch (keine Straßennummer beschildert), eine ziemlich steile Strecke.

Information: Main Street, Lochcarron, ✆ (01520) 722357.
Fahrradvermietung: Loch Carron Hotel, Main Street, Lochcarron, ✆ (01520) 722226 (nach Absprache Campingmöglichkeit).

Hinter diesem Ort führt die A896 im Bogen nordwärts; nach einigen Kilometern haben Sie ggf. die Möglichkeit, über den *Applecross Pass* zum gleichnamigen Dorf (Camping) zu fahren – allerdings sollten Sie vorher ein wenig Bergsteigertraining machen, denn der Paß ist so ziemlich die steilste und schmalste Straße im weiten Umkreis und selbst bei Autofahrern deshalb gefürchtet. Also bleiben Sie besser auf der A896, die in einer gemäßigten Steigung nach Shieldaig verläuft (in Gegenrichtung steiler) und dort rechts nach **Torridon** schwenkt. Diese Siedlung befindet sich am gleichnamigen See, im Hintergrund ein ausgedehntes Naturschutzgebiet des National Trust, der auch ein Informationszentrum unterhält (Juni-Sept. täglich 10-18 Uhr, sonntags ab 14 h). Ein paar hundert Meter entfernt ist der Rotwild-Artenreichtum der Gegend in einem Deer Museum dargestellt, das dem Infocenter angeschlossen ist.

Jugendherberge: ✆ (01445) 791284, 80 Betten, 30.1.-1.11., modernes Haus mit Gruppenräumen, deshalb oft ausgebucht. In der Nähe einige B&B-Häuser.

Auf dem folgenden Teilstück haben Ihre Waden Schonzeit: fast ohne Steigungen verläuft die A896 bis *Kinlochewe*, einem kleinen Ort am Südende des Loch Maree, eines Bilderbuchsees, dessen Anblick Sie ausgiebig genießen können, da Sie nun links auf die A832 abbiegen.

Camping: Kinlochewe Caravan Club, Achnasheen, ✆ (01445) 760239, 60 Standpl., April-Sept., bei der Einmündung der A896 in die A832.
Herberge: Kinlochewe Bunkhouse, ✆ (01445) 760253, 18 Betten, in der Nähe des Campingplatzes.

Die Straße führt anfangs über weite Strecken direkt neben dem See her, bevor sie sich aufmacht, um eine Hügelkette nordwestwärts zum Loch Gairloch zu überqueren. Der Ort **Gairloch** war einmal ein Fischerhafen, ist heute aber eher ein Ferienort, in dessen Nähe es einige schöne Strände ebenso gibt wie genügend Raum für Wanderungen und – bei klarem Wetter – einen schönen Blick auf die Isle of Skye. Ein nettes kleines Heimatmuseum hat der Ort ebenfalls (Ostern-Sept. tägl. außer so).

Information: Achtercairn, Gairloch IV22 2DN, ✆ (01445) 712130, ganzjährig.
Jugendherberge: Carn Dearg, ✆ (01445) 712219, 50 Betten, Mitte Mai-Sept., 4 km westlich an der B8021; *unabhängige Hostels*: Achtercairn Hostel, ✆ (01445) 712131, 46 Betten; Badachro Bunkhouse, ✆ (01445) 741291, 12 Betten.
Camping: Sands Holiday Centre ****, ✆ (01445) 712152, 372 Standpl., Waschm., April-Okt., 5 km von Gairloch an der B8021 (s. JH); Gairloch Holiday Park ****, ✆ (01445) 712373, 50 Standpl., Waschm., April-Okt., beim Millcroft Hotel von der B8021 abbiegen (beschildert).

Etappe 60:
Loch Cluanie – Shielbridge – Kyle of Lochalsh – Kyleakin – Broadford (72 km)

Die nördliche Zubringerstrecke zur Isle of Skye; für Bergradler mit einer Variante.

Sie folgt der Etappe 59 (s. dort) über Shielbridge, Eilean Donan Castle und Dornie, biegt aber nicht auf die A890 ab, sondern bleibt auf der A87 bis Kyle of Lochalsh. Etwa 4 km vor Kyle kommen Sie dabei am Gelände von *Balmacara*, einem Landschaftspark des National Trust, vorbei (ganzj. zugänglich); das Herrenhaus des Anwesens ist nicht zu besichtigen.

Camping: Reraig ****, Balmacara, ✆ (0159986) 566215, 40 Standpl., Ostern-Sept., beim Balmacara Hotel 5 km östlich von Kyle an der A87, keine Dauercamper.

Kyle of Lochalsh ist über eine sehr schöne Eisenbahnlinie mit Inverness verbunden. Die früher notwendige Fähre nach Skye wurde durch die weiße Skye Bridge überflüssig.

Information: Car Park, April-Okt., ✆ (01599) 534276.
Unterkunft: Cuchulainns, Station Rd., ✆ (01599) 534492, 12 Betten.

Fahrradvermietung: Kyle Cycles, Old Plock Road, ✆ (01599) 534842; Kyle Hires, Church Road, ✆ (01599) 534707.

Eine landschaftlich sehr lohnende Alternative für leistungsbewußte Radler ist die Fähre von Glenelg nach Kylerhea, die Ende Mai-Mitte Sept. tägl. außer sonntags verkehrt; sie ist über die Nebenstraße vorbei an der JH Ratagan (s. Etappe 59) zu erreichen; Absicherung ggf. unter ✆ (01599) 511243 vornehmen. Auf der anderen Seite ist aber dann ein steiler Berg zu überqueren, was nicht für jeden durch die Nebenstraßenverbindung ausgeglichen sein wird.

Wenn Sie über die Brücke nach *Kyleakin* hinunterrollen, gelangen Sie geradewegs über die A87 nach **Broadford** (s. Etappe 50).

Herberge: SYHA, Kyleakin, ✆ (01599) 534585, 108 Betten, ganzj., in einem ehemaligen Hotel, zubereitete Mahlzeiten; *unabhängig:* Skye Backpackers Guest House, Kyleakin, ✆ (01599) 534510, 35 Betten, ganzj.; Dun Loan, Castle View, ✆ (01599) 534087, 48 Betten.
Fahrradvermietung: Skye Bikes, Pier, Kyleakin, ✆ (01599) 534795; Fairwinds, Broadford, ✆ (01471) 822270, Übernachtung möglich.

Etappe 61: Isle of Skye

Broadford – Bracadale – Dunvegan – Portree – Kilmaluag – Uig (155 km)

Eine Rundfahrt über die Insel Skye, die durch Abstecher ausgebaut werden kann (und sollte).

Skye ist bekannt als die „Wolkeninsel“ (so auch eine der möglichen Übersetzungen der gälischen Bezeichnung), was schon hinreichend klar macht, welche Wetterlage hier im allgemeinen herrscht. Zwar hat Skye kein Monopol auf wolkenverhangenen Himmel, aber höhere Berge, von denen die Insel einige besitzt, neigen nun einmal besonders dazu, ihre Gipfel den Augen der Betrachter zu entziehen. Skye ist die größte Insel der inneren Hebriden und auch aufgrund der guten Verkehrsanbindung die am meisten besuchte. Sie besteht im Grund aus einem halben Dutzend Halbinseln mit recht unterschiedlichen Landschaftsformen – allerdings überwiegend hügelig bis bergig. Abseits der Straßen können viele Gebiete erwandert werden, und Abstecher in Täler abseits des Hauptstraßenringes sind immer lohnend. Als erster solcher Ausflug bietet sich die Fahrt nach **Elgol** über die A881 von Broadford aus an.

Unterkunft auf Skye: Croft Bunkhouse, 7 Portnalong, ✆ (01478) 640254, 26 Betten, ganzj.; Fossil Bothy, 13 Lower Breakish, ✆ (01471) 822644, 8 Betten, Ostern-Okt., unbedingt telefonisch anmelden; Skye Backpackers Guest House, Kyleakin, ✆ (01599) 534510, 35 Betten, ganzj.; Skyewalker Independent Hostel, The Old School, Portnalong, Carbost, ✆ (01478) 640250, 34 Betten, ganzj.; Dun Flodigarry Hostel, Staffin, ✆ (01470) 552212, 66 Betten, ganzj.
Fahrradvermietung: Fairwinds, Broadford, ✆ (01474) 822270, Übernachtung möglich.

Kartenskizze Etappe 61

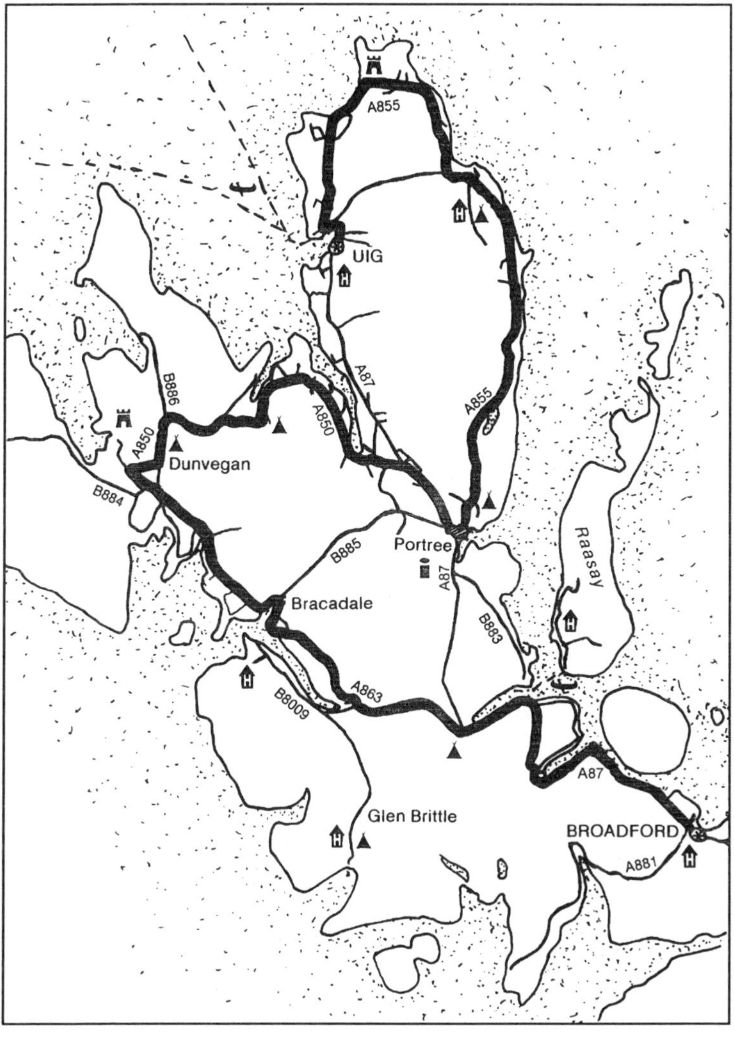

Die Etappe beginnt in Broadford auf der A87 Rchtg. Portree, die sich 25 km lang nördlich der höchsten Gipfel der Insel entlangschlängelt. Ein kleines Museum im Stil der Jahrhundertwende befindet sich etwa auf halber Strecke in *Luib*. Im Örtchen Sconser gibt es eine Fährverbindung der CalMac zur nördlich gelegenen Insel **Raasay** (außer so, bis zu sechsmal tägl., £ 2.10 je Strecke), einem für Naturfreunde interessanten Ziel.

Jugendherberge: Creachan Cottage, Raasay, ✆ (01478) 660240, 30 Betten, Fahrradverm., 20.3.-1.11., einfaches Haus nördlich der Anlegestelle.

Bei der Mündung des River Sligachan in das gleichnamige Loch verlassen Sie die A87 und fahren auf der A863 weiter Richtung Dunvegan.

Camping: Sligachan, ✆ (01478) 660204, 80 Standpl., April-Okt., an der Gabelung von A87 und A863.

Nach etwa 10 km bietet sich die nächste Möglichkeit zu einem sinnvollen Abstecher: über die B8009 und anschließende Nebenstraße ins Glen Brittle. Dort hat man die beste Möglichkeit, die **Cuillin Hills** zu besteigen, die höchsten Gipfel der Insel und höchst ungewöhnlich geformt. Das Wort „Hügel" darf dabei als Ausdruck britischen Understatements betrachtet werden.

Jugendherberge: Glenbrittle, ✆ (01478) 640278, 48 Betten, 20.3.-1.11., 2 km vor dem Ende der Straße.
Camping: Glenbrittle Farm, ✆ (01478) 640404, 200 Standpl., April-Sept., einfacher Platz, aber wildcampen ist in dieser Gegend strikt verboten.

Wenn Sie der A863 weiter folgen, kommen Sie durch Bracadale und Struan nach Roskhill und weiter nach **Dunvegan**. Das ist der Standort der Stammburg der MacLeods; der Bau kann zwar besichtigt werden, aber sparen Sie Ihre Zeit besser für den Schloßpark auf, oder machen Sie gleich einen längeren Abstecher über die B884 (südlich von Dunvegan) Rchtg. *Colbost*, wo es außer Einsamkeit ein kleines volkskundliches Museum gibt.

Camping: Loch Greshornish, Borve, Arnisort, Edinbane, ✆ (01470) 582230, 130 Standpl., April-Okt., 10 km von Dunvegan an der A850 an der weiteren Streckenführung.

Weiter geht's auf der A850. Bei der *Fairy Bridge*, 4 km von Dunvegan entfernt, haben Sie erneut Gelegenheit zu einem Abstecher, in diesem Fall auf der B886 auf die Vaternish-Halbinsel. Über die hier rechts abzweigende A850 erreichen Sie nach etwa 20 km die Einmündung in die A87 und auf dieser nach weiteren 5 km den Hauptort der Insel, **Portree**. Obwohl hier alle Straßen zusammenlaufen und alle Arten von Versorgungsunternehmen tätig sind, hat Portree die Atmosphäre eines ruhigen Fischerortes bewahren können.

Information: Bayfield House, Portree IV51 9EL, ✆ (01478) 612137, ganzjährig.
Unterkunft: Portree Backpackers, 6 Woodpark, ✆ (01478) 613641, 26 Betten.
Camping: Torvaig, Staffin Road, ✆ (01478) 612209, 90 Zeltstandpl., April-Okt., 2 km nördlich des Ortes.
Fahrradvermietung: Island Cycles, The Green, ✆ (01478) 613121.

Von Portree aus wählen Sie zur Umrundung der Trotternish-Halbinsel die A855, die nordwärts nach *Staffin* führt. Auf dieser Strecke kommen Sie an einigen bemerkenswerten Naturphänomenen vorbei: dem *Old Man of Storr*, einem 50 m hohen Felsblock, am Wasserfall von Mealt und schließlich am *Kilt Rock*, so benannt nach der schottenrockartigen Basaltformation des Felsens.

Unterkunft: Independent Hostel, Old Post Office, ✆ (01470) 613737, 60 Betten.
Camping: Staffin, ✆ (01470) 562213, 62 Standpl., Mitte April-Okt.

Falls Sie nicht die volle Inselumrundung absolvieren möchten, sollten Sie Ihren Waden die links abbiegende Nebenstraße („Quiraing") nach Uig zumuten, denn das ist zweifellos eine der schönsten Straßen nicht nur auf Skye, sondern in ganz Schottland. Ansonsten folgen Sie weiter der A855. An der Nordspitze von Skye befinden sich die Ruinen von Duntulm Castle aus dem 15. Jh., auf den ersten Blick von der Felsenlandschaft kaum zu unterscheiden. An der Score Bay folgt schließlich das interessanteste Museum auf Skye, eine Ansammlung von „Black Houses", die heute das Kilmuir Croft Museum beherbergen. Die Häuser tragen ihre Bezeichnung nicht etwa wegen eines Außenanstrichs, sondern aufgrund der in ihnen herrschenden Dunkelheit: die Behausungen der Crofter hatten früher keinerlei Fenster und auch keinen Kamin – der durch das Strohdach abziehende Rauch wurde zum Imprägnieren sekundärverwertet. Das Ende der Etappe ist schließlich in Uig erreicht; kurz vor dem Ort müssen Sie noch über einen Hügel.

Uig ist der Fährhafen für die Strecken zu den Äußeren Hebriden, im übrigen aber ein sehr kleiner Ort mit schönem Blick auf die Bucht. Falls Sie diese Fähren nicht zur Fortsetzung Ihrer Reise nutzen möchten, können Sie entweder durchgehend über die A856 und A850 nach Broadford zurückfahren oder die Überquerung der Quiraing-Berge (s.o.) Rchtg. Staffin einschieben. In Broadford erhalten Sie dann Anschluß an die Etappen 50 oder 60 in umgekehrter Richtung.

Information: Ferry Terminal, ✆ (01470) 542404.
Jugendherberge: ✆ (01470) 542211, 64 Betten, 20.3.-1.11., Fahrradvermietung, südlich von Uig über der Bucht.
Fahrradvermietung: Mr. MacKenzie, 5 Glenconnon, ✆ (01470) 542311.

Etappe 62: Uist

Lochboisdale – Daliburgh – Creagorry – Nunton – Carinish – Tigharry – Lochmaddy/Newtonferry (100 km)

Diese Rundfahrt über den schmalen Riegel der Inselkette, die von South Uist, Benbecula und North Uist gebildet wird, ist etwas für Freunde von Naturerlebnissen in extremer Einsamkeit.

Die drei Inseln sind durch Dämme miteinander verbunden; ihre Zusammengehörigkeit wird optisch dadurch betont, daß sie eine recht ähnliche Landschaftsstruktur aufweisen: weitgehend flach, von unzähligen Seen und Meeresarmen unterbrochen und durchzogen, windzerzaust, fast unbesiedelt und im Grund nur von einer Straße in Süd-Nord-Richtung erschlossen. Der Besuch ist daher nur im Zug eines „*Island Hopping*" zu empfehlen, d.h. Ankunft am einen Ende, Weiterfahrt zum Festland oder zur nächsten Insel am anderen Ende. Außerdem sollte man tunlichst vermeiden, einen Sonntag für den Aufenthalt zu wählen, denn abgesehen von spärlichen Fährverbindungen sind die Äußeren Hebriden sonntags zur Ruhe gebettet: es gibt keinerlei gastronomische Versorgung, die Straßen sind wie ausgestorben, niemand ist zu einem harmlosen Schwätzchen bereit, und selbst B&B-Schilder werden manchmal entfernt oder zugedeckt. Der Sonntag ist in den kleinen Gemeinden auf den Western Isles wie vor Jahrhunderten der „Tag des Herrn", an dem nach presbyterianischer Lehre der Mensch zu ruhen hat, und zwar vollkommen. Und da der Tourismus auf Uist noch eine Ausnahmeerscheinung ist, wird sich an der Situation wohl auch so bald nichts ändern.

Information: Jeweils Ostern-Okt. in Lochboisdale, ✆ (01878) 700286, und in Lochmaddy, ✆ (01876) 500321.
Verkehrsverbindungen: Flugplatz auf Benbecula mit Flügen nach Glasgow und Stornoway und Barra; Fähren von Oban direkt oder über Castlebay (Barra) nach Lochboisdale (ca. £ 17.80 je Strecke), von Lochmaddy nach Uig (ca. £ 8.10 je Strecke), Fahrräder je £ 2, von Otternish nach Leverburgh/Harris (ca. £ 4.45, Fahrräder £ 1); Personenfähren mit Fahrradtransport von Ludag nach Barra (ca. £ 5). Sonntags nur auf den Hauptstrecken je eine Fährverbindung, nur in der Hauptsaison!
Herbergen: Ostram House (SYHA), Lochmaddy, ✆ (01876) 500368, 36 Betten, Fahrradvermietung, 15.5.-1.10.; Uist Outdoor Centre, Cearn Dusgaigh, Lochmaddy, ✆ (01876) 500480, 20 Betten, ganzj., beide im Hauptort der Insel; einfache Hostels (ganzj.) des Gatliff Hebridean Hostels Trust auf der Insel Berneray (gäl. Bhearnaraigh, Zugang über Damm, 16 Betten), in Howmore (gäl. Tobha Mor, South Uist, 10 Betten) 2 km abseits der A865, in Claddach Baleshare (gäl. Cladach A'Baile Sear, 10 Betten), North Uist, direkt vor dem Damm zur Insel Baleshare rechts zum Haus „Scabreeze" der Besitzerfamilie Tosh, Hostel nahe dabei. In den GHHT-Hostels muß der elektrische Strom über Münzzähler bezahlt werden, es gibt nur kaltes Wasser, An- und Abreise an Sonntagen ist unerwünscht, Vorbuchung nicht möglich.
Camping: Shellbay, Liniclate, ✆ (01870) 602447, 15 Standpl., Waschm., April-Okt., an der B892 am Südrand von Benbecula.
Fahrradvermietung: Rothan, Howmore, South Uist, ✆ (01870) 620283, auch Service; Barra Cycle Hire, St. Brendans Rd., ✆ (01871) 810284.
Infrastruktur: Geschäfte, Banken und Kneipen vor allem in Lochboisdale, Balivanich und Lochmaddy, dort auch die meisten B&B-Angebote; guter Supermarkt in Sollas auf North Uist.

Die Äußeren Hebriden sind eines der letzten gälischen Sprachreservate Schottlands; man wird deshalb in Prospekten und auf Straßenschildern oft gälische Übersetzungen bzw. Schreibweisen englischer Namen finden. Da es angesichts des geringen Straßennetzes aber kaum möglich ist, sich zu verfahren, wird hier auf die Angabe der Übersetzungen verzichtet.

Die Streckenführung auf South Uist ist völlig unkompliziert: sie startet in Loch-

Kartenskizze Etappe 62

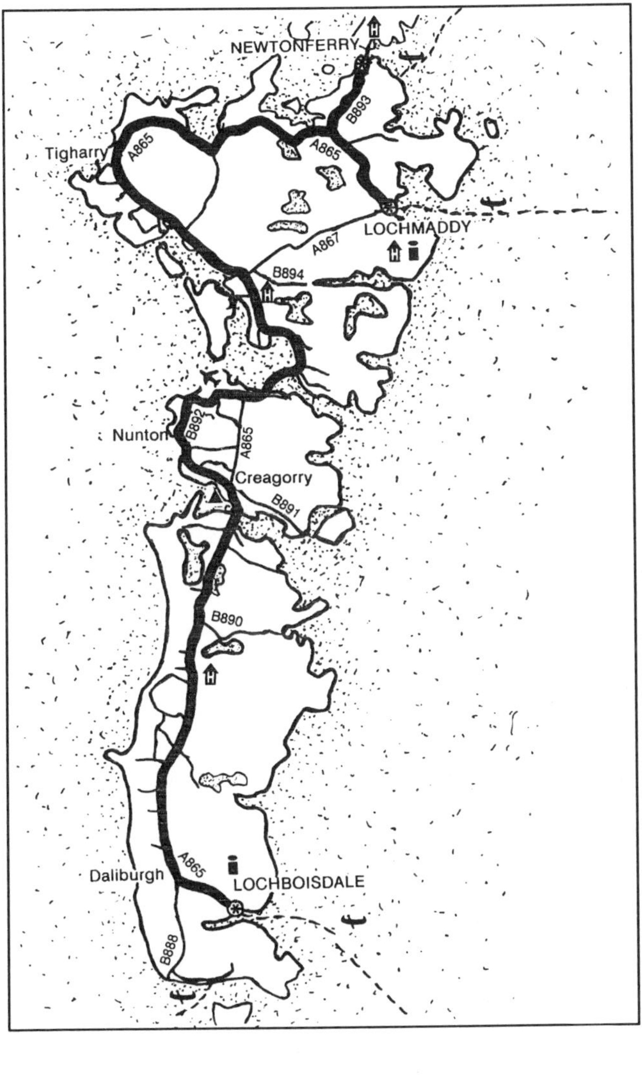

boisdale auf der A865 und führt darauf nordwärts bis zum Damm nach Benbecula; als Ausgleich für die fehlenden Steigungen dürfen Sie mit strammen Westwind rechnen. Während östlich der Straße die höchsten Gipfel der Insel (u.a. Beinn Mhór, 610 m) emporragen, gehen westwärts immer wieder kleine Stichstraßen zur Küste. Angefangen bei der Zufahrt zur Landzunge Rub ha Ardvule (einzelner *Standing Stone* am Atlantik) können Sie diese Nebenstraßen auch zu einem Abstecher vorbei am Ormiclare Castle (Ruine) und über Stoneybridge zurück zur A865 nach *Howmore* (Gatliff Trust Hostel, s.o.) nutzen. Nördlich des Ortes gibt es eine sehr alte Kirche nahe der Straße. Kurz vor dem Damm nach Benbecula liegt links von der Straße das Dorf *Eochar*, wo ein kleines Museum in einem „Black House" existiert. Auf den äußeren Hebriden sind übrigens einige dieser Crofter-Behausungen – mit nachträglich eingebauten Fenstern – noch bewohnt.

Wenn Sie den Damm überquert haben, können Sie bei Creagorry links auf die B892 abbiegen. Der Campingplatz folgt kurz darauf, und die Straße verläuft an der Küste der Insel, die im Grund ein einziges Torfmoor ist, vorbei an den spärlichen Ruinen von Borve Castle nach Nunton und weiter nach **Balivanich**. Bei dieser Ansiedlung befindet sich das Flugfeld der Insel, kombiniert mit einem Armeestützpunkt, der zwei Drittel der Inselbevölkerung stellt. 2 km danach stößt die B892 wieder auf die A865, die in einer über mehrere Inselchen sich erstrekkenden Dammkonstruktion nach North Uist führt. In *Carinish* passieren Sie den *Trinity Temple*, wo angeblich schon in grauer Vorzeit eine Art Schule unterhalten wurde. Danach wird die Landschaft etwas weiter, ein Straßenring zieht sich rund um die Insel, in deren Mitte der 230 m hohe Marrival als einzig nennenswerte, aber deutliche Erhebung Versuche als „Wolkenkratzer" macht. Erst etwa 8 km vor dem Etappenende führt links die B893 nach Newtonferry, die Sie nutzen können, falls Sie zur dortigen Fähre bei Otternish möchten. Ansonsten erreichen Sie über die A865 geradewegs **Lochmaddy**, den Hauptort der Insel und Fährhafen nach Skye.

Etappe 63: Harris/Lewis
Leverburgh – Manish – Tarbert – Laxay – Achmore – Callanish – Carloway – Barvas – Stornoway (150 km)

Das bei Etappe 62 genannte gilt teils auch für Lewis/Harris: auch hier herrscht weitgehend strikte Sonntagsruhe, auch diese Strecke ist vollständig nur im Zug eines Springens von Insel zu Insel (und schließlich zum Festland) sinnvoll zu befahren. Allerdings gibt es einige bedeutsame Unterschiede.

Der augenfälligste ist topografischer Art: ist Uist eine Kette von drei Inseln ähnlicher Landschaftsgestaltung, so ist Lewis/Harris eine zusammenhängende Insel, deren landschaftliche Diskrepanz nicht deutlicher sein könnte, was ihr den Doppelnamen beschert hat. Das hügelige Lewis wird nämlich vom südlichen, bergigen Harris durch eine Gebirgskette derartig abgetrennt, daß in früheren Zeiten

Kartenskizze Etappe 63

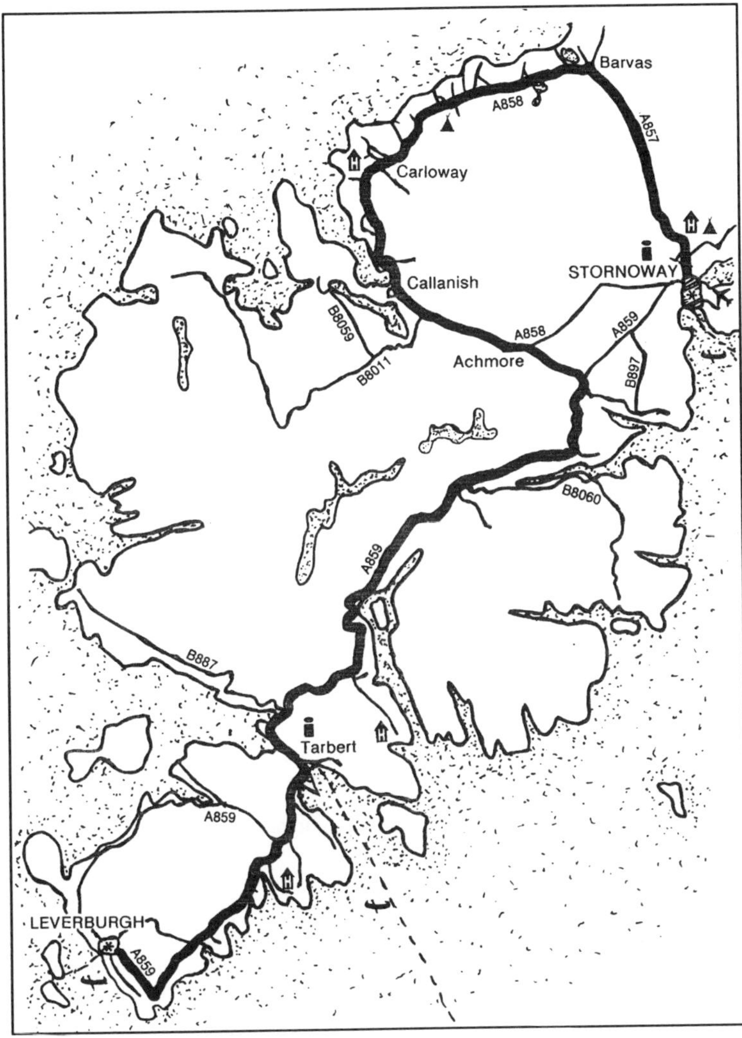

keine Straße die beiden Inselteile verband; jeglicher Verkehr mußte über See abgewickelt werden. So bestanden im Bewußtsein der Bewohner in den Äußeren Hebriden eigentlich zwei Inseln. Mittlerweile führt jedoch eine gewundene Single-Track-Road durch das Gebirge. Da Lewis relativ groß und von einer ringförmigen Straße mit Abstechern umschlossen ist, kann der Nordteil der Insel für mehrtägige Erkundungsfahrten einiges bieten.

Information: 26 Cromwell Street, Stornoway HS1 2DD, ✆ (01851) 703088, ganzj.; Pier Road, Tarbert, ✆ (01859) 502011, ganzj.
Verkehrsverbindungen: Flughafen in Stornoway mit Flügen nach Glasgow/Inverness und Benbecula/Barra; Fähren von Leverburgh nach Otternish (ca. £ 4.45 je Strecke), von Tarbert nach Uig (ca. £ 8.10 je Strecke), von Stornoway nach Ullapool (ca. £ 12.35 je Strecke, kein Sonntagsverkehr), Fahrräder je £ 2.
Herbergen: Kyles (SYHA), Stockinish (Harris), ✆ (01859) 530373, 32 Betten, 20.3.-4.10., 10 km südlich von Tarbert an der Etappenführung aus Rchtg. Leverburgh. *Unabhängige Herbergen:* The Stornoway Hostel, 47 Keith Street, Stornoway, ✆ (01851) 703628, 18 Betten, ganzj.; Rockview Bunkhouse, Tarbert, ✆ (01859) 502211, 32 Betten, ganzj.; Drinishader Bunkhouse, Tarbert, ✆ (01859) 511255, 12 Betten; Galson Bunkhouse, Galson Farm, ✆ (01851) 703628, 18 Betten; Laxdale Bunkhouse, Laxdale Lane, ✆ (01851) 706966, 16 Betten, 1 km nördlich von Stornoway; Ravenspoint, Kershader, ✆ (01851) 880236, ganzj., 14 Betten,an der B 8060 ca. 22 Meilen von Stornoway.
Camping: Coll Beach, 21 Aird Tong, ✆ (01851) 702053, 10 Standpl., April-Okt., 6 km nördl. von Stornoway an der B895; Laxdale, 6 Laxdale Lane, 45 Zeltstandpl., Waschm., ganzj., an der A857 2 km von Stornoway; Eilean Fraoich Campsite, Shawbost, ✆ (01851) 710504, 10 Standpl., Mai-Okt., beim Folk Museum.
Fahrräder: Cycle Shop, 326 Church Street, Stornoway, ✆ (01851) 705048; Vermietung auch im Cycle Centre, 67 Kenneth Street, Stornoway, ✆ (01851) 704025.

Je nachdem, welche Fähre Sie benutzen, ist Anfangspunkt der Etappe in Leverburgh oder Tarbert. Falls Sie von North Uist kommen, ist die Leverburgh-Fähre günstiger (allerdings verkehrt die Fähre nur vormittags), da Sie dann den radtouristisch besonders interessanten Südteil von Harris durchradeln. Ab Tarbert wäre das im Rahmen einer Rundstrecke alternativ möglich. Von der Fähre in Leverburgh fahren Sie rechts auf der A859 nach *Rodel*, wo sich eine recht ansehnliche mittelalterliche Kirche befindet; den Schlüssel gibt's ein paar Häuser weiter im Hotel. Für die Weiterfahrt benutzen Sie die kleine Straße, die an der Ostküste entlang durch winzige Orte führt. Bevor die Straße auf die A859 trifft, geht rechts eine Zufahrtstraße nach Stockinish (JH s.o.) ab. Auf der A859 gelangen Sie schließlich nach **Tarbert**, dem Hauptort von Harris und Fährhafen. Von dort an schlängelt sich die Straße am Meer entlang und zwischen Bergen hindurch zur Moorlandschaft von Lewis. Nach wenigen Kilometern können Sie über eine Stichstraße (B887) einen Abstecher über eine herrliche Küstenstraße bis zur Insel Scarp machen. Nachdem von Tarbert aus über 40 km zurückgelegt sind, geht links eine Nebenstraße nach Achmore ab, die die Verbindung zur A858 herstellt. An dieser Strecke, die zur Westküste und daran entlang Richtung Nordosten führt, liegen die meisten Sehenswürdigkeiten der Insel. Den

Foto rechts: Standing Stones of Callanish

Anfang macht das prähistorische Kleinod, die *Standing Stones of Callanish*, eine 3500 Jahre alte Kultstätte aus Steinkreisen, die im Rang mit Stonehenge in Südengland wetteifert, aufgrund ihrer geografischen Abgeschiedenheit aber noch ohne Umlagerung von Touristen-Busladungen zu genießen ist. Etwa 8 km weiter folgt das nächste Monument, der Carloway Broch, ein Wehrturm aus vorchristlicher Zeit – angeblich der besterhaltene in Schottland. Beim Dorf Carloway führt ein schmaler Weg zum Dorf Garrenin, einer Ansammlung verlassener Black Houses, die teils noch bis in die siebziger Jahre bewohnt waren. Ein zum Museum ausgebautes und wiederhergerichtetes Beispiel dieser Behausung befindet sich in *Arnol*, 15 km weiter an der A858. Auf dem Weg dorthin kommen Sie außerdem im Dörfchen *Shawbost* an einem kleinen Folk Museum vorbei, das von der dortigen Schule aufgebaut wurde.

Falls Sie von Callanish eine Sehnsucht nach weiteren steinernen Monumenten mitbekommen haben, so verlassen Sie in Barvas die Etappenführung und fahren nordwärts auf der A857 Richtung *Butt of Lewis* weiter, der nördlichen Landspitze; nach einigen Kilometern wird der Wunsch mit einem allerdings erheblich kleinerem Kreis und einem hohen einzelnen Monolith erfüllt. Ansonsten biegen Sie in Barvas rechts ab auf die A857 nach **Stornoway**, mit über 6000 Einwohnern die einzige Stadt auf der Insel und absolute Hauptstadt der Äußeren Hebriden. U.a. befinden sich hier alle weiterführenden Schulen der Western Isles, so daß alle Schüler irgendwann einmal das hiesige Pensionsleben kennenlernen, falls sie nicht auf Schulen zum Festland geschickt werden. Traditionell lebte die Bevölkerung vom Fischfang und der berühmten Harris-Tweed-Herstellung; heute haben die Versorgung der schottischen Bohrinseln und der Bau dieser Konstruktionen die Hauptrolle übernommen.

Etappe 64:
Fort Augustus – Drumnadrochit – Cannich – Beauly – Muir of Ord – Strathpeffer – Dingwall – Alness (120 km)

Westlich an Inverness vorbei zur Ostküste des nordschottischen Hochlands.

Die Etappe beginnt in Fort Augustus auf der A82 Rchtg. Inverness, einer (zumindest in der Saison) leider sehr stark befahrenen, für diese Etappe aber weitgehend unverzichtbaren Straße.

[Auf dem ersten Teilstück können Sie allerdings auf die *Great Glen Cycle Route* ausweichen, die weitgehend autofrei von Fort William bis Inverness führt. Das fertiggestellte Teilstück beginnt am Cherry Island Parkplatz nördlich von Fort Augustus und mündet in Invermoriston an der Dalcataig Road. Die *Cycle Route* offeriert Ihren Reifen jedoch nur Schotter als Unterlage und nimmt zudem auf 10 km Länge immerhin 180 Höhenmeter mit. Genauso viel bietet das folgende 7 km lange Teilstück bis zur Loch-Ness-JH.]

Die A82 führt anfangs immer am Westufer von Loch Ness entlang über *Invermoriston* bis **Drumnadrochit**. Kurz vor diesem Ort steht direkt am See die Ruine von *Urquhart Castle* aus dem 16. Jh., die (ganzj.) zu den üblichen Zeiten besichtigt werden kann. In Drumnadrochit ist der Standort des *Loch Ness Centre*, einer Ausstellung zur Geschichte der Monsterjagd, die mit „Dokumenten" aller Art Nessies Existenz belegen will (ganzj.).

Herberge: Loch Ness (SYHA), Glenmoriston, ✆ (01320) 351274, 59 Betten, 20.3.-1.11., 5 km nördlich von Invermoriston direkt an der A82; Loch Ness Backpackers Lodge (unabhängig), Coiltie Farm House, Drumnadrochit, ✆ (01456) 450807, 38 Betten, ganzj.
Camping: Loch Ness ****, ✆ (01320) 351207, 85 Standpl., Waschm., Mitte März-Mitte Okt., bei Invermoriston an der A82; Borlum Farm **, Lewiston, ✆ (01456) 450220, 25 Standpl., Waschm., März-Okt., südlich vom Drumnadrochit an der A82.
Fahrradvermietung: Wilderness Cycles, The Cottage, ✆ (01456) 450223.

In Drumnadrochit haben Sie endlich Gelegenheit, der vielbefahrenen „Selbstmörderstrecke" am Loch Ness den Rücken zu kehren, indem Sie links auf die A831 abbiegen. Durch das schöne Glen Urquhart führt diese Straße geradewegs nach **Cannich**, einem kleinen Dorf, bei dem vier Hochlandtäler zusammenlaufen.

Herberge: SYHA, ✆ (01456) 415244, 66 Betten, 20.3.-1.11., zwischen River Glass und River Cannich im Dorf; Backpackers, Chairin Lodge, ✆ (01456) 415364, 40 Betten.
Camping: Campgrounds of Scotland ****, ✆ (01456) 415364, 45 Standpl., April-Okt., südlich der A831 beim Dorf.

In Cannich wenden Sie sich mit der A831 nordwärts ins Tal des River Glass und erreichen nach etwa 25 km **Beauly**, ein kleines Städtchen an der Mündung des gleichnamigen Flusses. Alternativ können Sie auch die etwas längere und steigungsreichere Nebenstraße auf der Ostseite des Tales zur A833 bei Kiltarlity benutzen. Kurz vor Beauly trifft die A831 auf die A862 aus Rchtg. Inverness. Die Überreste des örtlichen Klosters können mo-fr zu den üblichen Zeiten betreten werden (Eintritt). Zu den gleichen Zeiten ist Juni-Sept. der Highland Craft Point geöffnet, eine Verkaufsausstellung in einem Kunsthandwerkszentrum. Etwa 5 km südöstlich gibt es südlich der A862 eine kulinarische Kuriosität: in *Moniack Castle* ist Schottlands einziges Weingut ansässig. Verkosten und Kaufen der Produkte ist ganzjährig täglich außer sonntags 10-17 h möglich. Über die A862 erreichen Sie nördlich von Beauly das Städtchen *Muir of Ord*. Falls Sie bis zu diesem Zeitpunkt noch keine Whiskybrennerei besichtigt haben, können Sie das in der Ord Distillery am Ortsrand (an der A832) nachholen.

Herberge: Cougie Lodge, Tomich, Beauly, ✆ (01320), 351314, 5 Betten.
Camping: Lovat Bridge ***, ✆ (01463) 782374, 40 Standpl., März-Okt., 3 km südlich von Beauly; Druimorrin ***, Orrin Bridge, Urray, ✆ (01997) 433252, 60 Zeltstandpl., Waschm., Mai-Sept., 3 km nordwestlich von Muir of Ord an der A832.
Fahrräder: J. Urquhart, Main Street, ✆ (01463) 870462.

Über die A832, ein kurzes Stück der A835 und die A834 kommen Sie nach etwa 12 km in das viktorianische Kurbad Strathpeffer.

Strathpeffer, 800 Einw., Highland Region (Ross-shire), zwischen zwei Hügeln und einem großen Waldgebiet gelegen, war Ende des 19. Jh. ein florierendes Heilbad vor allem für rheumatische Erkrankungen; das Heilquellengebäude ist restauriert. Im viktorianischen Bahnhof ist heute ein Kunsthandwerkszentrum untergebracht (und die Touristeninformation), das April-Okt. geöffnet ist. Und ein Puppenmuseum mit Exponaten der gleichen Zeit rundet die Nostalgie ab (ganzj. außer mo, im Sommer tägl.).

Information: The Square, ✆ (01997) 421415, April-Nov.
Verkehrsverbindungen: ab Dingwall Eisenbahn nach Inverness, Kyle of Lochalsh und Wick/Thurso.
Jugendherberge: ✆ (01997) 421532, 62 Betten, 27.2.-1.11., am südlichen Ortsrand.
Camping: Riverside, Contin, ✆ (01997) 421351, 30 Standpl., Waschm., ganzj., 2 km südlich von Strathpeffer an der A832; Jubilee Park, Dingwall, ✆ (01349) 862236, 80 Standpl., Waschm., März-Okt., in Dingwall (s.u.).
Fahrradvermietung: Strathpeffer Bicycle Hire, Old Inn West, Blairninich, ✆ (01997) 421710.

Die A834 führt von Strathpeffer geradewegs in das 5 km entfernte Städtchen **Dingwall**, wo es außer den diversen Eisenbahnanschlüssen (s.o.) ein Museum im Rathaus gibt. Fahren Sie in den Ort, dort links entsprechend der Beschilderung zur A862 Rchtg. Alness, aber noch am Ortsrand von der Hauptstraße hinunter auf die westlich parallel verlaufende Nebenstraße. Diese Strecke bleibt stetig auf der Westseite der Eisenbahnstrecke Rchtg. Alness und trifft hinter Evanton auf die A9. Biegen Sie links auf die Hauptstraße ein. Falls Sie auf

Etappe 67 weiterfahren möchten, bleiben Sie im Straßenverlauf auf der A836; ansonsten biegen Sie mit der A9 rechts ab nach **Alness**, dem Etappenende. Das ist eine Marktstadt an der Küstenstraße nach Inverkeithing und Tain mit recht viel Durchgangsverkehr, aber auch brauchbaren Einkaufsmöglichkeiten.

Verkehrsverbindungen: Eisenbahn nach Inverness und Wick/Thurso.
Camping: Black Rock, Evanton, ✆ (01349) 830917, 106 Standpl., Waschm., April-Okt., 5 km südlich von Alness bei Evanton an der Streckenführung der Etappe.
Fahrräder: Calum MacLeod, Unit 8, Kendal Crescent, ✆ (01349) 884337.

Etappe 65:
Fort Augustus – Foyers – Dores – Inverness (51 km)

Östlich auf Nebenstraßen am Loch Ness entlang. Zwar existiert auch hier als Alternative die Great Glen Cycle Route westlich des Lochs, die aber wegen starker Steigungen und lockeren Belags für gepäckbelastete Räder eigentlich nicht als tauglich angesehen werden kann.

Erfreulicherweise gibt es auf dieser Strecke eine hervorragende, wenngleich mit einigen starken Steigungen (rund 400 Höhenmeter, bis 14 % Steigung!) gewürzte Möglichkeit, der vielbefahrenen Straße am Westufer von Loch Ness zu entgehen. Lassen Sie sich nicht durch Urquhart Castle verführen, die A82 bis Inverness zu benutzen – die Strecke ist für den intensiven Verkehr vor allem in der Hauptsaison viel zu schmal.

Die B862, die Sie von Fort Augustus aus befahren, ist zwar noch enger, was aber angesichts des erheblich geringeren Autoverkehrs kein Problem darstellt. Nach ca. 12 km geht links die B852 ab, die Sie am River Foyers entlang zum Loch Ness und daran entlang bringt. An dieser Strecke befinden sich etliche Gelände vorgeschichtlicher Befestigungen, z.B. bei Inverfarigaig. Radeln Sie bis Dores auf der B852. Dort trifft die Straße wieder auf die B862 nach **Inverness** (s. Etappe 33).

Etappe 66: Black Isle
Inverness – North Kessock – Munlochy – Fortrose – Cromarty – Shoretown – Alness (80 km)

*Eine Rundfahrt um die **Black Isle**, eine Halbinsel im Moray Firth, die zwar seit dem Bau der Brücke aus Inverness nicht mehr so abgeschieden liegt wie vorher, aber immer noch vom allgemeinen Verkehr erfreulich mißachtet wird. Sie ist zu großen Teilen bewaldet und ermöglicht außer der vorgeschlagenen Rundtour auch eine Nebenstraßen-Abkürzung nach Alness von ca. 35 km Länge (s.u.).*

Kartenskizze Etappen 64 – 66

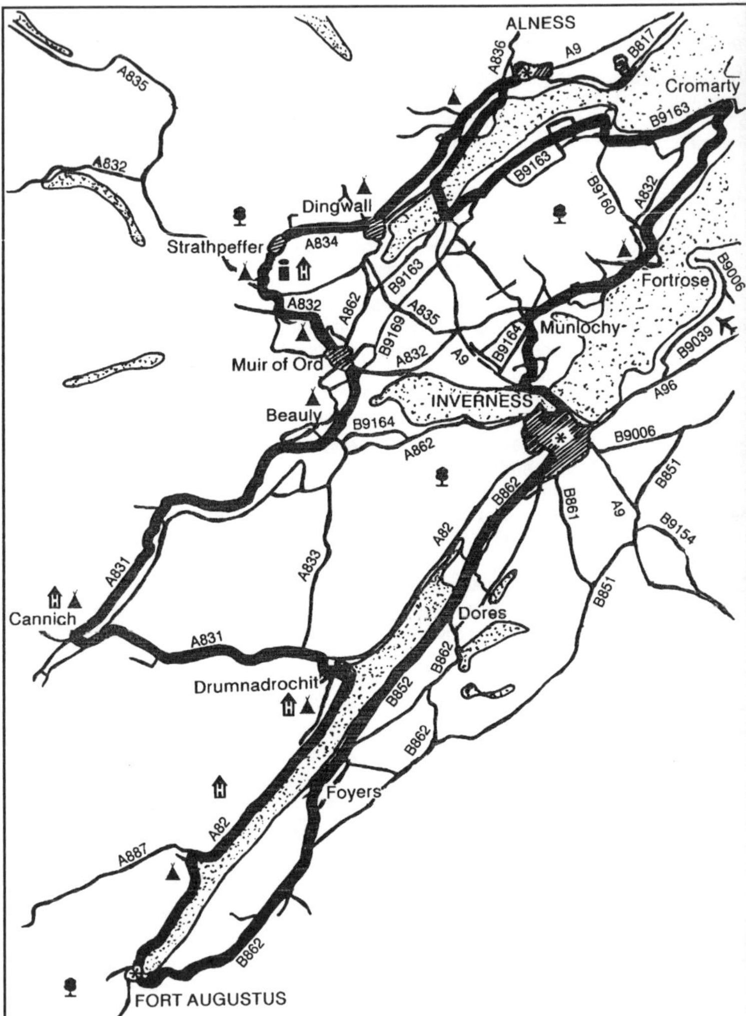

Die Etappe beginnt in Inverness auf der einzigen vorhandenen Straße nach North Kessock, der A9, die über eine Brücke den Moray Firth überquert. Wählen Sie die erste rechts abzweigende Nebenstraße (Rchtg. Kilmuir beschildert), und fahren Sie über einen Hügel zur B9161 (in Gegenrichtung ebenfalls Rchtg. Kilmuir beschildert) nach **Munlochy**.

Das ist die Stelle, an der Sie ggf. die Abkürzungsstrecke nach Alness einschlagen: in Munlochy links von der B9161 abbiegen, über die Nebenstraßen nach Culbokie, dort den steilen Hügel hinunter zur B9163, links und gleich wieder rechts über die Cromarty-Firth-Brücke (A9). *In Gegenrichtung:* hinter der Brücke links, gleich wieder rechts den Hügel hinauf nach Culbokie, rechts in die B9169, nach 300 m links auf die Nebenstraße nach Munlochy.

Kurz hinter Munlochy mündet die B9161 in die A832 nach *Fortrose*, einem kleinen Städtchen, das am Chanonry Point (östlich) über die Ruine einer roten Sandstein-Kathedrale aus dem 14. Jh. verfügt. Im angrenzenden Seebad *Rosemarkie* gibt es ein kleines Heimatmuseum.

Camping: Camping & Caravanning Club, Rosemarkie, ✆ (01381) 621117, 60 Standpl., Waschm., März-Sept., an der Küste.

Ab Rosemarkie fahren Sie etwa 2 km landeinwärts auf der A832 und biegen dann rechts auf eine Nebenstraße ein, die über kleine Siedlungen wie Craighead und Eathie nach Newton führt; dort treffen Sie wieder auf die A832 nach **Cromarty** (600 Einw., Highland Region [Ross-shire]). Das war früher ein florierendes Hafenstädtchen, ist aber heute ein eher abgeschiedenes Dorf mit vielen Gebäuden des 18. Jh. Ein Cottage in der Church Street, in dem 1802 der Geologe und Schriftsteller Hugh Miller geboren wurde, beherbergt ein Museum des National Trust, das April-Sept. geöffnet ist. Im *Cromarty Courthouse* wird den Besuchern mit 'lebenden Figuren' und 1½-stündigen Tonbandführungen (auch auf Deutsch) die gesamte Region vorgestellt (ganzj.).

In Cromarty wenden Sie sich um fast 180 Grad und fahren auf der B9163 (Rchtg. Culbokie) westwärts, zuerst an der Cromarty Bay entlang, dann der Linie des Cromarty Firth folgend, durch *Balblair* nach Shoretown. Bleiben Sie dort auf der B9163, wenn diese rechts von der Strecke Rchtg. Culbokie abknickt, und radeln Sie geradewegs bis zur A9, die Sie unmittelbar vor der Brücke über den Cromarty Firth erreichen. Da in diesem Bereich die Eisenbahn als Trennlinie zwischen der Hauptstraße und der Nebenstraße von Etappe 64 wirkt, müssen Sie bis **Alness** (s. Etappe 64) auf der Hauptstraße verbleiben. Kurz vor der Stadt ist bereits Anschluß an die Etappen 67/68 möglich.

Etappe 67:
Alness – Achandunie – Strathrory – Bonar Bridge – Lairg (47 km)

Die Zubringerstrecke zum zentralen nördlichen Hochland.

Sie startet in Alness auf der B9176, die im Ortszentrum östlich des River Averon beginnt und nordwärts den Hügel hinauf nach Achandunie führt. Sie wird dort zu einer sehr schönen Hochlandstraße, die früher recht stark befahren war, nun aber den Verkehr an die Küstenstrecke A9 abgegeben hat, seitdem die Brücke über den Dornoch Firth in Betrieb ist. Der Weg über die Berge führt auf fast 300 m Höhe hinauf und auf der anderen Seite mit einem prachtvollen Ausblick auf den Dornoch Firth wieder hinunter. Die A836 wird bei Fearn Lodge erreicht und bis in den 7 km entfernten Ort Bonar Bridge benutzt.

Bonar Bridge, 400 Einw., Highland Region (Sutherland), wäre eigentlich ein völlig unbedeutender Ort, hätte es hier nicht bis vor kurzem die einzige Straßenverbindung an der nordschottischen Ostküste gegeben. Die namensgebende Brücke überspannt das Südende des Kyle of Sutherland, eines fast völlig von Land umgebenen Meeresarmes. Sutherland ist der Name, der hier jahrhundertelang das Sagen hatte: der Duke of Sutherland besaß einmal fast die gesamte Grafschaft und ist immer noch ihr größter Grundbesitzer. Eines seiner kleineren Schlösser, *Carbisdale*, liegt am Westufer des Kyle, etwa 6 km nordwestlich von Bonar Bridge und über eine Nebenstraße zu erreichen, die in Ardgay, noch vor der Brücke nach Bonar Bridge, beginnt. Die Eintrittskarte ist der Jugendherbergsausweis, denn das Gebäude (frühes 20. Jh.) ist eines der größten Häuser des schottischen Herbergsverbandes.

Verkehrsverbindungen: Eisenbahnstationen in Bonar Bridge und Culrain (an der JH) an der Strecke Inverness-Wick/Thurso.
Jugendherberge: Carbisdale Castle, Culrain, ✆ (01549) 421232, 200 Betten, 27.2.-3.5. und 15.5.-1.11., Fahrradvermietung, schönes Haus in prachtvoller Lage, trotz der hohen Bettenzahl stark belegt (wegen Eisenbahnstation viele InterRailer). Weiterfahrt nur über Bonar Bridge oder Inveroykel (s. Etappe 73) möglich, vorher nur Eisenbahnbrücke über den Kyle of Sutherland.

In Bonar Bridge knicken Sie mit der A836 nach links ab Rchtg. Lairg, verlassen diese aber in Invershin (geradeaus fahrend) auf die A837. Nach etwa 1 km, gleich hinter der Brücke über den River Shin, zweigt rechts die parallel zum Fluß und vorbei an einem schönen Wasserfall (zwischen Juni und September Möglichkeit zur Beobachtung von flußaufwärts wandernden Lachsen, mit Visitor Centre und Restaurant) verlaufende B864 nach Lairg ab (Straßennummer fehlt auf der O.S.-Karte); kurz vor diesem Markstädtchen mündet sie in die A839.

Lairg liegt an einer für das nördliche Hochland bedeutenden Kreuzung von Straßen aus allen Himmelsrichtungen am Südende des langgezogenen Loch Shin; die Berge, Wälder und Täler der Umgebung sind bei Naturfreunden, speziell bei Ornithologen, sehr beliebt.

Information: Lairg, ✆ (01549) 402160, Mai-Sept.
Verkehrsverbindungen: Eisenbahn nach Inverness und Wick/Thurso.
Camping: Dunroamin, Main Street, Lairg, ✆ (01549) 402447, 50 Standpl., Waschm., April-Okt.; Woodend, Achnairn, ✆ (01549) 402248, 50 Standpl., Waschm., April-Sept., abseits der A838.

Kartenskizze Etappen 67 & 68

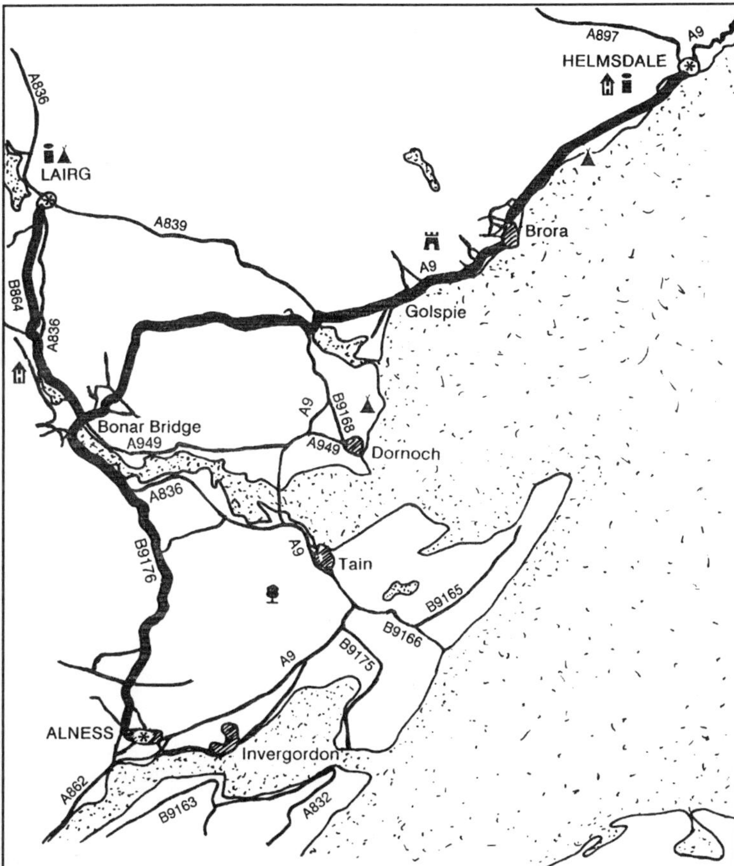

Etappe 68:
Alness – Bonar Bridge – Loch Buidhe – Golspie – Brora – Helmsdale (86 km)

Der erste Teil der Ostküstenstrecke im nördlichen Hochland. Sie folgt bis Bonar Bridge der Etappe 67 (s. dort).

Hinter der Brücke über den *Kyle of Sutherland*, wenn sich die Hauptstraße in A949 (rechts) und A836 (links) aufteilt, nutzen Sie die Gelegenheit und fahren geradeaus auf eine Nebenstraße, die einen Hügel hinaufführt. Die Steigung (auf etwa 200 m) erfolgt aber in mehreren Etappen und ist dadurch nicht besonders anstrengend. Oben erwartet Sie dann die schönste Straße weit und breit, eine Art abgelegenes Hochland im Kleinen. Etwa 5 km hinter Bonar Bridge haben Sie den höchsten Punkt der Straße am Loch Buidhe erreicht und fahren von dort an etwa 10 km lang stetig bergab, zwischen Hügeln und Mooren hindurch und an Flußläufen entlang, bis Sie an der Bucht von Loch Fleet auf die A9 treffen. Biegen Sie links ein; am Nordrand der Bucht kreuzen Sie die Eisenbahnstrecke und folgen der Hauptstraße nach rechts, unterhalb eines runden Felsens und weitgehend parallel zur Eisenbahnstrecke nach *Golspie*. Etwa 1 km hinter diesem Städtchen liegt rechter Hand ein Schloß, das den Reichtum der Herzöge von Sutherland hervorragend dokumentiert: **Dunrobin Castle**, ein im 19. Jh. mit großem Aufwand umgebautes Schloß, das mit seinen Türmchen und Zinnen ein weiteres Beispiel des Baronialstils ist. Es ist das nördlichste der viktorianischen Prachtschlösser und kann samt Park Mai-Mitte Okt. täglich besichtigt werden.

Dunrobin Castle

Fahren Sie auf der A9 weiter an der Küste entlang durch *Brora* nach Helmsdale; auf diesem Stück müssen Sie einige Male ein paar Höhenmeter den Hügelrand hinauf überwinden. **Helmsdale** ist ein kleines Marktstädtchen an der Mündung des gleichnamigen Flusses, das mit dem *Timespan Centre* über eine Ausstellung zur Geschichte der nördlichen Highlands verfügt.

Information: Coupar Park, ✆ (01431) 821640, Ostern-Sept.
Verkehrsverbindungen: Eisenbahn nach Inverness und Wick/Thurso.
Jugendherberge: kleines Haus am nördlichen Ortsrand, ✆ (01431) 821577, 38 Betten, 15.5.-4.10.
Camping: Crakaig, Loth, ✆ (01408) 621260, 15 Standpl., Ostern-Sept., auf halbem Weg von Brora an der Küste.

Etappe 69:
Helmsdale – Berriedale – Latheron – Lybster – Camster – Watten – Stanstill – Hastrigrow – Lyth – Canisbay – John o'Groats (80 km)

Zur Nordostspitze Schottlands – „where Scotland ends" ...

Das erste Drittel der Etappe wird auf der A9 zurückgelegt, die aber ihren Hauptstraßencharakter immer mehr ablegt, je weiter Sie nach Norden vordringen. Sie sollten die Strecke gut ausgeruht beginnen, denn auf den ersten 30 km zeigt Schottlands Nordosten sich von seiner anstrengendsten Seite. Auf dem Teilstück bis Dunbeath geht es etliche Male steil und lange bergauf und wieder hinunter; eine Probe dieser Steigungen beginnt gleich in Helmsdale. Auf dem ersten Hügel überschreiten Sie die Grenze zur Grafschaft Caithness, die sich mit einem Aussichtspunkt vorstellt. Ein paar Kilometer weiter, im Tal von Ousdale, führt ein Fußweg zum verlassenen Dorf von *Badbea* hinab, eine im Zug der Highland Clearances geschaffene Siedlung, in der aus dem Hochland vertriebene Familien untergebracht waren.

Hinter dem nächsten Berg folgt die steilste Abfahrt an diesem Küstenstreifen: hinunter nach **Berriedale** mit 13 % Gefälle, auf anderen Seite genauso steil wieder hinauf, beide Male mit 200 m Höhenunterschied. In Berriedale befindet sich *Langwell House*, ein Besitztum des Herzogs von Portland; die Parkanlagen sind meist zugänglich, das Haus selbst hingegen nicht. Ebenfalls nur aus der Ferne zu bewundern ist *Dunbeath Castle*, etwa 8 km weiter abseits der Straße an der Küste. Auf dem Weg nach Latheron kommen Sie außerdem noch am *Laidhay Croft Museum* vorbei, einer Mischung aus Volkskunde- und Landwirtschaftsmuseum (täglich). In *Latheron* verlassen Sie die A9 nach rechts auf die Küstenstraße A99. Etwa 2 km nordöstlich von Latheron hat der Gunn-Clan ein Museum zu seiner eigenen Geschichte eröffnet. Und in *Lybster*, einer sich zum Meer hinunter erstreckenden ziemlich großen Siedlung, ist bei der Nordmauer des Friedhofes eines der ansonsten in dieser Gegend recht seltenen keltischen Kreuze zu sehen.

Kartenskizze Etappe 69

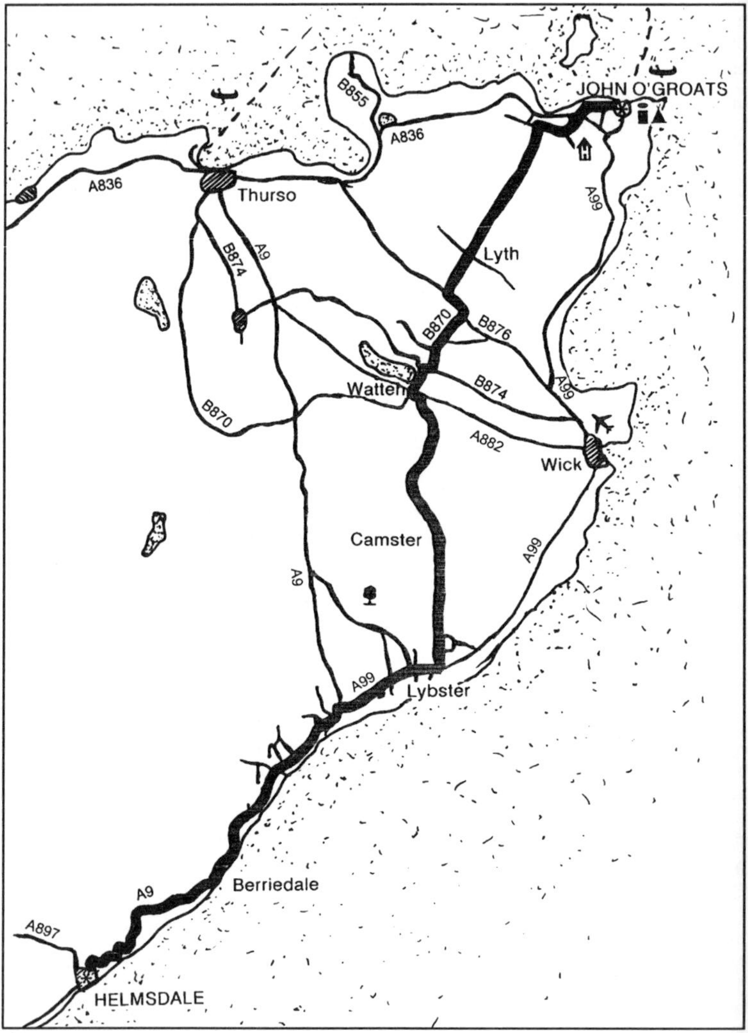

Damit ist der Reigen der Sehenswürdigkeiten an dem Küstenteil der Etappe geschlossen, denn nun folgt eine einmalige Gelegenheit, die ruhigste Durchgangsstraße der Grafschaft Caithness durch eine faszinierende Moor- und Hügellandschaft zu erradeln. Dazu biegen Sie 2 km hinter Lybster links auf die Nebenstraße nach **Camster** ab, die recht eben verläuft. Nach ca. 8 km befindet sich links neben der Straße eine äußerst sehenswerte Ansammlung prähistorischer Grabhügel aus Stein, die „Caims of Camster“, ca. 5000 Jahre alt und über ins Moor getriebene Holzbohlen zu erreichen. Ausgrabungs- und Rekonstruktionsarbeiten an weiteren Hügeln sind in der Nähe noch im Gange; der Zugang ist jederzeit und gratis möglich. Weiter verläuft die Straße nordwärts hinab in die weite Ebene, die die Nordostecke der Grafschaft Caithness bildet. Sie stößt im Tal an einer T-Mündung auf die A882, die Sie links nach einem Kilometer in das Dorf *Watten* (einige Läden und Pubs) bringt. Dort biegen Sie rechts ab auf die B870 Rchtg. Stanstill (beschildert, allerdings weder auf der O.S.-Karte noch auf Ortsschildern enthalten), kreuzen die Eisenbahnlinie und die B874 (leicht nach rechts versetzt) und fahren dann links auf der B876 Rchtg. Thurso. Nach 1½ km geht rechts die Nebenstraße nach **Lyth** ab.

Bei diesem Dorf (ca. 1 km östlich) gibt es nicht nur ein *Arts Centre* mit Kunstausstellungen und Theater-/Musikaufführungen, sondern 200 m weiter außerdem eine Töpferei mit einem kleinen Kunsthandwerkszentrum (auch künstlerische Keramik, Textilien, Fotos und Gemälde).

Nach einem etwaigen Besuch im Arts Centre oder Craft Centre fahren Sie zu der letzten Kreuzung zurück, um wieder auf die nordwärts weiterführende Nebenstraße zu gelangen. Am Ende der Straße (T-Mündung) biegen Sie rechts ab nach *Canisbay* (Jugendherberge, s.u.) und von dort ggf. nach John o'Groats.

John o'Groats ist wahrscheinlich einer der bekanntesten Ortsnamen in Schottland, denn hier endet nach landläufiger Meinung das britische Festland. Zwar ist der nördlichste Punkt am *Dunnet Head*, auf halbem Weg nach Thurso gelegen, die größte Landausdehnung hat Großbritannien aber zwischen Land's End in Cornwall und eben John o'Groats. Dieser Umstand bringt dem Dorf einen konstanten Tourismus, obwohl es außer ein paar Andenkenläden wirklich nichts zu sehen gibt. Für Radtouristen interessant ist hingegen die Fährverbindung zu den Orkneys, die hier im Sommer besteht. Den Namen hat der Ort nach einem Holländer namens Johan de Groot, der dort für seine Familie eine achteckige Behausung gebaut haben soll, damit kein Familienmitglied ohne seine eigene Ecke war... Die Geschichte wird von einem Andenkenladen am Fähranleger in ebensolcher Bauweise wiederholt.

Information: April-Okt., County Road, ✆ (01955) 611373.
Verkehrsverbindungen: Busverbindungen zu den Eisenbahnanschlüssen in Wick und Thurso; Fähre nach Burwick/South Ronaldsay, Orkney Inseln.
Jugendherberge: Canisbay, ✆ (01955) 611424, 42 Betten, 20.3.-1.11., aufgrund der recht guten Anbindung an öffentliche Verkehrsmittel oft stark belegt.
Camping: Stroma View, Huna, ✆ (01955) 611313, 15 Standpl., Waschm., Feb.-Dez., 3 km westlich von John o'Groats an der A836; John o'Groats ***, ✆ (01955) 611329, 95 Standpl., Waschm., April-Okt., am Fähranleger.

Falls Sie statt nach John o'Groats lieber nach Thurso fahren möchten, um den Anschluß an Etappen oder Fähren von dort zu bekommen, so können Sie das entweder auf der B876 bis Castletown (dann A836) oder ab Lyth über die Nebenstraße nach Greenland zur B876 nach Castletown tun.

Etappe 70:
Gairloch – Poolewe – Laide – Braemore Forest – Ullapool (90 km)

Der mittlere Teil der Wester-Ross-Küstenstraße.

Die Etappe beginnt in Gairloch auf der A832 nach *Poolewe*, einem kleinen Ort am Südende von Loch Ewe, dessen Stolz mit Recht die Parkanlagen von **Inverewe Garden** sind. Ungeachtet der rauhen Winde und starken Regenfälle an diesem Küstenstreifen hat ein wohlhabender Schotte hier ein exotisches Paradies geschaffen, mit Palmen, Eukalyptusbäumen, allerlei subtropischen oder südpazifischen Gewächsen. Nur die milden Temperaturen des Golfstroms begünstigten das Vorhaben, das zur bemerkenswertesten gärtnerischen Leistung auf den britischen Inseln wurde. Seit 1952 betreut der National Trust das Anwesen; er hat ein Informationszentrum eingerichtet und betreibt auch eine Cafeteria. Der Besuch der letzteren bietet eine kleine Möglichkeit, einen Blick auf Teile der Pracht zu werfen; ansonsten ist Eintritt fällig. Der Park ist ganzj. zugänglich, das Besucherzentrum April-Mitte Okt.

Camping: Inverewe, ✆ (01445) 781249, 55 Standpl., März-Nov., in Poolewe an der A832.

Auf der folgenden, teils felsigen und kargen Küstenstrecke sind die Übernachtungsmöglichkeiten für Nicht-(Wild)Camper dünn gesät; eine größere Zahl von B&B-Angeboten gibt es eigentlich nur in **Aultbea**, einem mittleren Dorf etwa 8 km nördlich von Poolewe. Die Buchten auf diesem Teilstück sind durchweg mit schönen Sandstränden gesegnet, so auch die **Gruinard Bay**, die erste Bucht östlich von Poolewe. Die gleichnamige vorgelagerte Insel hat übrigens im Zweiten Weltkrieg als Versuchsgelände für biologische Kriegsführung gedient und war noch bis in die Achtziger mit Milzbranderregern verseucht (und deshalb gesperrt), ist mittlerweile aber als „cleared" wieder frei- und den Besitzern zurückgegeben worden.

Camping: Gruinard Bay, Laide, ✆ (01445) 731225, 34 Standpl., Waschm., April-Okt.

Vor der Siedlung *Dundonnell* kommen Sie am Ardessie-Wasserfall vorbei; an dieser Stelle gibt es einen schönen Ausblick auf den Fjord Little Loch Broom. Bei der Siedlung selbst oder beim einige Kilometer folgenden Haus gibt es eine Möglichkeit zur Abkürzung der Strecke: Sie können auf einer kleinen Straße Rchtg. Badrallach und Aultnaharrie links abbiegen, einen etwa 300 m hohen Berg erklimmen und dann auf einem unbefestigten Pfad nach Aultnaharrie hinunterfahren bzw. wahrscheinlich eher schieben, denn der Zustand des Weges ist erbärmlich. Dadurch kommen Sie zum *Aultnaharrie* Hotel, gleich gegenüber von Ullapool. Im Sommer verkehrt hier tagsüber alle zwei Stunden eine kleine, hoteleigene Fähre. Vorsichtshalber sollten Sie sich aber, bevor Sie sich auf den Weg machen, telefonisch erkundigen, ob die Verbindung auch besteht: ✆ (01854) 633230.

Herberge (unabhängig): Sail Mhor Croft Hostel, Dundonnell, ✆ (01854) 633224, 16 Betten, ganzj.
Camping: Bothy & Camp Site, Badrallach, Dundonnell, ✆ (01854) 633281, 12 Standpl., ganzj., 6 km westlich der „Risiko-"Strecke über die Berge.

Ansonsten fahren Sie weiter auf der A832 eine langgezogene Steigung hinauf und dann zum Braemore Forest wieder hinab. Kurz vor dem Erreichen der Talstraße kommen Sie an der Schlucht *Corrieshalloch Gorge* vorbei, mit 50 m hohem Wasserfall und einer Hängebrücke quer hinüber. Der National Trust erhebt dafür ausnahmsweise keinen Eintritt. Nach der Überquerung des Flusses im Tal biegen Sie links ein auf die A835, die Sie fast genau nordwärts nach Ullapool bringt. Etwa 2 km vor der Stadt befindet sich ein Aussichtspunkt, von dem aus sich ein besonders schöner Blick auf die weißen Häuserreihen und Loch Broom bietet.

Ullapool, 1100 Einw., Highland Region (Ross-shire), nennt sich selbst tiefstapelnd „das größte Dorf in Wester Ross", ist aber durchaus schon etwas städtisch angehaucht. Der Ort wurde 1788 als Heringshafen angelegt und dient in der herbstlichen Fangsaison nach wie vor diesem Zweck. Loch Broom ist dann ein beliebter Liegeplatz für Verarbeitungsschiffe aus aller Welt, und das rege Fischertreiben sorgt dafür, daß der Ort nach Ende der Sommersaison nicht verödet. Außerdem ist Ullapool der Hauptfährhafen zu den Äußeren Hebriden und für viele Touristen der nördlichste Ort Schottlands, den sie besuchen. Konsequenterweise ist die touristische Infrastruktur in Ullapool besonders stark ausgeprägt, ohne daß das Städtchen vom Rummel verschluckt worden wäre. Vielleicht liegt das daran, daß die Abhängigkeit von den Reisenden nicht vollständig ist, sondern die Fischerei ein wichtiger Erwerbszweig geblieben ist. Freizeitangler und Vogelfreunde kommen übrigens ebenfalls auf ihre Kosten, denn die vor der Küste liegenden Inseln, besonders die *Summer Isles*, bieten für diese Hobbys einiges. Für Regentage gibt es zu guter Letzt ein kleines Heimatmuseum.

Information: Argyle Street, Ullapool, ✆ (0854) 612135, April-Nov.
Verkehrsverbindungen: Fähre nach Stornoway, Lewis, 2-3 Abfahrten tägl., ca. £ 12.35 je Strecke, Fahrrad £ 2; Personenfähre über Loch Broom, nur im Sommer.
Herbergen: SYHA, Shore Street, ✆ (01854) 612254, 74 Betten, 1.2.-3.1., an der Hafenpromenade, recht große Schlafsäle; West House, Argyle Street, ✆ (01854) 613126, 22 Betten.
Camping: Broomfield Holiday Park ***, Shore Street, ✆ (01854) 612020, 140 Standpl., April-Sept.; Ardmair Point ****, ✆ (01854) 612054, 30 Standpl., Waschm., Mai-Sept., 5 km nördlich an der A835.
Fahrräder: Verleih bei Ullapool Mountain Bike Hire, 11 Pulteney Street, ✆ (01854) 612260; Verkauf & Ersatzteile bei Ullasport, West Argyle Street, ✆ (01854) 612621, Sportgeschäft mit begrenztem Fahrradangebot.

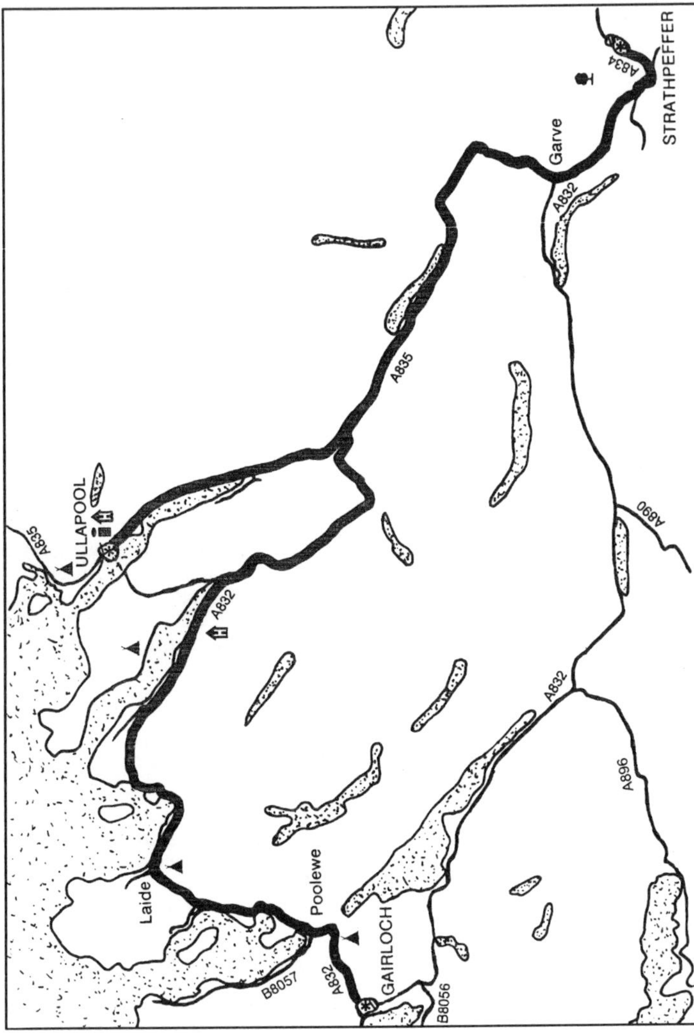
STRATHPEFFER
A834
Garve
A832
A835
ULLAPOOL
A835
A832
A890
A832
A896
Laide
Poolewe
GAIRLOCH
A832
B8057
B8056

Etappe 71:
Strathpeffer – Garve – Braemore Forest – Ullapool (65 km)

Quer durch das Hochland zur Westküste.
Diese Strecke verläuft in Ermangelung von Nebenstraßen durchgehend auf Hauptstraßen. Da die gleiche Strecke Zubringer zur Fähre nach Stornoway (Lewis) ist, müssen Sie mit relativ viel Verkehr rechnen – auch wenn nördlich von Inverness „viel Verkehr" etwas ganz anderes bedeutet als z.B. auf der Strecke Edinburgh-Inverness.

Die Etappe beginnt in Strathpeffer auf der A834, auf der Sie ca. 3 km weit südwärts bis Contin fahren. Dort wenden Sie sich nach rechts auf die A832 Rchtg. Gairloch und fahren auf ihr bis **Garve** (letzte Bahnstation der Linie Inverness-Kyle of Lochalsh an der Strecke). Von der A832 zweigt rechts die A835 Rchtg. Ullapool ab, eine stetig sich zwischen Bergketten hinziehende, meist neben Flüssen und Seen verlaufende Straße. Am Braemore Forest, in Höhe der Schlucht von Corrieshalloch Gorge, trifft die Strecke auf Etappe 70 (s. dort) nach **Ullapool**, dem Etappenziel.

Etappe 72:
Ullapool – Drumrunie -
a) Coigach – Lochinver – Unapool – Scourie – Laxford Bridge (105 km)
b) Ledmore – Skiag Bridge – Unapool – Scourie – Laxford Bridge (82 km)

Der nördliche Teil der Wester Ross-Küstenstraße mit Weiterführung zur Nordwestspitze. Verproviantierung ist angesagt, da es außer in den wenigen Orten keine Läden gibt.
Während die Variante A auf kleinen Straßen die Küstenlinie abfährt und dabei etliche steile, aber kurze Steigungen enthält, verläuft die zweite Variante durchgehend auf der hier nur noch mäßig befahrenen Hauptstraße mit erheblich längeren, dafür überwiegend gemäßigteren Steigungen über mehrere Pässe. Die erste Variante kann ab Lochinver noch abgewandelt werden (s.u.); Anschluß an Etappe 73 ist nur über Variante B möglich.

Die Etappe benutzt für die ersten ca. 12 km in jedem Fall die A835 nach Norden. Bei der Siedlung Drumrunie müssen Sie sich dann für eine der beiden Varianten entscheiden.

Strecke A knickt links auf eine kleine Nebenstraße ab und führt an zwei Seen entlang westwärts, bis am Aussichtspunkt des Aird of Coigach rechts eine andere Nebenstraße nach Lochinver abzweigt. Falls Sie auf der Sackgasse Rchtg. Summer Isles einen Abstecher einlegen möchten, folgen Sie statt dessen der geradeaus um Loch Osgaig herumführenden Strecke nach **Achiltibuie**. Wegen der besonders schönen Lage dieses Ferienortes werden Sie dort zwar nicht auf die absolute Einsamkeit treffen, aber immerhin auf einige Unterkunftsmöglichkeiten, und zwar außer Hotels folgende:

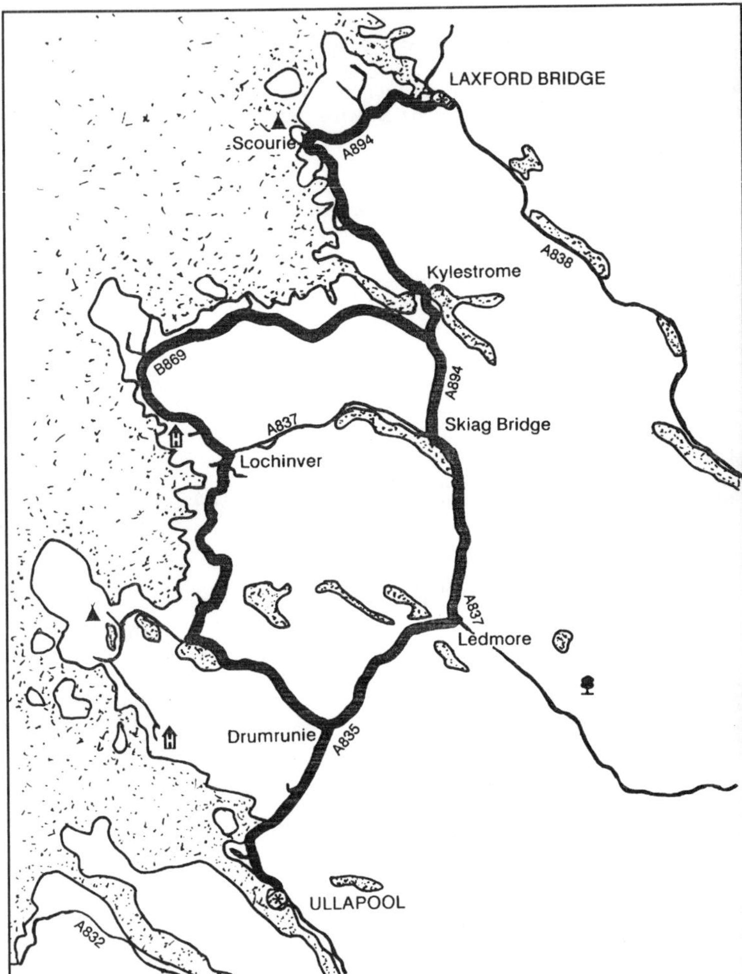

Foto rechts: Marwick Head, Orkney

Jugendherberge: Achininver, 20 Betten, ✆ (01854) 622254, 15.5.-14.10., 4 km südlich von Achiltibuie am Horse Sound.
Camping: Achnahaird, ✆ (01854) 622348, 30 Standpl., Fahrradvermietung, Mai-Sept., nordwestlich von Loch Osgaig.

Vom Aird of Coigach fahren Sie nordwärts bis **Lochinver** auf einer Straße durch karge Fels- und Seenlandschaft. Lochinver ist ein Fischerdorf, das wegen der landschaftlichen Schönheit seiner Lage und Umgebung zu einem Ferienort geworden ist; der Dorfladen ist auch sonntags geöffnet.

Information: Ende März-Okt., Lochinver, Sutherland, ✆ (01571) 844330.
Herberge: SYHA, Recharn, Achmelvich, ✆ (01571) 844480, 38 Betten, 20.3.-4.10., 6 km westlich abseits der B869 an der Bucht, unabhängig: Ichnadamph Lodge, Nr. Lochinver, ✆ (01571) 822218, 50 Betten, am Loch Abynt.

Die B869 über Drumbeg ist eine extrem wellenförmige Strecke, mit vielen kurzen, aber sehr steilen Steigungen. Wer das vermeiden möchte, sollte von Lochinver die A837 bis Skiag Bridge nehmen und dort entsprechend Variante B weiterfahren. Ansonsten folgen Sie der einspurigen B869 durch *Drumbeg* (Einkaufsmöglichkeit) bis Newton, einer kleinen Siedlung unweit von Unapool, Kylesku und Kylestrome; hier treffen Sie in jedem Fall auf die andere Variante.

Strecke B bleibt in Drumrunie auf der A835, führt vorbei an Knockan, wo ein Visitors Centre mit naturkundlicher Ausstellung existiert, durch Elphin zur Straßenmündung *Ledmore Junction*, wo ggf. Anschluß an Etappe 73 besteht. Biegen Sie links auf die A837 ein, und radeln Sie zwischen Bergketten hindurch nordwärts. Abseits der Straße befinden sich bei Ichnadamph einige Kalksteinhöhlen, in denen prähistorische Funde gemacht wurden. Ein paar Kilometer weiter stehen am Ostufer von Loch Assynt die spärlichen Überreste von Ardvreck Castle aus dem 16. Jh. Kurz darauf, in *Skiag Bridge*, verlassen Sie die nach links führende A837 auf die A894 nach *Unapool*, wo die beiden Etappen-Varianten sich vereinigen.

Kurz hinter diesem Punkt liegt das Örtchen *Kylesku;* nach *Kylestrome* am anderen Ufer führt eine Brücke, auf der Sie den Meeresarm überqueren. Fahren Sie weiter nach **Scourie**, einem Dorf mit ein paar Einkaufsmöglichkeiten und den angeblich nördlichsten Palmen der Welt – die Sucht der Briten nach exotischen Pflanzen wird sich sicherlich im Lauf der Zeit noch weiter nach Norden bewegen. Außer ein paar B&B-Häusern gibt es noch einen Campingplatz.

Camping: Scourie, Harbour Road, ✆ (01971) 502060, 60 Standpl., Waschm., April-Sept., an der Scourie Bay gelegen.
Herberge: Kyleshye Lodges, Scourie, ✆ (01971) 502003, 6 Betten.

Nach weiteren ca. 10 km endet die Etappe an der **Laxford Bridge**, wo Anschluß an die Etappen 74 und 76 besteht.

Etappe 73:
Ledmore – Oykel Bridge – Lairg (44 km)

Entspannende Querstrecke durchs nördliche Hochland.
Diese Etappe bietet mit einer besonders schönen Binnenlandstrecke eine günstige Möglichkeit, zur infrastrukturarmen Westküste eine Alternativstrecke zu finden. Es gibt Anschlußmöglichkeiten an vier andere Etappen nach Norden, Nordosten, Nordwesten und Südwesten.

Wenn Sie in Ledmore Junction ostwärts auf der A837 fahren, haben Sie eine Strecke vor sich, auf der Sie sich von allen etwaigen Steigungsstrapazen der Küste erholen können. Durch eine ruhige Landschaft ohne nennenswerte Steigungen geht es über sanfte Hügel, durch Wald- und Heidegebiete ins Tal des River Oykel. Es gibt an dieser Strecke keine erwähnenswerte Ansammlung von Häusern. Die erste Möglichkeit zur Einkehr ist das Hotel in *Oykel Bridge*, wo Sie auf die andere Flußseite wechseln. Erst nach etwa 30 km gibt es eine Möglichkeit, rechts (Rchtg. Inveroykel) abzubiegen; falls Sie zur Jugendherberge in Carbisdale Castle oder ohnehin über Bonar Bridge weiterfahren möchten (s. Etappe 67), nehmen Sie diese Nebenstraße – es gibt danach bis Bonar Bridge keine Brücke über den Oykel und den Kyle of Sutherland. Ansonsten fahren Sie geradeaus weiter, bis hinter Invercassley links die A839 nach **Lairg** (s. Etappe 67) abzweigt. Dort ist das Etappenende erreicht. Sie haben dort direkten Anschluß an die Etappen 67 (Rchtg. Inverness), 74 (Rchtg. Laxford Bridge), 75 (Rchtg. Bettyhill), und über Bonar Bridge an Etappe 68 (Rchtg. Helmsdale/John o'Groats).

Etappe 74:
Laxford Bridge – Loch Shin – Lairg (60 km)

Durch einsamste Berge und an Seen entlang Richtung Südosten.
Diese Strecke kehrt dem nordwestlichen Hochland den Rücken; sie ist eindeutig in Richtung auf das Zentrum um Inverness gerichtet. Im allgemeinen darf man dabei mit Rückenwind rechnen, weshalb vom Befahren in Gegenrichtung abgeraten werden muß.

Fast für die gesamte Strecke wird die (einspurige) A838 benutzt, und zwar aus dem einfachen und überzeugenden Grund, daß es keine Ausweichmöglichkeit gibt. Die Straße führt durch extrem einsame Gegenden, nur ganz vereinzelt an Häusern vorbei; etwa auf halber Strecke gibt es ein Gasthaus für eine Rast. Vor allem der erste Teil enthält einige Steigungen, die aber mit etwas Glück vom Rückenwind gemildert werden. Die zu überwindenden Hügel trennen die neben der Straße liegenden Seen voneinander; die zweite Etappenhälfte verläuft ständig am oder nahe beim Ufer des 25 km langen Loch Shin.

Kartenskizze Etappen 73 – 76

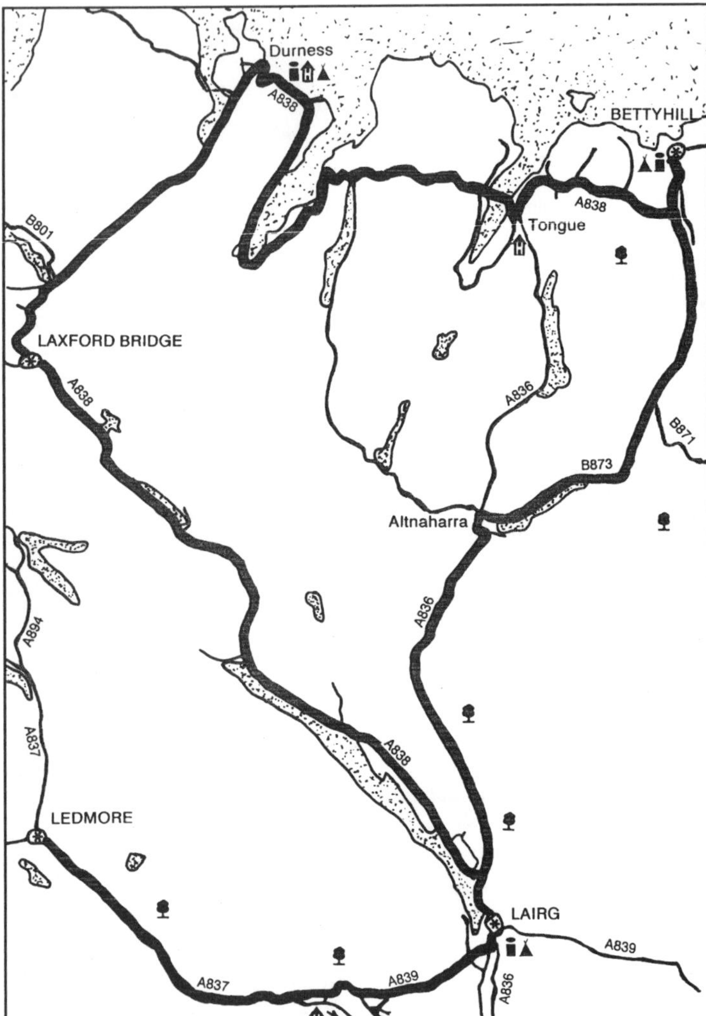

Erst kurz vor dem Etappenziel mündet die A838 in die A836 nach **Lairg** (s. Etappe 67).

Etappe 75:
Lairg – Altnaharra – Strathnaver – Bettyhill (74 km)

Eine direkte Strecke zur Nordküste Schottlands, die ggf. auf etwa 60 km verkürzt werden kann (s.u.).
Diese Etappe, die in Lairg auf der A836 Rchtg. Tongue startet, wetteifert mit Etappe 74 darum, durch die einsamsten Regionen des Hochlandes zu führen. Nur auf halber Strecke gibt es so etwas wie ein Dorf, ansonsten nur vereinzelte Gehöfte, einen Gasthof und jede Menge Natur.

Die ersten 20 km der Straße, auf denen die A836 allmählich höher klettert, sind von teils umfangreichen Aufforstungsgebieten gesäumt. Wenn Sie am Crask Inn, dem einzigen Gasthaus an der Strecke (preiswerte Übernachtung), vorbeigekommen sind, verändert sich die Landschaft zu Heide und Moor, eine faktisch völlig unbesiedelte Gegend. Nach gut 30 km Fahrt erreichen Sie mit *Altnaharra* den ersten und einzigen Ort dieser Strecke, der über ein Hotel gehobener Preisstufe verfügt.

Dort fahren Sie entweder geradeaus weiter, zwischen Ben Loyal und Loch Loyal hindurch, bis *Tongue* (Jugendherberge, s. Etappe 76), oder Sie biegen auf die ebenfalls einspurige B873 ab, die am Loch Naver entlang und durch das folgende Tal des River Naver verläuft und erst etwa 5 km vor **Bettyhill** auf die A836 in dieses Örtchen trifft. Dort gibt es im Strathnaver Museum einiges über die Lebensweise in den Highlands vor den Clearances zu erfahren. Der Ort ist vergleichsweise gut mit Unterkünften (B&B, Gasthof, Hotel, Camping) bestückt.

Information: Ende März-Sept., Bettyhill, Sutherland, ✆ (01641) 521342.

Etappe 76:
Laxford Bridge – Durness – Tongue – Bettyhill (92 km)

Um die Nordwestecke des schottischen Hochlandes. Diese Strecke beinhaltet die spektakulärsten Stellen der Nordküste; optische Genüsse vom feinsten als Entschädigung für viele Kilometer windungsreicher Straßen werden geboten.

Die Etappe beginnt auf der einzigen Straße, die es hier gibt, nämlich der (überwiegend einspurigen) A838. Bevor Sie um die Kurve etwa 2 km hinter Laxford Bridge Richtung Nordosten abdrehen, sollten Sie sich noch einmal umwenden: der Blick lohnt sich. Danach führt die Straße zwischen einer Hügelkette im Westen und 2-3 mal so hohen Bergen im Osten hindurch nach Durness.

Durness, 300 Einw., Highland Region (Sutherland), ist der nordwestlichste Ort Schottlands; der westlich liegende Landzipfel ist durch Berge und den Kyle of Durness, an dem man schon Kilometer vor dem Ort entlangfährt, vom Rest der Welt abgeschnitten. Man kann aber dennoch zu *Cape Wrath*, wie diese Anhäufung von Klippenszenerien heißt, gelangen: bei Keoldale, südlich von Durness, gibt es im Sommer einen regelmäßigen Bootsverkehr über den Kyle, und wer sein Rad nicht mit hinübernehmen möchte, findet zusammen mit den anderen Fahrgästen Anschluß mit einem Kleinbus, der zum Leuchtturm an der Kapspitze fährt. Dort kann man dann in den Klippen umherstreifen, Seehunde und anderes Getier beobachten und sich den Wind um die Nase wehen lassen. Ein Naturerlebnis besonderer Art, das man sich nicht entgehen lassen sollte – zumindest bei schönem Wetter.
Das recht umfangreiche Übernachtungsangebot von Durness gibt bereits Hinweise darauf, daß in der Hauptsaison, d.h. etwa ab Mitte Juli, der touristische Andrang an diesem markanten Punkt etwas größer ist als sonst in der Einsamkeit des nordschottischen Hochlandes. Es gibt aber in der Tat noch weitere Attraktionen bei diesem Ort. Eine ist die Kirche von Balnakeil, 2 km westlich von Durness, ein Bau von 1619. In dieser Siedlung war früher eine Frühwarnstation der Air Force untergebracht; die ehemaligen Kasernen gehören heute einer Kooperative von Kunsthandwerkern, die hier einen Laden und gastronomische Betriebe unterhält.
Nur bei Ebbe können Sie die 2 km östlich von Durness gelegene Kalksteinhöhle *Smoo Cave* betreten, d.h. die äußerste der drei Kammern – die anderen zwei stehen ständig unter Wasser.

Information: Ende März-Okt., ✆ (01971) 511259.
Jugendherberge: Smoo, ✆ (01971) 511244, 40 Betten, 20.3.-4.10., nahe der Smoo Cave.
Camping: Sango Sands, ✆ (01971) 511262, 82 Standpl., Fahrradverm., Waschm./ Trockner, April-Mitte Okt.

Von Durness aus windet sich die A838 an der Küste und dann am Loch Eriboll entlang ostwärts – zumindest theoretisch, denn faktisch führt der recht lange Weg um die Meeresbucht größtenteils südwestlich, so daß Sie nach der Umrundung nur wenige Kilometer nach Osten gekommen sind. Richten Sie Ihre Gedanken und Blicke also nicht auf die Straße am anderen Ufer der Bucht, auf der Sie eine Stunde später selbst langfahren werden, sondern schenken Sie Ihre Aufmerksamkeit dem Berg- und Meerespanorama; es lohnt sich. Hinter der Brücke bei Hope geht es dann über einen Berg (etwa 200 m Höhenunterschied) zum Kyle of Tongue, über den ein Damm hinüber nach **Tongue** führt, einem kleinen, schön gelegenen Ort mit einer Burgruine aus dem 14. Jh.

Jugendherberge: ✆ (01847) 611301, 52 Betten, 20.3.-1.11., beim Damm über den Kyle of Tongue gelegen.

Von Tongue aus führt die A836, zu der Sie über eine Verbindungsstraße auch direkt vom Damm aus gelangen können, zuerst an der Küste entlang und dann über ein hügeliges Stück Binnenland nach **Bettyhill**, dem Etappenende (s. Etappe 75).

Etappe 77:
Bettyhill – Melvich – Thurso – John o'Groats (87 km)

Immer an der hügeligen Nordküste entlang zum Ende der schottischen Welt. Diese Etappe ist Zubringerstrecke zu den Fährhäfen nach den Orkneys; da der letzte Abschnitt (ab Thurso) landschaftlich ziemlich uninteressant ist und auch am Ziel nicht viel zu bieten hat (s. Etappe 69), sollte er nur in Zusammenhang mit einem Inselbesuch absolviert werden. Außerdem ist das Befahren dieses Teilabschnitts in Gegenrichtung nicht zu empfehlen, da zur etwas langweiligen Landschaft der ständige Westwind als entnervende Zugabe mitgeliefert wird. Wer hingegen an einem Tagesbesuch auf den Orkneys mit Busrundfahrt (empfehlenswert) interessiert ist und anschließend Etappe 69 in umgekehrter Richtung befahren möchte, sollte sich vom Rückenwind bis John o'Groats schieben lassen.

Dazu wird durchgehend die A836 benutzt, die – anfangs einspurig und mit vielen kleinen Windungen – ostwärts führt. Hinter Bettyhill geht es zuerst einmal kräftig und lange bergauf. Von der Melvich Bay an wird die Straße breiter, die Landschaft flacher. Nachdem rechts die A897 Rchtg. Helmsdale (übrigens wie alle nördlichen Hochlandstraßen eine sehr schöne Route, als Abkürzung zu empfehlen) abgezweigt ist, überschreiten Sie die Grenze zur ehemaligen Grafschaft Caithness und kommen nach einigen Kilometern an einer Anlage vorbei, die als Beispiel für die Einstellung britischer Regierungen gesehen werden kann, Schottland als Versuchsgelände für gefährliche Experimente zu nutzen: *Dounreay Nuclear Establishment*, ein Versuchszentrum der britischen Atomenergiebehörde. Bereits seit 1955 (Baubeginn) werden hier riskante Spiele mit Kernspaltung betrieben; die auch miltärisch genutzten Reaktoren sind ständig erweitert worden. Nennenswerten Widerstand gegen Dounreay hat es im dünn besiedelten nordschottischen Hochland nie gegeben, außer auf den Orkneys, in deren unmittelbarer Nachbarschaft Lagerplätze für Atommüll und Aufbereitungsanlagen geplant waren.

Etwa 15 km hinter der Atomanlage erreicht die A836 Thurso.

Thurso, 9500 Einw., Highland Region (Caithness), ist die nördlichste Stadt des britischen „Festlandes", ein recht großzügige Stadtanlage und ein Ort, in dem mit Opposition gegen die nahe Kernkraftanlage nicht zu rechnen ist: seit Bau des Schnellen Brüters hat sich die Einwohnerzahl verdreifacht, die meisten Bewohner sind also zumindest in Kenntnis des Ungetüms, wenn nicht sogar seinetwegen zugezogen. Der ständig zunehmende Tourismus, der Eisenbahnanschluß und der Fährhafen zu den Orkney Inseln tragen ebenfalls zum Wachstum der traditionell von Landwirtschaft lebenden Gegend bei. Konsequenterweise ist die Versorgung mit Geschäften aller Art in Thurso recht gut. Beim Stadtbummel kann man einen Blick auf die Ruine der Old St. Peter's Church und in das kleine Heimatmuseum (beim Rathaus) werfen.

Information: Riverside, Thurso, Caithness, ✆ (01847) 892371, April-Okt.
Verkehrsverbindungen. Eisenbahn nach Inverness (ab Georgemas Junction mit den Wagen aus Wick zusammengekoppelt); Fähren nach Stromness (Orkney), bis zu 3 Fahrten täglich.
Herberge (unabhängig): Old Mill, Thurso, ✆ (01847) 892964, Juli-Aug., 22 Betten; Thurso Hostel, Ormlie Rd., ✆ (01847) 896888, 40 Betten.
Camping: Thurso ****, Scrabster Road, ✆ (01955) 607771, 80 Zeltstandpl., Waschm., Mai-Sept., an der A882 Rchtg. Fährhafen.
Fahrräder: Bike and Camping Shop, 35 High Street, ✆ (01847) 896124.

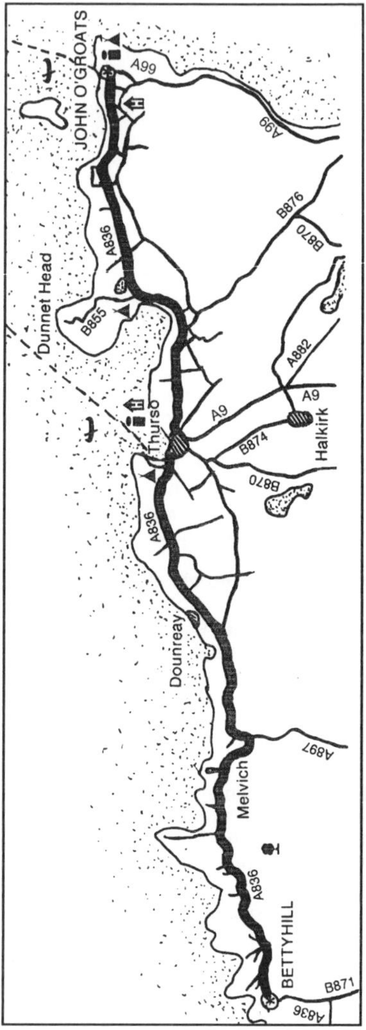

Von Thurso an verläuft die Etappe auf der A836 durch die ebene Landwirtschaftsregion von Caithness. Wenn Sie die vom Meer aus ansehnliche Küstenlinie betrachten wollen, sollten Sie einen Abstecher zur nördlichsten Landzunge Schottlands, **Dunnet Head**, machen, zu erreichen etwa 11 km von Thurso über die B855. An der Spitze der Klippen steht ein Leuchtturm auf einem etwa 125 m hohen Sandsteinfelsen.

Camping: Dunnet Bay, ✆ (01847) 892319, 45 Standpl., Mai-Sept., an der Bucht nahe der A836 südlich von Dunnet.

Die restlichen 20 km dieser Flachlandstrecke bringen Sie schließlich zum Etappenende, nach **John o'Groats** (s. Etappe 69).

Foto rechts: Kathedrale von Kirkwall, Orkney

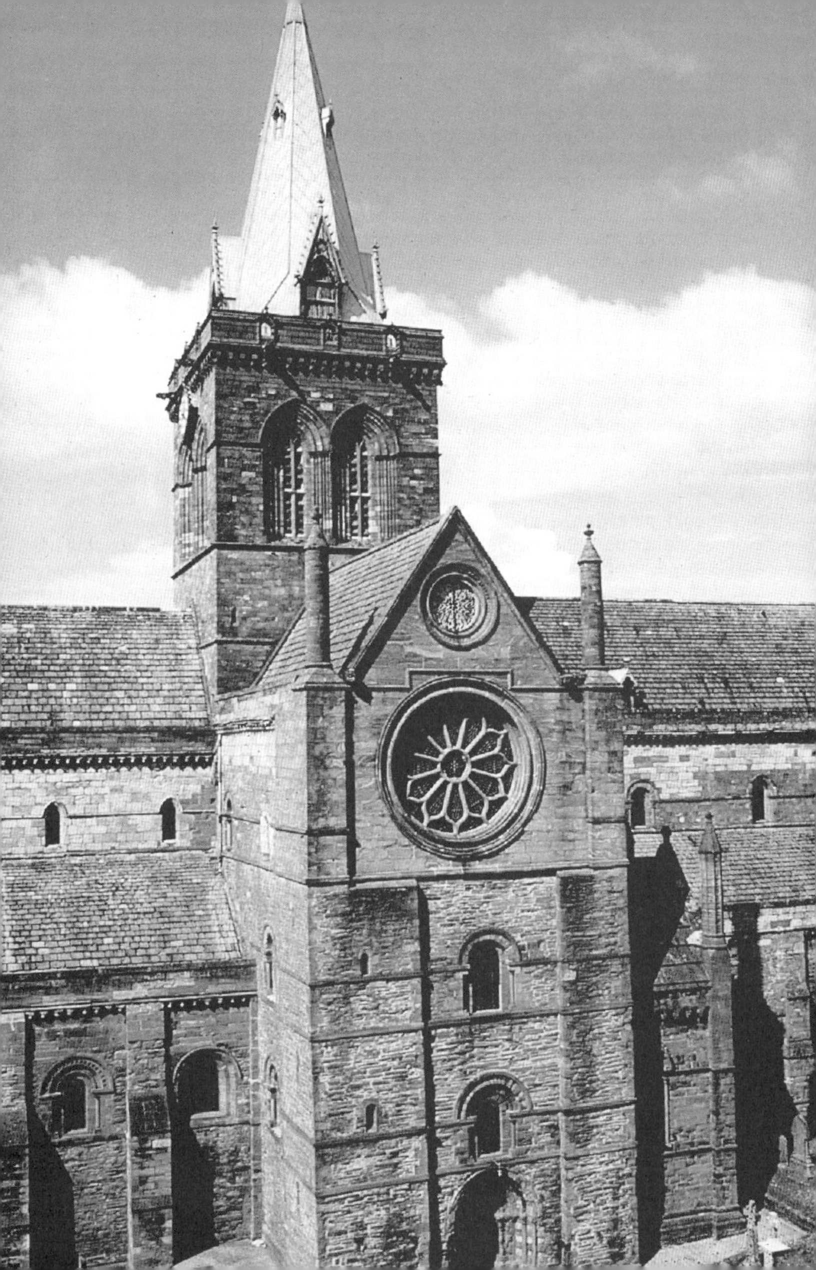

Etappe 78: Orkney
Stromness – Waith – Skara Brae – Brough Head – Dounby – Stoneyhill – Maes Howe – Kirkwall – Foubister – Lamb Holm – Burray – St. Margaret's Hope – Burwick (110 km)

Eine Strecke über die Hauptinseln der Orkneys, die von beiden Endpunkten aus auch unkompliziert zu einer Rundstrecke ergänzt werden kann. Die Streckenführung ist so angelegt, daß alle interessanten Punkte der Hauptinseln berührt werden. Da das Straßennetz recht dicht ist, gibt es keinerlei Probleme, die restlichen Straßen zur Vervollständigung einer Rundtour zu nutzen. Allerdings ist auf der O.S.-Travelmaster-Karte der Ausschnitt für die Orkneys lediglich im Maßstab 1:400.000 gehalten, so daß sich ggf. der Erwerb einer großmaßstäbigen Karte vor Ort empfiehlt.

Die Orkneys sind eine Ansammlung von über 50 teils winzigen Inseln, von denen 24 bewohnt sind. Der südlichste Zipfel von South Ronaldsay liegt nur 10 km vom schottischen Festland entfernt und ist durch die Fähre von John o'Groats aus schnell zu erreichen. Schon bei der Ankunft wird augenfällig, daß die Orkney-Inseln eine ganze andere Art von Schottland sind: nicht Felsen, Klippen, einzeln stehende hohe Berge, Heide und Moor bestimmen das Landschaftsbild, sondern sanfte Hügel und saftige Wiesen, durchzogen von Seen und Meeresbuchten in einer Art und Weise, daß man nie genau sehen kann, wo das Land aufhört und die offene See anfängt. Hinter jeder Kurve bietet sich ein neuer Anblick, und die geringen Steigungen sind ein erholsamer Kontrast zu den manchmal steilen Hochlandstraßen. Die Ausnahme macht die Insel **Hoy**, deren hohe Berge man auf der Anfahrt per Fähre aus Scrabster/Thurso aus der Nähe sieht; das ist auch die einzige Möglichkeit – von einem Fußweg auf der Insel abgesehen –, einen Blick auf den 130 m hohen Felsen *Old Man of Hoy* werfen zu können.

Das englische Wort für Festland, *mainland*, in Großbritannien ansonsten für die Hauptinsel zwischen Land's End und John o'Groats benutzt, bekommt auf den Orkneys einen anderen Sinn. Mainland ist hier die mit Abstand größte der Inseln, und die mittlerweile über Dämme angebundenen Inseln im Südosten erhöhen diese Landmasse noch. Die Etappenbeschreibung beschränkt sich deshalb auf diesen Teil der Orkneys. Das bedeutet aber keineswegs, daß die anderen Inseln nicht zugänglich oder nicht interessant wären, im Gegenteil. Fast alle bewohnten Inseln sind über Personenfähren, teils auch per Flugzeug zu erreichen; eine solche Reiseart setzt aber einen längeren Aufenthalt voraus, bei dem die erwünschten Informationen unkompliziert zugänglich sind. Die bergige Insel Hoy hat als einzige übrigens auch einen Autofährenanschluß ab Houton.

Wer die touristische Übersichtskarte im Informationsprospekt der Orkneys aufschlägt, wird feststellen, daß die gesamte Inselgruppe mit Kennzeichnungen für historische Monumente von Vorzeitgräbern bis zu Burgruinen übersät sind. Diese Häufung historischer Gemäuer dokumentiert, daß die Inseln bereits seit rund

Kartenskizze Etappe 78

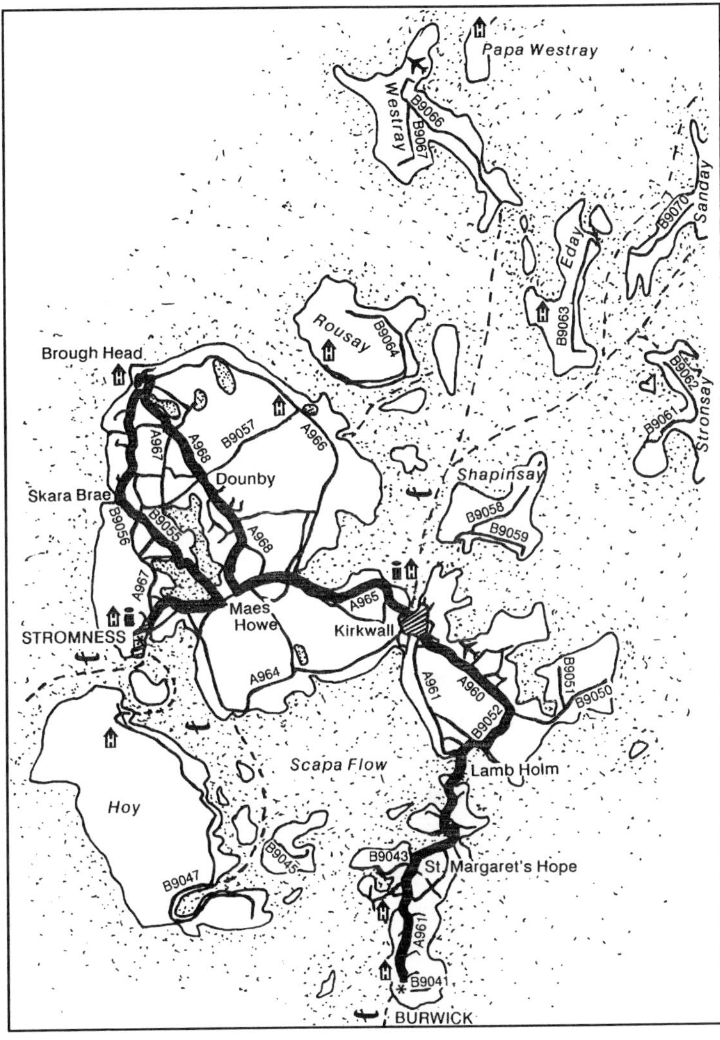

5000 Jahren bewohnt sind. Im Mittelalter gehörte Orkney durchgängig zum norwegischen Wikingerreich und war ein äußerst wohlhabendes Gemeinwesen. So ist es kein Zufall, daß die imposanteste mittelalterliche Kathedrale Schottlands ausgerechnet in Kirkwall, der Inselhauptstadt, steht. Nach der Verpfändung Orkneys an Schottland im Jahr 1468 sorgte das schottische Clansystem zwar für einen Rückgang des Wohlstandes der Orcadians, wie sich die Insulaner nennen, die Clearances des Hochlandes fanden hier hingegen nicht statt, es gab keine Entvölkerung und dadurch auch keine Verödung.

Schon seit der Wikingerzeit gab es auf der Nordmeerroute Marinestützpunkte auf den Orkneys sowohl für Handel als auch für kriegerische Aktivitäten – was ja ohnehin meist Hand in Hand ging. Diese Sitte wurde von den Schotten und Engländern übernommen und perfektioniert; außer Zollstationen für vorbeifahrende Schiffe gab es vor allem einen Flottenstützpunkt in der Bucht von **Scapa Flow**, der u.a. in beiden Weltkriegen Ankerplatz der britischen Flotte war. Nach dem Waffenstillstand von 1918 war der Großteil der deutschen Kriegsmarine in Scapa Flow interniert und sorgte im Juni 1919 dafür, daß der Name der Bucht weltweit bekannt wurde: auf ein Kommando des Admirals versenkten sich sämtliche 74 Schiffe in einer konzertierten Aktion, die 5000 Mann Besatzung begaben sich in Rettungsboote und dann in britische Gefangenschaft. Einige der Wracks liegen immer noch auf dem Grund des Meeres. Im Zweiten Weltkrieg war ein nicht weniger spektakuläres Ereignis die Versenkung des britischen Kriegsschiffes „Royal Oak“ durch ein deutsches U-Boot; weniger wegen der 800 ertrunkenen Seeleute als vielmehr der darauf folgenden Abriegelung der Bucht nach Osten durch Dämme zu den südöstlich gelegenen Inseln. Italienische Kriegsgefangene wurden zum Bau der mit Betonblöcken 'verzierten' Dämme eingesetzt. Die martialische Vergangenheit wird auch dem oberflächlichen Betrachter durch die zahlreichen Schiffswracks auf beiden Seiten der **Churchill Barriers** genannten Dämme deutlich.

In jüngerer Vergangenheit haben zwei Entwicklungen die Orcadians bewegt: der schottische Ölboom, an dem auch die Orkneys einen gewissen Anteil haben, und die Atomwirtschaft. Während Ende der siebziger Jahre der Abbau von Uran noch verhindert werden konnte, ist der Unmut der Insulaner durch geplante Atommülldeponien und Wiederaufbereitungsanlagen für das Plutonium aus Dounreay (s. Etappe 77) geweckt worden.

Information: 10 Broad Street, Kirkwall KW15 1NX, ✆ (01856) 872856, ganzj.; Ferry Terminal Building, The Pierhead, Stromness, ✆ (01856) 850716, ganzj. Vom schottischen JH-Verband (SYHA) ist ein Faltblatt mit vier Radtourenvorschlägen auf Orkney erhältlich.

Verkehrsverbindungen: Flugplatz Tankerness bei Kirkwall mit Flügen (außer sonntags) nach Wick, Inverness, Aberdeen, Edinburgh, Glasgow und zu den größeren Inseln im Norden; Fähren von Stromness nach Scrabster/Thurso, Hoy und Lerwick (Shetlands); von Kirkwall zu den nördlichen Inseln, von Burwick nach John o'Groats (nur im Sommer, keine Autofähre), verschiedene kleine Privatfähren zu diversen Inseln.

Jugendherbergen: Stromness, ✆ (01856) 850589, 40 Betten, 20.3.-1.11., am südl. Ortsrand, Old Scapa Road; Kirkwall, ✆ (01856) 872243, 89 Betten, 27.3.-1.11., am Süd-

ostrand an der Straße Rchtg. Hobbister; Hoy Hostel (26 Betten, 2.5.-12.9.) mit Außenstelle in Rackwick (8 km entfernt, 8 Betten, 24.3.-12.9.) ✆ (01856) 873535; Beltrane House, Papa Westray, ✆ (01857) 644267, 16 Betten, Fahrradvermietung, ganzjährig, auf der nördlichsten Insel, Eigentum der örtlichen Kooperative, mit JH-Ausweis zugängl.; dito auf Eday, ✆ (01857) 622283, 24 Betten, 1.4.-30.9.
Private Hostels: Mrs. Brown, 45-47 Victoria Street, Stromness, ✆ (01856) 850661, 14 Betten, ganzj.; Wheems Bothy, South Ronaldsay, ✆ (01856) 831537, 8 Betten; Rousay Farm, Trumhead Farm, Ronaldsay, ✆ (01856) 821252, 13 Betten.
Camping: Pickaquoy, Kirkwall, ✆ (01856) 873535, 30 Standpl., Waschm., beim Sportplatz, sowie ein öffentl. Platz in Stromness, 80 Plätze.
Fahrräder: Paterson (auch großes Verleihangebot), Tankerness Lane, Kirkwall, ✆ (01856) 873097; Cycle Center, Hatston Industrial Estate, Kirkwall, ✆ (01856) 875777; Cycle Hire, 54 Dundas Street, Stromness, ✆ (01856) 850255.

Die Etappe beginnt in **Stromness**, einem alten Hafenstädtchen mit engen Gassen, dessen Ortskern unter Denkmalschutz gestellt ist. Die Stadt liegt sehr schön leicht ansteigend an einem Abhang. Es gibt hier eines der kleinen Museen, die auf Orkney einen sehr anheimelnden Charakter haben, ein bißchen dilletantisch und darum so liebenswert. Typisch dafür ist die Mischung von Heimatmuseum, naturgeschichtlicher Ausstellung und örtlicher Geschichte, die es in der Alfred Street am Nordrand der Stadt zu sehen gibt (ganzj.). Am Pier der Fähre ist in einem *Arts Centre* eine Kunstgalerie zu finden, untergebracht in zwei Häusern aus dem 18. Jh.an der Victoria Street, der Hauptstraße von Stromness. Der Eintritt ist frei, mo geschl.

Von Stromness aus fahren Sie auf der A965 Rchtg. Kirkwall, bis nach 8 km links die B9055 abgeht. Diese Straße führt auf einem schmalen Landstreifen zwischen zwei Seen hindurch und kommt an zwei interessanten prähistorischen Stätten vorbei: zwei Steinkreise bzw. Reste davon, zuerst rechter Hand die vier verbliebenen Steine eines Kreises von 12 Exemplaren, dann nach einigen hundert Metern der *Ring of Brochar*, ein immer noch 36 Monolithe umfassender Kreis von über 100 m Durchmesser. Beide Stätten sind gekennzeichnet und jederzeit und gratis zugänglich.

Die B9055 kommt auf dem Weg nach Westen u.a. an einer Zufahrt zum Knowtoo Cottage vorbei, wo der Töpfer und Maler Sidney Smith arbeitet und eine Verkaufsausstellung unterhält, nur ein Beispiel für die zahlreichen Künstler und Kunsthandwerker, die sich auf Orkney angesiedelt (und teilweise auch die Grundstückspreise in die Höhe getrieben) haben. Die Straße kreuzt nach einigen Kilometern die A967 und stößt dann auf die B9056 nach **Skara Brae**. Das ist das besterhaltene Steinzeitdorf Europas, vor etwa 5000 Jahren nicht etwa verlassen, sondern von einem Sandsturm zugedeckt, wobei einige Bewohner gleich mitbegraben wurden. Bis zum Jahr 1850 blieb auf diese Art die gesamte Siedlung gut konserviert, bis ein ebenso starker Sturm die schützenden Erdmassen fortblies. Die aus zehn Häusern bestehende Siedlung kann besichtigt werden.

Von Skara Brae aus führt die B9056 nach Norden und trifft etwas südlich von

The Barony auf die A967. Fahren Sie in diesen Ort; ein wenig weiter westlich liegen dann abseits der Straße die nicht sonderlich dekorativen Reste des Earl's Palace aus dem 16. Jh., und es folgt ein Zufahrtsweg zum *Brough of Birsay*. Das ist eine kleine Insel vor der Küste, die bei Ebbe über einen felsigen Klippenweg zu erreichen ist. Gleich zu Beginn der Insel befinden sich die Reste einer frühchristlichen Siedlung; man kann auf den Hügel dahinter klettern, von dem es schöne Ausblicke auf Land und Meer gibt.

Fahren Sie zurück durch The Barony und weiter auf der A967. In Twatt, 4 km südlich, zweigt halblinks die A986 ab, die über Dounby nach Südosten verläuft. Etwa 2 km hinter Dounby führt links ein Zufahrtsweg (1 km den Hügel hinauf) zum *Corrigall Farm Museum*. Dort sollten Sie in jedem Fall einen Besuch einlegen (Mai-Sept.), denn die restaurierte Farm des 19. Jh. mit Inneneinrichtung und scharrenden Hühnern ist wirklich sehenswert. Anschließend fahren Sie zurück zur A968 und weiter nach Südosten, bis rechts eine mit „Stoneyhill" beschilderte Nebenstraße abzweigt. Diese führt im Bogen zur A965, und nur wenige Meter südlich der Einmündung befindet sich **Maes Howe**, ein etwa 4500 Jahre altes Kammergrab in einem Hügel. Die schottischen Tourismusbehörden sehen es als besterhaltenes in Westeuropa an; bemerkenswert sind in der Tat die ungeheure Größe und das Gewicht der verwendeten Steinplatten, während die äußere Gestaltung z.B. gegen Newgrange (Irland) keine ernstzunehmende Konkurrenz darstellt. Geöffnet zu den üblichen Zeiten.

Unweit des Grabhügels gibt es auf der anderen Straßenseite ein früheres Mühlengebäude, in dem heute außer einem Kunsthandwerks- und Andenkenladen auch ein Restaurant untergebracht ist. Von hier aus gelangen Sie über die A965 geradewegs nach **Kirkwall**, der Hauptstadt der Insel. Der schöne alte Stadtkern steht genau wie in Stromness unter Denkmalschutz; schmale Gassen ziehen sich zwischen alten Häusern hin und verführen durch ihr Plattenpflaster zu dem Irrtum, es handele sich um eine Fußgängerzone. Überragt wird das alles von der St.-Magnus-Kathedrale, eine von nur zwei erhaltenen mittelalterlichen Kathedralen Schottlands (die andere steht in Glasgow), ein äußerst imposantes Bauwerk, das frei zugänglich ist. Etwas weiter stehen die Ruinen zweier Paläste (Earl Patrick's Palace, Bishop's Palace), die besichtigt werden können, Freitagnachmittag geschlossen. Schräg gegenüber der Kathedrale schließlich ist in einem Kaufmannshaus des 16. Jh. das Tankerness Museum untergebracht, das Inselmuseum (ganzjährig). Es enthält eine interessante Ausstellung zur Geschichte der Inseln.

Bei der Weiterfahrt aus Kirkwall benutzen Sie die A960 Rchtg. Flugplatz, an dem Sie nach einigen Kilometern vorbeikommen. Fahren Sie immer geradeaus, bis rechts die B9052 Rchtg. St. Margaret's Hope abzweigt. An dieser Straße liegt kurz vor der Einmündung in die A961 rechter Hand das Norwood Antiques Museum, eine anheimelnde private Sammlung im einem Haus des 19. Jh. (Mai-Sept. nur mi/do/so 14-17 h).

Foto rechts: Ring of Brochar

Gleich links nach der Einmündung in die A961 führt ein Damm über den nördlichsten Teil der Churchill Barriers nach **Lamb Holm**, wo Sie in jedem Fall eine Rast einlegen sollten. Dort steht nämlich bei der Straße eines der ungewöhnlichsten Bauwerke neuerer Zeit auf den Orkneys, die *Italian Chapel*. Diese Kapelle wurde im Zweiten Weltkrieg von italienischen Kriegsgefangenen, die beim Bau der Churchill Barriers eingesetzt waren, für ihre Gottesdienste gebaut. Sie verwendeten dazu zwei Wellblechhütten, die sie mit einem gemauerten Portal versahen; einige Künstler und Handwerker unter ihnen besorgten die Innenausstattung, die mit akribischer Malerei den Eindruck eines gemauerten Gewölbes erzeugt. Für den dabei hauptsächlich tätigen Maler wurde diese Aufgabe zu einem Lebenswerk, für das er nach Kriegsende noch auf den Orkneys blieb und später mehrmals zu Restaurierungsarbeiten zurückkehrte. Die Kapelle ist frei zugänglich, eine kleine Ausstellung zur Herstellung und Renovierung ist darin enthalten.

Die A961 überquert anschließend die kleine Insel Glimps Holm und das deutlich größere Eiland Burray, bevor der letzte Damm der vier Churchill Barriers South Ronaldsay erreicht. Auf dieser südlichsten Insel der Orkneys liegt der größte Ort der südlichen Inselgruppe, das Städtchen **St. Margaret's Hope**. Gleich neben der Abzweigung in den Ort befindet sich in einem Cottage das *Wireless Museum*, eine Ausstellung von Funkausrüstung und zur Funkgeschichte der Inseln – die Orkneys waren und sind Standort ziviler und militärischer Sendestationen (April-Sept.). Wenn Sie hinunter in den Ort fahren, können Sie einen Besuch in einem Craft Shop mit Pottery machen, der Töpferware mit recht interessanten Pastelltönen im Programm hat.

Nach etwa 10 km endet die Etappe im Dörfchen **Burwick**, wo eine keltische Kirche in Resten erhalten ist. Burwick ist der Fährhafen für die Personen-/Fahrradfähre nach John o'Groats.

Etappe 79: Shetland
Sumburgh – Lerwick – North Nesting – Voe – Aith – Bridge of Walls – Skeld – Effirth – Veensgarth – Scalloway (160 km)

Um es vorweg zu sagen: diese Etappenbeschreibung ist nur der Vollständigkeit halber in diesem Buch enthalten und soll eher Anregungen geben als konkrete Empfehlungen enthalten. Die Shetland-Inseln, auf halbem Weg zwischen Schottland und Norwegen gelegen, sind nur durch recht lange und teure Fähr- und Flugverbindungen erreichbar und deshalb für einen Besuch von nur wenigen Tagen kaum geeignet – im Gegensatz zu den Orkneys.

(Wie bei den Orkneys ist auf der O.S.-*Travelmaster*-Karte der Ausschnitt für die Shetlands lediglich im Maßstab 1:400.000 gehalten, so daß sich evtl. der Erwerb einer großmaßstäbigen Karte vor Ort empfiehlt.)

Mit den Orkney-Inseln hat Shetland aber ansonsten sehr viel gemeinsam: die Wikinger-Vergangenheit, die jahrhundertelang von Schottland getrennte Entwicklung, die große Anzahl prähistorischer Stätten, den Artenreichtum des Tierreiches, große Teile der Topografie und last-not-least das Nordseeöl. Am britischen Öl-Kuchen hat Shetland einen Anteil von runden 50 %, aber die Insulaner sind stolz darauf, daß sie den Ölterminal so weit ins Abseits geschoben haben, daß der Tourist es praktisch nicht zu Gesicht bekommt. Auch die Papageitaucher, Robben und andere traditionelle tierische Bewohner der Shetlands scheinen sich bislang nicht vertreiben zu lassen. Die sehr langgestreckten Shetland-Inseln bieten allerdings auch Platz genug.

Die ganz fetten Öl-Jahre sind aber schon vorbei, so daß die Einnahmen daran ständig sinken und die Shetlander sich langsam Gedanken machen müssen, wie sie neue Wirtschaftszweige aufbauen können. Die Lachszucht hat dabei bislang die größten entsprechenden Erfolge aufzuweisen.

Die Shetlands bestehen aus rund 100 Inseln unterschiedlichster Größe, von denen 15 ständig bewohnt sind. Wie auf Orkney nennen auch die Bewohner der Shetlands ihre größte Insel *Mainland*, ein langgezogenes, sehr schmales Stück Land, auf dem West- und Ostküste oft keine 5 km voneinander entfernt sind. Im nördlichen Teil von Mainland weitet sich das Landschaftsbild durch vorgelagerte, stark zerklüftete Halbinseln jedoch beträchtlich. Im Sommer wird diese Region nie in Dunkelheit gehüllt, denn Shetland hat vollen Anteil am skandinavischen Phänomen der Mitternachtssonne, bei dem zwischen Sonnenuntergang und -aufgang lediglich eine kurze Dämmerung eingeschoben ist. Umgekehrt sind im Winter die Tage auf wenige Stunden zusammengeschmolzen, und die allmählich wieder länger werdenden Tage werden am letzten Dienstag im Januar mit einem Sonnenwendfest nach Wikingerart gefeiert: *Up-Helly-Aa* heißt die Veranstaltung, bei der ein stimmungsvoller Fackelzug begleitet wird von eifrigem Zechen und vom Verbrennen der Nachbildung eines Wikinger-Langschiffes. Allerdings wird dazu nicht die Dim Riv benutzt, ein etwa 12 m langer Wikingerschiff-Nachbau, der 1980 anläßlich eines Wikingerjubiläums erstellt wurde und seitdem in Lerwick für Hafenrundfahrten besonderer Art eingesetzt wird.

Auf dem Weg mit der Fähre aus Rchtg. Süden, besonders gut von der Strecke von den Orkneys zu sehen, liegt etwa 40 km südlich der Shetlands die abgelegenste bewohnte britische Insel, **Fair Isle**, ein Naturschutzparadies in Obhut des National Trust, dessen Bevölkerung weitweiten Ruf durch die Herstellung kunstvoller Strickwaren hat. Die Autofähre ist keine Verbindung zur Insel; Fair Isle kann nur per Flugzeug, per Personenfähre (Postschiff) ab den Shetlands und durch Ausflugsschiffe von Orkneys und Shetlands erreicht werden. Der National Trust unterhält dort eine Herberge für Ornithologen und andere Naturfreunde; Information unter ✆ (01595) 760258. Camping ist auf Fair Isle verboten!

Die Etappenbeschreibung stellt eine Strecke vom Flugplatz Sumburgh mit den nahegelegenen Sehenswürdigkeiten über die Hauptstadt der Shetlands zu einer

Kartenskizze Etappe 79

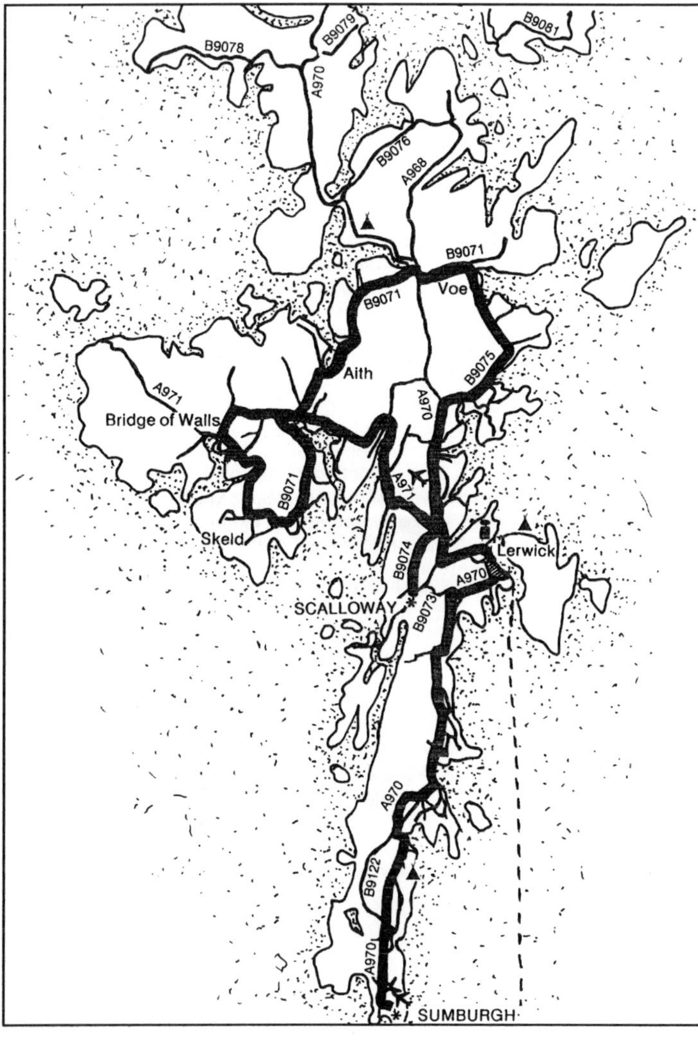

nordöstlichen Halbinsel vor, folgt dann einer Straße um die westlich vorgelagerte Halbinsel und führt zurück ins Zentrum von Mainland. Eine Vielzahl von Abstechern zu angrenzenden Halbinseln und Inseln ist möglich, und außer der Fahrt durch den schmalen Südteil von Mainland lassen sich verschiedene Abwandlungen zu Rundtouren kombinieren.

Information: The Market Cross, Lerwick ZE1 0LU, ✆ (01595) 693434, 🖷 695807, ganzj., ausführliches Unterkunftsverzeichnis verfügbar.
Verkehrsverbindungen: Shetland ist stolz darauf, einziger Fährhafen Schottlands mit internationalen Verbindungen zu sein. Aber was besagt das schon, wenn „international" hier die Anknüpfung an skandinavische Nebenlinien bedeutet. Im einzelnen: Flughafen Sumburgh an der Südspitze von Mainland mit Flügen nach Aberdeen (direkt), Glasgow und Inverness (via Kirkwall), außerdem 6 mal wöchentl. von Edinburgh und Glasgow; Fähren nach Stromness, Aberdeen, Hanstholm/Dänemark, Bergen/Norwegen und Thorshavn/Färöern; nur die teuren Fähren ab Aberdeen verkehren täglich! Innerhalb der Shetlands Personen-, teils auch Autofähren und Flugverbindungen; etliche Personenfähren sind gratis; ausführliches Material zu Verkehrsverbindungen erhältlich.
Herbergen: SYHA-Jugendherberge, Lerwick, ✆ (01595) 692114, 1.4.-1.10., 64 Betten, Cunningsburgh Village Club, Tow, South Mainland, ✆ (01950) 477241; Fair Isle Lodge & Bird Observatory, Fair Isle, ✆ (01595) 760258, 34 Betten, Mai-Okt. Auf Foula: Taylor, Leraback, ✆ (01595) 753226 (B&B); auf Unst: Gardiesfauld Youth Hostel, Uyeasound, Unst, ✆ (01957) 755298, 38 Betten, April-Sept; außerdem über die Inseln verteilt mehrere einfache Unterkünfte, sogenannte Camping Böds auf dem Mainland in Voe, Eshaness, Walls, Scatness sowie auf Whalsay und Yell, Vorausbuchung über die Touristeninformation erforderlich
Camping: Levenwick, ✆ (01950) 422207, 12 Zeltstandpl., Mai-Sept., 30 km südlich von Lerwick an der A970; Clickimin, Lochside, Lerwick, ✆ (01595) 741000, 50 Zeltstandpl., Waschm., Mitte April-Sept.; Westings Campsite, Wormadale, Whiteness, ✆ (01595) 840242, 6 Standpl., Mai-Sept., Waschm., im Westen von Mainland.
Fahrräder: Eric Brown (auch Verleih), North Road, Lerwick, ✆ (01595) 692709.

Die Etappenbeschreibung beginnt an der Südspitze von Mainland, wo nahe beim Flughafen Sumburgh der **Jarlshof** liegt. Der Name ist eine romantisierende Bezeichnung, die Walter Scott 1814 der Stelle wegen ihrer Verbindung mit den mittelalterlichen Herrschern der Shetlands gab. Im Jahr 1905 sorgte ein kräftiger Sturm (ähnlich wie bei Skara Brae auf den Orkneys) dafür, daß die wirklichen Schätze des Jarlshofs ans Tageslicht kamen: die Reste von vor- und frühgeschichtlichen Siedlungen von 3000 v.u.Z. bis 1000 u.Z. Sie dürfen darin umherlaufen, allerdings nicht di/mi nachmittags. Auf der südwestlichen Landspitze bei Sumburgh existiert außerdem noch die Ruine eines Forts aus der Eisenzeit.

Wenn Sie nordwärts auf der A970 Rchtg. Lerwick fahren, können Sie nach ca. 6 km links auf die B9122 abbiegen, die durch Scousburgh und dann an der Westküste entlang führt. Der Küste vorgelagert ist die Insel *St. Ninian*, die über eine Sandbank mit Mainland verbunden und somit bei Ebbe zu Fuß erreichbar ist. Auf der Insel wurde 1958 ein Keltenschatz bei Ausgrabungen unter einer Kapelle entdeckt. Die B9122 mündet schließlich wieder in die A970, von der es außer ein paar kurzen Abstechern zur Ostküste keine Abzweigungen gibt. Die Straße führt geradewegs nach **Lerwick**, der Hauptstadt der Shetlands und mit rund 6500 Einwohnern Wohnort für die Hälfte aller Bürger Mainlands. Lerwick ist wie die Hauptorte auf den Orkneys in der Innenstadt mit einer engen, malerischen Altstadt versehen, und die schmale Hauptstraße ist auch hier mit großen Steinplatten fußgängerzonenähnlich gepflastert. Das älteste Gebäude der Stadt ist das Fort Charlotte am Hafen (von 1665), obwohl es schon 1672 von den Holländern mit dem ganzen Ort abgefackelt worden ist. Erst Ende des 18. Jh. wurde es neu errichtet; man hat von hier einen schönen Blick auf den Hafen und die Insel Bressay, zu der man per Fähre (Personen kostenlos) übersetzen kann. Die Insel ist ein gutes Wandergebiet. Über die Geschichte der Shetlands kann man einiges im Museum von Lerwick erfahren, das auch Kopien des St.-Ninian-Schatzes enthält; die Originale werden in Edinburgh aufbewahrt. Es ist sonntags geschlossen, an manchen Tagen Mittagspause, der Eintritt ist gratis.

Von Lerwick aus fahren Sie auf der A970 nordwärts, biegen aber nach etwa 10 km rechts auf die B9075 ab, die zur Ostküste der Halbinsel North Nesting und daran entlang führt. In Laxo können Sie ggf. mit einer Fähre nach Symbister auf der Insel **Whalsay** übersetzen, wo hanseatische Kaufleute, wie an vielen anderen Stellen der Shetlands, im 16. Jh. einen Handelsstützpunkt unterhalten haben. Die *Hanseatic Booth*, wie das unscheinbare Steinhaus genannt wird, beherbergt ein kleines Museum zur gemeinsamen hanseatisch-shetländischen Geschichte. Von Laxo aus radeln Sie auf der B9071 wieder westwärts und kreuzen bei Voe etwas nach rechts versetzt die A970. An dieser Stelle können Sie einen Abstecher auf die nördlichen Teile von Mainland machen, z.B. zum Ölterminal bei Sullom Voe und zum nahe dabei gelegenen Croft House Museum in Boddam, einem Kleinbauernhaus des 19. Jh. mit zeitgenössischer Innenausstattung (Mai-Sept.). Die B9071 führt von Voe aus weiter über einen recht steilen Hügel nach Bixter, wo Sie rechts auf die A971 Rchtg. Sandness abbiegen. Folgen Sie der Straße, bis links die Meeresbucht Gruting Voe sich nähert, und biegen Sie dort links ab Rchtg. Gruting. Immer geradeaus fahrend treffen Sie schließlich erneut auf die B9071. Wenden Sie sich wiederum links, und fahren Sie auf der Straße vorbei an der Siedlung Sand im Bogen um die Halbinsel, bis sie hinter Effirth auf die A971 trifft. Etwa 2 km lang, bis Bixter, radeln Sie nun in Gegenrichtung über ein bereits befahrenes Streckenstück, bleiben dann aber geradeaus auf der Hauptstraße, die nach etwa 10 km im spitzen Winkel um die Bucht Weisdale Voe herumführt. Etwas südlich dieser Kehrtwendung kommen Sie an einer Werkstatt für Silberschmuck vorbei, und etwas später gibt eine Steinmetzwerkstatt ein weiteres Beispiel für das Kunsthandwerk auf den Shetlands.

Kurz bevor die A971 auf die A970 Rchtg. Lerwick stößt, biegen Sie rechts auf die B9074 nach Scalloway ein. Nahe bei dieser Abzweigung liegt das Tingwall Agricultural Museum Veensgarth, geöffnet Juni-Aug. In **Scalloway**, bis vor 200 Jahren die Hauptstadt der Shetlands, existiert die Burgruine eines Castles von ca. 1600, das von den in Shetland und Orkney berüchtigten Earls Stewart errichtet worden war. Die Ruine ist ein hübsches Beispiel für unbürokratischen Tourismus: den Schlüssel zu dem gratis zugänglichen Castle gibt es gegenüber bei einem Cottage. In Scalloway endet die Etappenbeschreibung.

Etappe 80: Islay-Rundfahrt
Port Askaig – Bridgend – Gruinart – Loch Gorm – Port Charlotte – Kilchiaran – Portnahaven – Port Charlotte – Bridgend – Bowmore – Port Ellen (100 km)

***Islay** ist die Whisky-Insel – der zweite Titel „Vogelinsel" erfordert Spezialwissen und wird deshalb hier vernachlässigt –, zu erreichen über zwei Fährlinien ab/bis Kennacraig. Acht Whiskybrennereien produzieren hier Single Malt Whiskies der gehobenen Qualitäts- und Preisklasse. Bei der beschriebenen Strecke wird die Nutzung beider Linien vorausgesetzt; der landschaftlich interessanteste Teil der Etappe liegt auf der südwestlichen Halbinsel. Eine Fahrt in Gegenrichtung ist ebenso unkompliziert realisierbar wie Hin- und Rückfahrt mit der gleichen Fährlinie.*

Kartenskizze Etappe 80

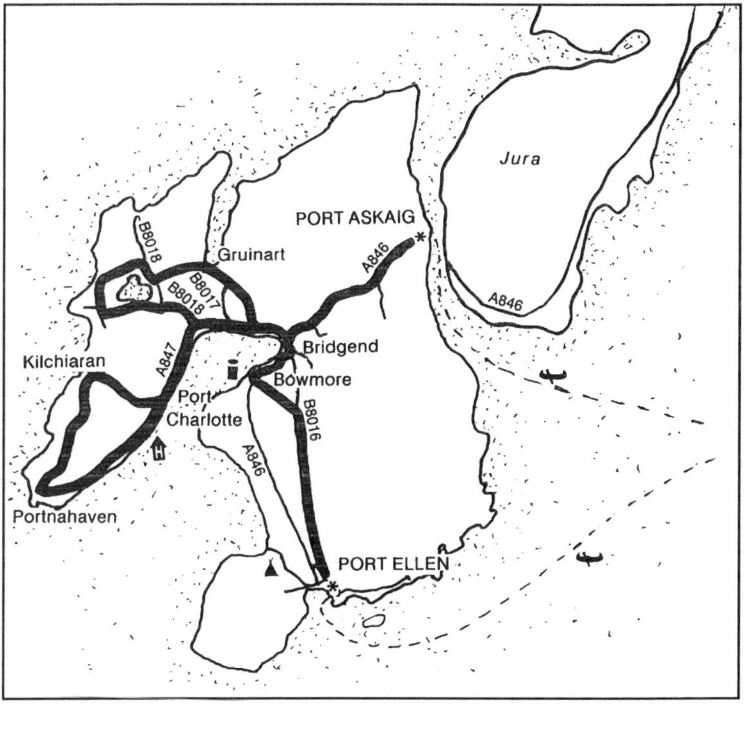

Der Südosten der Insel wird von einer Bergkette bedeckt und ist nicht durch Straßen erschlossen. Das restliche Islay ist durchweg hügelig, wobei die wenigen Hauptstraßen eben geführt, die Nebenstraßen abwechslungs- und steigungsreicher sind. Die Insel ist nur mäßig besiedelt; nennenswerte Orte sind Bowmore, Portnahaven, Port Charlotte und Port Ellen. Es gibt nur wenige und vergleichsweise teure Übernachtungsmöglichkeiten; wer nicht mit dem eigenen Dach über dem Kopf reist (wildzelten ist möglich), sollte telefonisch vorab Zimmer reservieren.

Bowmore ist der Hauptort auf Islay; die größte Whiskybrennerei der Insel ist hier ansässig und im Rahmen von Führungen (dreimal täglich, mit Probe) für Besucher zugänglich. In jedem Inselprospekt taucht außerdem die Rundkirche der Stadt auf, die sich allerdings auf Fotos imposanter ausnimmt als in Realität. **Portnahaven** am äußersten Südzipfel der westlichen Halb-Insel ist ein pittoreskes Hafenstädtchen mit schönem Blick auf die vorgelagerte Orsay Island (Leuchtturm). **Port Charlotte** verfügt über das Inselmuseum mit einem bemerkenswerten Sammelsurium verschiedenster Exponate. **Port Ellen** ist der wichtigste Hafen der Insel, der sich gut als Ausgangspunkt für Wanderungen in den Bergen der östlichen Inselhälfte eignet.

Information: Bowmore, The Square, ✆ (01496) 810254, ganzj.
Verkehrsverbindungen: Fähren zwischen Kennacraig und Port Ellen sowie Port Askaig; zwischen Port Askaig und Feolin/Jura außer sonntags.
Jugendherberge: Islay YH & Field Centre, Main Street, Port Charlotte, Islay PA48 7TX, ✆ (01496) 850385, 42 Betten, 20.3.-1.11.
Camping: Kintra Farm, The Oa, Port Ellen, ✆ (01496) 302051, 10 Zeltstandpl., Waschm., April-Sept., ca, 5 km nordwestlich von Port Ellen an der Bucht von Port Alsaig, auch Hostel, 23 Betten.
Fahrradvermietung: MacAuley & Torrie, Port Ellen, ✆ (01496) 302053.

Die Etappe beginnt in Port Askaig am Fähranleger, von wo die A846 mit einer längeren Steigung auf die Höhe der Inselfläche führt. Nach 13 km ist die östliche Inselhälfte bereits durchquert, und Sie erreichen in *Bridgend* die Bucht von Loch Indaal. In Bridgend existiert eine „Woolen Mill", in der Textilien aller Art produziert und im dazugehörigen Laden verkauft werden.

Biegen Sie rechts ein auf die A847 Rchtg. Portnahaven, die Sie aber nach 2 km an der ersten möglichen Abzweigung nach rechts verlassen. Die Hügelstrecke trifft nach einigen Kilometern auf die B8017 (unbeschildert), die in Sichtweite von Loch Gorm an der B8018 (T-Mündung) endet. Folgen Sie der B8018 nach rechts Rchtg. Sanaigmore, bis links eine Nebenstraße (als „C"-Straße beschildert) nach Ballinaby abzweigt. Auf dieser Strecke umrunden Sie den gesamten See und gelangen schließlich wieder zurück zur B8018, die Sie rechts zur Küstenstraße A847 bringt. Erneut rechts einbiegend kommen Sie nach **Port Charlotte** (Museum).

Im Ort zweigt nach rechts eine hügelige Nebenstraße nach Kilchiaran ab, die an der gleichnamigen Bucht südwärts schwenkt und nach einer Fahrt durch „hochlandähnliche“ Regionen **Portnahaven** erreicht. Die A847 bringt Sie über Port Charlotte immer der Bucht folgend schließlich wieder nach Bridgend. Von hier folgen Sie der A846 nach **Bowmore**, dem Hauptort der Insel.

Als Alternative zu der landschaftlich wenig interessanten Hauptstraße wählen Sie in Bowmore die hinter der Rundkirche links Rchtg. Cuach führende Nebenstrecke zur B8016, die unmittelbar am Rand des Berglandes südwärts verläuft und erst 1 km vor **Port Ellen** wieder auf die A846 trifft.

Islay

Register

Bei mehreren Seitenangaben ist die jeweilige Hauptnennung **halbfett** gedruckt; die Seitenzahlen der Abbildungen sind *kursiv* gesetzt.

Fortsetzung nächste Seite

Weitere CYKLOS-Fahrrad-Reiseführer:

Belgien/Luxemburg per Rad
Südwest-Frankreich per Rad
Südost-Frankreich per Rad
Korsika per Rad
Mallorca per Rad
Spanien per Rad Bd. 1 (Norden)
Portugal per Rad Bd. 1 (Süden: Algarve – Alentejo)
Portugal per Rad Bd. 2 (Norden)
Teneriffa & Gomera per Rad
Peloponnes per Rad
Zypern per Rad
Mittel-Griechenland per Rad (Attika – Thessalien – Epirus)
Rhodos & Dodekanes per Rad
Ostägäische Inseln per Rad
Kreta per Rad
Slowenien per Rad
Südtirol per Rad
Toskana per Rad (inkl. Umbrien)
Schweiz per Rad
Österreich per Rad
Ungarn per Rad
Tschechien per Rad
Polen per Rad – Bd. 1 (Norden)
Polen per Rad – Bd. 2 (Süden)
Thailand per Rad
Neuseeland per Rad

Jeder Band mit etwa 250-320 Seiten kostet DM/sfr 19,80 – 26,80.

Die genannten Bücher sind zu beziehen in jeder Buchhandlung oder direkt vom

Verlag Wolfgang Kettler
Bergstr. 28
D-15366 Neuenhagen
✆ (03342) 202173
Fax (03342) 202168

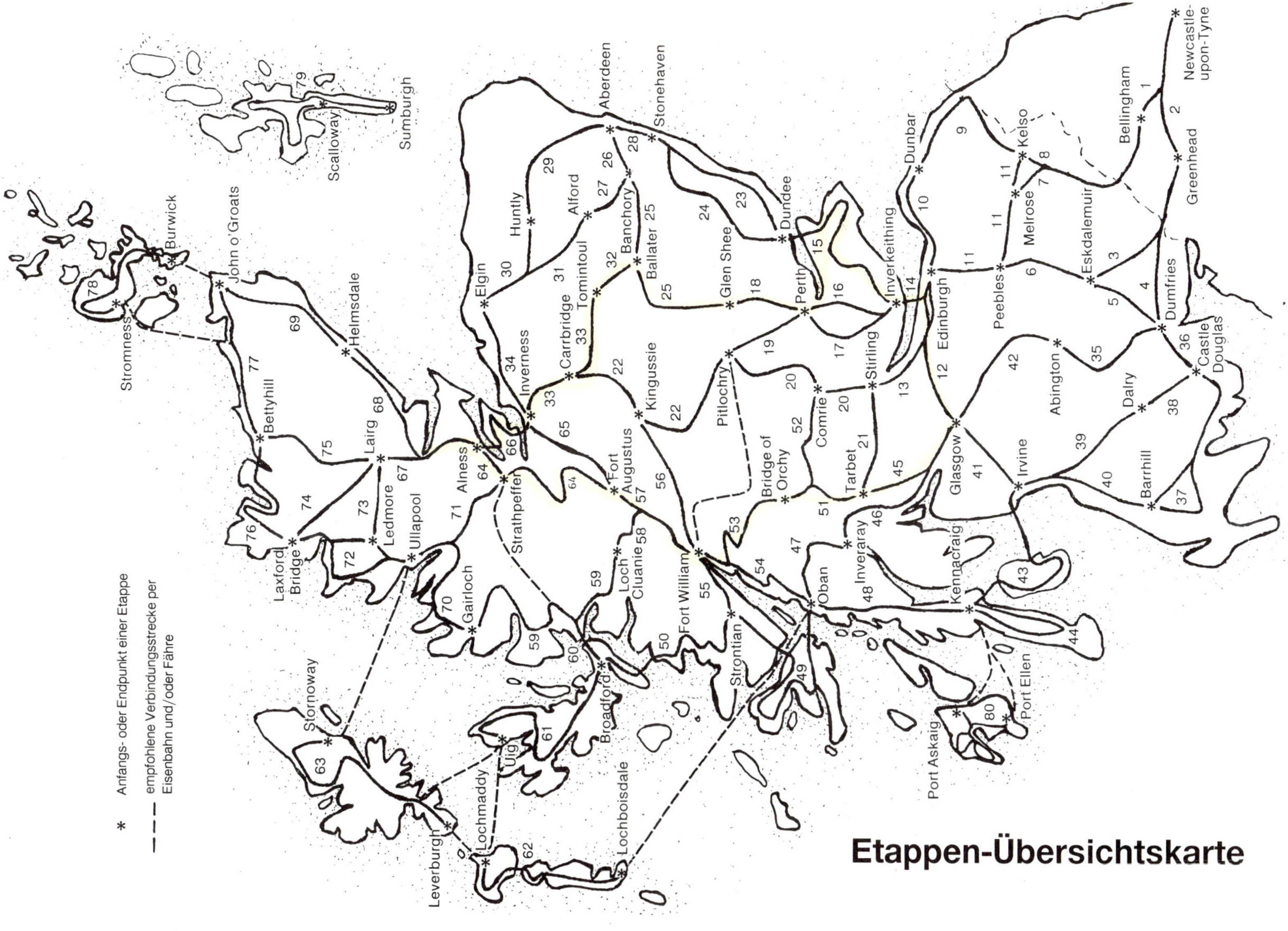

Etappen-Übersichtskarte